《新时代高校教务管理大家谈》编委会

新时代
高校教务管理大家谈

XINSHIDAI GAOXIAO JIAOWU GUANLI DAJIA TAN

中国高等教育学会　组编

兰州大学出版社
LANZHOU UNIVERSITY PRESS

图书在版编目（CIP）数据

新时代高校教务管理大家谈 / 中国高等教育学会组编. -- 兰州 : 兰州大学出版社, 2025. 4. -- ISBN 978-7-311-06786-1

Ⅰ. G647.3

中国国家版本馆 CIP 数据核字第 20256QU138 号

责任编辑　武素珍
封面设计　汪如祥

书　　名　新时代高校教务管理大家谈
作　　者　中国高等教育学会　组编
出版发行　兰州大学出版社　（地址：兰州市天水南路222号　730000）
电　　话　0931-8912613(总编办公室)　0931-8617156(营销中心)
网　　址　http://press.lzu.edu.cn
电子信箱　press@lzu.edu.cn
印　　刷　甘肃日报报业集团有限责任公司印务公司
开　　本　787 mm×1092 mm　1/16
成品尺寸　185 mm×260 mm
印　　张　17
字　　数　369千
版　　次　2025年4月第1版
印　　次　2025年4月第1次印刷
书　　号　ISBN 978-7-311-06786-1
定　　价　65.00元

（图书若有破损、缺页、掉页，可随时与本社联系）

新时代高校教务管理大家谈

高校教务处长能力研究课题研究报告

目录

新时代高校教务管理大家谈

上 编

育教融合 构建"三元四维"本科人才培养新体系

南京大学 徐 骏

【作者简介】

徐骏，男，2018年9月至2020年8月任南京大学教务处长，后担任南京大学本科生院常务副院长、新生学院执行院长、金陵学院院长等职，现任南通大学党委常委、副校长，主要从事微电子学与固体电子学以及高等教育教学管理工作。教育部电子信息类教学指导委员会委员，全国榜样高校教务处长入选者。曾获国家级教学成果奖1项、江苏省高等教育教学成果奖3项，主持多项国家和省级科研项目，曾获国家自然科学二等奖1项。

对于高校而言，如何推动育教融合、如何办好一流本科教育，为新时代培养全面发展的一流创新创业人才？重点是构建一个以育教融合为核心的本科人才培养新体系，关键在推进教育评价改革，特别是要建立教育教学动力机制。2020年，中共中央、国务院印发《深化新时代教育评价改革总体方案》，指出教育评价事关教育发展方向，有什么样的评价指挥棒，就有什么样的办学导向。我们要改革教师评价，对教师而言，要以师德师风作为第一标准，突出教育教学实绩，强化一线学生工作，改进高校教师科研评价，推进人才称号回归学术性、荣誉性。对学生，也要改革学生评价，促进学生德智体美劳全面发展，推进德体美劳教育评价，严格学业标准，深化考试招生制度改革。而无论是以育教融合为核心的本科人才培养新体系的建立，还是教育评价改革，都是为了落实立德树人根本任务，培养国家所需要的一流创新创业人才。

2022年恰好是南京大学建校120周年，南京大学对于育人的理念也是从百余年前一脉相承而来的。追溯到100多年前，那时南京大学前身是南京高等师范学校，教务长是陶行知先生，他率先在全国倡导变"教授法"为"教学法"，逐步形成教学做合一理论。他指出，"教学做"是一件事，不是三件事。放在今天，这个育人理念也不过时。他还提出了教育的三个目标：研究学问，要有科学的精神；改造环境，要有审美的意境；处事应变，要有高尚的道德修养。

2006年，南京大学开展了全校教育教学思想大讨论。当时总结出当前本科教学中普遍存在的几个问题，包括：培养模式比较单一，忽略了学生个性化发展；课程体系过专，忽视综合素质培养，不能适应人才多样性发展的需求；教学方法比较刻板，过分地强调知识的传输，相对忽视思维训练；管理体制比较刚性，不能满足教学改革的要求，教学改革的动力不是特别足。针对这四个问题，南京大学进行了一场本科教学模式的创新，也就是大家都比较熟悉的"三三制"。经过多年的探索和实践，2014年，由中国科学院院士、南京大学原校长陈骏等完成的《以学生发展为中心的"三三制"本科人才培养体系构建与实施》获第七届高等教育国家级教学成果特等奖，这是自1994年高等教育教学成果奖励制度改革后，江苏高校首次摘得的国家级教学成果特等奖。

进入新时代，我们在2019年上半年召开了南京大学新时代本科教育工作会议。我们梳理了在新时代，从育教融合的角度，南京大学在本科教育教学中还存在的问题。当时梳理出四个问题：一是立德树人的教育体系尚不完备，需要进一步将价值引领融入人才培养全过程，形成"三全育人"的合力和格局；二是学科建设对本科教育的支撑作用尚不到位，需要进一步加强院系对本科教学的重视，将学科建设与本科人才培养相结合，形成师生共同创新的生态；三是通识教育与专业教育的有机融合尚不充分，需要进一步提升通识课程内涵，加强专业课程的育人元素，强化价值塑造和人格完善，形成师生共同成长的环境；四是全面发展和充分发展的支持条件尚不健全，优质资源还不能充分满足学生的需求，师生内在的教与学的动力还没有激发出来（这与教育评价改革密切相关），需要形成师生共同发展的平台。面对这样的挑战，我们希望在立德树人的总引领下，能够在人才培养上进一步提升，形成师生成长与创新共同体，以及共同创新的生态、共同成长的环境、共同发展的平台。

大会过后，学校还分别举办了德、智、体、美、劳五育论坛，与全校各个单位和院系开展系列研讨。经过了充分讨论，2019年底，最后形成了《南京大学关于构建高水平创新人才培养体系　加快建设一流本科教育的意见》。文件按照习近平总书记在全国教育大会上的重要讲话精神，从学科体系、教学体系、教材体系、管理体系出发，将思想政治工作体系贯穿其中，构建四个体系：一是交叉融通、教研相长的学科体系，包括建立潜心育人的高水平师资体系、科教融合的强活力研究体系、开放共享的多层次科研平台；二是模式贯通、全面培养的教学体系，包括建立通专融合的优质课程体系、知行合一的实践体系、全面发展的能力提升体系；三是育人为核、融合前沿的教材体系，包括规范质优的思政教材、经典原创的通识读本、科学先进的专业教材；四是规范有序、充满活力的管理体系，包括协调高效的师生发展支持服务体系、持续改进的质量保障机制、智慧优化的育人生态环境等。并且，为了促进青年学生德智体美劳全面发展，打造五育并举的格局，学校还分别研究制定了德智体美劳5个行动方案或实施意见。到2021年3月，《南京大学关于深入推进新时代劳动教育工作的意见》作为最后一个五育方案正式发布，五育的顶层设计完成。

整个新体系是建立在原来"三三制"教学模式的基础之上的，全称叫作"一核两端三元四维"本科人才培养新体系，简称"三元四维"人才培养新体系。其中，"一核"是指全面落实立德树人根本任务；"两端"是指基于"学习成长端"（需求侧）与"教书育人端"（供给侧）两端的互动进行体系设计，在学习成长端"彰显个性适应，提升内涵层次"，在教书育人端"打开育人空间，凸显中心地位"；"三元"是指从人才培养角度，将"德、知、行"（做人、知识、能力）作为落实立德树人根本任务的切入点；"四维"是将"两端"的设计具体落实成四个维度，在学习成长端具体表现为个性化适应性学习维度和内涵式层次化成长维度，在教书育人端具体表现为融合式全面型育人维度和通达式全方位环境维度。通过新体系的构建，营造更好的成长生态，集成更优的教育资源，打造更强的支撑服务，这也是回应前面提到的新时代南京大学梳理出来教育教学中的四个问题，针对这些问题提出的系统解决方案。由此，希望持续推动南京大学从一流本科教学改革向一流本科教育建设、从人才培养模式创新向人才培养体系创新发展。

"三元四维"人才培养新体系相对于"三三制"有怎样的发展和推进？新体系强调三个关键：一是德为先，就是注重道德培育，挖掘课程、科研、实践、文化、服务等育人要素，促进人格养成和价值塑造；二是能为重，就是注重能力培育，提升学生的学习能力、教师的教学能力、学校的育人能力；三是适为基，就是注重学生个性化的培养，为每一位学生提供合适的教育，注重服务国家，对接国家的需求培养合适的人才。从"三三制"到"三元四维"，第一是外延有拓展。"三三制"相对比较注重的是模式创新，更侧重教学体系建设。在此基础上，"三元四维"是体系的创新，不仅仅是教学体系，我们还从学科体系、教材体系、管理体系出发，融育人要素、合各方之力，育高水平创新人才。第二是内涵更丰富。"三三制"相对比较偏重于智，更侧重知识传授、能力提升和思维训练。在此基础上，"三元四维"进一步突出德，强调价值塑造和能力融通提升，强调价值引领、知识传授、思维启迪融为一体。

我们从教、学、治三个方面做了具体规划。一是在"教"方面注重全面科学教育，对全部课程进行了梳理评价，优化课程结构，提升课程质量；推动课程育人，求真、求善、求美，培育科学精神，训练科学思维；提高教师的教育教学能力等。二是在"学"方面注重五育并举全面发展，将思政教育体系贯穿学生培养始终，改革学生学业评价，构建"三段式"体育育人体系、"二六三"美育育人体系、"三模块互动融合"劳动教育体系，从德智体美劳给学生提供最优的生态资源和环境。三是在"治"方面注重融通合力育人，学生培养不仅仅是教务部门的工作，它应该是全校各个部门、各个院系的核心工作，所以我们对院系从教学评估转变为对人才培养的评估。从我的身份变化也能够看出这一点，之前我是南京大学教务处的处长，2020年7月开始，南京大学教务处和学生工作处合二为一，融合成为本科生院，党委学工部和本科生院合署办公，心理健康教育与研究中心、教师教学发展中心挂靠在本科生院。通过这样的架构，着力从多部门、分散式发展为聚合式、精细型的服务管理机构。这也是在"三元四维"整体框架下做的管理机构改革。之前提到德智体美劳工作，也是包括党委宣传部、后勤集团、艺术学院、体育部等共同参与、凝心聚力开展的育人工作。

再好的设计也需要落地。南京大学将新体系落地在新版的本科人才培养方案当中。2020年，学校发布《南京大学关于制订2021版本科人才培养方案和指导性教育教学计划的意见》。可以发现，文件名有两个字是新出现的，原先都叫作教学计划，但我们这次叫作教育教学计划，教育这两个字很明确地放入新版人才培养方案当中。2021版教育教学计划强调四个原则，突出育教融合、突出目标导向、突出未来引领、突出梯度衔接，具体分为九个部分。学校要求每个学院、每个专业根据学校的原则和框架来制订相应的人才培养方案以及教育教学计划。

新版培养方案落地的过程中，很重要的一点是用什么样的机制特别是评价机制来保障。新型评价与质保体系从学生、教师、课程、院系出发，注重育教融合，学生层面主要是围绕德、知、行，推进学生综合评价成绩单改革；课程方面主要建立课程质量标准，定期开展全面梳理评价；教师方面主要是围绕教育教学实绩，对教师本科教学工作进行综合评价，在人力资源处支持下，在职称评审、荣誉体系建立、预警帮扶方面开展一系列探索；院系方面主要是围绕本科人才培养工作，建立院系本科教育教学发展指数，通过这个发展指数，院系能更直观地了解自己在哪些方面具有优势、在哪些方面需要继续努力。

一是学生方面，我们改革了成绩单构成，既包括课程类学习情况，还包括非课程的学习情况，从社会认知能力、学习理解能力、实践动手能力、沟通领导能力四个维度进行写实性描述；另外还有诚信品德的情况、获奖和志愿活动的情况等。

二是课程方面，我们进行了本科课程的全面梳理评价，出台南京大学课程质量标准，突出育教融合的思路，建设优课，淘汰劣课。教师要明确课程在整个人才培养中的定位和作用是什么，学校要评估课程是不是达到了开设条件。对此，我们实行分类评价，分层进行、各司其职，学校课程建设与评价委员会负责整个校级课程，新生学院负责一年级大类课程，各个院系以及公共教学单位负责本单位学科专业课程或者公共基础课程，然后结合本科人才培养方案执行。在学校整体规划下，梳理每门课程，有优秀的课程，也有不好的、需要淘汰的课程。我们希望通过持续不断的改进、通过迭代更新来使课程质量不断地提高。

三是教师方面，我们推进教师教学动力机制2.0的建设，努力把育人要求以及标准贯彻到教师教育教学各环节，方式就是"邀、聘、提、扬、止"。

所谓"邀"是学院联合邀名师、学生主动邀名师、校友牵线邀名师，也叫作名师邀约计划。如邀请国际著名学者，他需要完成来校一个月、48课时的本科教学工作量等。计划的邀约对象还包括国内一流学者和行业精英。邀约的名师，应该德才兼备，对学生有正向的示范引领作用。像2008年诺贝尔文学奖获得者勒·克莱齐奥深度参与南大优课建设和人才培养，因为疫情，他通过线上参加了名师邀约计划，当时他有个报告题目是"时间像小孩子玩扑克"，很受学生欢迎。他还担任了我们高研院"本科生驻院研修计划"的导师。

"聘"是指突出教育教学实绩，对教师本科教学工作评价进行改革，进一步明确教师聘期内本科教学工作的质与量的要求和标准。其中，学校突出优课建设导向，还推行公开课，设置从评价性维度出发的教学岗公开课，从发展性维度出发的常规课程公开课、海外研修公开课，以及从示范性维度出发的优质课程公开课等。从"被动公开"到逐渐"自愿公开"，努力营造人人愿意展示自己课堂的良好氛围。

"提"是指突出专业服务，依托教师教学发展中心、课程思政教学研究中心，构建教师教学支持与服务体系，为教师提升教书育人能力提供专业化服务。为此，我们开设、举办了一系列的教学工作坊、专题培训、经验交流会等。

"扬"是指突出育人成效，褒扬优秀教学成果，鼓励教师在本科教育教学热点、难点上取得新突破和新进展。学校设置了荣誉课程、荣誉称号、奖教金三位一体的本科教育教学荣誉体系。评选过程中，注重学生的感受和意见。如"我最喜爱的老师"，由学生主导，学校只是最后对数据进行梳理。如果三次被学生投出来获得"我最喜爱的老师"，就获得"恒星奖"。

"止"是指突出质量导向，结合课程全面梳理评价，探索建立健全劣课退出机制和教师教学预警机制。学校确立了课程基本标准，从产出导向、主讲教师、教学内容、教学设计与组织、教学效果等方面来考察，看课程定位是什么、谁来教、教什么、怎么教、教得如何。对于学生课堂测评分持续比较低的、负面评价比较多的课程，学校进行重点核查。

四是院系方面，我们主要是构建院系本科教育教学发展指数。指数来源包括学校教育教学改革发展的需求、广大学生成长的要求，教育部审核评估指标以及院系教学考核指标等。我们整合以后形成了院系本科教育教学的发展指数，这是偏诊断性的，并非评判性的。指数主要分为五个度，即人才培养目标的达成度、优质资源供给的保障度、学生就读体验的满意度、质量保障体系的有效度、学生成长生态的适宜度。由此，体现出来不同院系在不同维度上做得如何，在哪些方面还可以进一步努力。

2022年是南京大学建校120周年，习近平总书记给南京大学留学归国青年学者回信指出，要"大力弘扬留学报国的光荣传统，以报效国家、服务人民为自觉追求，在坚持立德树人、推动科技自立自强上再创佳绩，在坚定文化自信、讲好中国故事上争做表率"。南京大学确立了新时代本科人才培养的目标，即培养肩负时代使命、具备全球视野、推动科技创新、引领社会发展的未来各行各业拔尖领军人才和优秀创新创业人才。这种人才应具备强烈的家国情怀和社会责任感，有广博的知识技能和卓越的专业素养，还要有软实力，即批判性思维与问题解决能力、探究精神与创新创造能力、合作精神与领导能力、有效沟通的能力以及全球素养。培养目标需要更加具象化，每个院系每个专业根据学校的总目标确定院系专业的培养目标，然后落实到培养过程中。我们秉持著名化学家戴安邦先生提出的实施全面科学教育的理念，不仅要传授知识和技能，也要训练科学方法和思维，更要培养科学精神和品德。南京大学在构建以育教融合为主要内核的"三元四维"本科人才培养新体系、推动教育教学评价改革时也是按这样的理念来落实的。

新时代高校教育教学管理执行力之道

厦门大学　计国君

【作者简介】

计国君，男，教授，曾于2013—2022年担任厦门大学教务处长，现任厦门大学教师发展中心主任，主要从事供应链管理、生态产品创新、系统工程等领域研究。兼任教育部物流教学指导委员会委员、中国高等教育学会理科教育专业委员会常务理事等。发表论文300多篇，150多篇被SCI、EI收录，出版专著6部、教材7部，主持国家自然科学基金、教育部哲社重大攻关项目以及省部级课题20多项，获国家级教学成果二等奖2项、省级教学成果特等奖2项、省社科优秀成果三等奖2项。

一、引言

高校教育的基本职能决定了教育教学管理的重要性。首先，人才培养是大学的根本任务和基本职能；其次，教育教学工作是大学的中心工作；再者，教育教学管理（包括教育教学资源优化配置、教育教学服务、教育教学运行、教育教学改革、教育教学质量监控等管理）是教育教学改革深入开展、教学秩序稳定、教学活动正常进行的基本保障。在新时代，加强教育教学管理是提高质量的客观要求。从世界范围来看，当科研水平达到一定程度时，影响大学声誉和水平的决定因素是教育教学质量，即人才培养质量。世界发达国家高水平大学都把人才培养质量放在学校的首要位置。从我国高等教育进入普及化发展形势来看，高等教育正在从以规模扩张为特征的外延式发展转向以质量提升为核心的内涵式发展。事实上，人才培养是一个复杂的系统工程，体现在：学生来源多元化、学习需求多元化、培养模式多元化、教学模式多元化、学习模式多元化、师资队伍多元化、管理要求精细化等等。因此，教育教学管理是一门复杂的管理学科，大学教育教学管理是为实现教育目标，根据一定的原则、程序和方法，对教学活动进行计划、组织、领导和控制的过程。大学教育教学管理的基本任务是研究教育教学及其管理规律，改进教育教学管理工作，提高教育教学管理水平；建立稳定的教育教学秩序，保证大学教育教学工作正常运行，研究并组织实施教育教学改革；努力调动教师和学生教与学的积极性。即大学基于教学管理是兼有行政管理和学术管理双重职能的一门科学，是一门需要长期学习和实践才能掌握的重大学问。只有加强大学的教育教学管理，有效调动、合理配置各方面的因素，处理好各项关系，才能提高教育教学质量。

从我国高校教育教学管理人员情况看，主要存在四类人：既不专业也不敬业、专业但不敬业、敬业但不专业、既专业也敬业。从目前高校发展要求看，教育教学管理涉及多体系的融合，诸如角色体系、目标体系、协同体系、领导体系、激励体系、执行体系等，而从上述分析看，教育教学管理的执行力至关重要，这也是本文的切入点。

二、教育教学管理执行力存在的问题

（1）教育教学管理存在没有把工作真正常抓不懈。一方面很多管理者对教育管理工作习惯做二道贩子、二传手，执行不能始终如一地坚持，虎头蛇尾。另一方面是有布置没检查，检查工作时前紧后松，工作中存在宽以待己，严于律人，自己没有做好表率等等。衡量教育教学管理执行力成效的原则是：成效=方便师生的思维方式×充满激情的工作×全心全意的服务能力。（2）教育教学管理者出台的制度执行不严谨，诸如没有经过认真的论证就仓促出台、经常性地朝令夕改、让管理者和师生无所适从等，最后导致了真有好的管理制度、规定出台时也得不到有效的执行。（3）教育管理体系本身不合理，缺少与本校办学定位结合的针对性和可行性，或者过于烦琐不利于执行。在设计教育教学管理运行的制度和规定时一定要本着这样一个原则，就是所有的制度和规定都是站在本校发展角度，帮助教师更好地工作，是为了规范师生行为而不是成为师生的负担，是提升教育教学能力，有助于人才培养及人才成长，是创建学生成长性学习的航标。管理体系在执行时一定要实用，也要有针对性。（4）在教育教学管理服务过程中，有的流程过于烦琐，不合理，导致师生不适应甚至厌烦。不少大学注重校园硬件建设，缺乏"内涵式"发展及其管理理念；服务管理方式陈旧，缺乏服务管理的科学性、系统性；管理效益低下，会议决策机制频繁制定而实效性不明显；各自为政，以自我为中心，共享机制、协同机制未建立；缺乏对校情、国情、世情的研究，教育教学管理的创造性不够，各自为政的"应急+应付"成为主导。（5）在教育教学服务过程中缺少良好的方法。应充分激发员工工作的服务先导意识，大爱之心是教育教学管理的基本信条。服务于师生既不能威风凛凛，也不能低三下四，应以"便捷+引导"为服务准绳。厦门大学教务处要求员工遵守四大原则:"太阳落山"原则(当天的工作在下班前必须完成)、零时间响应原则(师生紧急的问题第一时间解决)、"三米微笑"原则(看到师生微笑应对)、感动师生原则(工作的成效得到师生的普遍认同)。(6)教育教学管理工作中缺少科学的监督考核机制。这里面有两种情况,一是没人监督,二是监督的方法不对。前者是只要工作做了则罢,做得好与坏没人管,或者只注重结果不注重过程;或者是教育管理细节没有明确规定该哪些人去做,职责不明确,所以无法考核。(7)比学赶超不够。有些教育教学管理者习惯于得过且过的、只求对上负责的套路。雨果说过:各种蠢事,在每天学习的影响下,仿佛烤在火上的冰一样渐渐地融化。一个睡着的人是叫不醒别人的。有的员工说得漂亮,做得晃荡,检查无质量,扣钱打嘴仗,错了还骂领导。有的员工上班磨洋工,溜岗两点钟,一天溜三次,到时就收工。有的员工自我批评谈感想,相互批评提希望。甚至存在上级对下级哄着护着,下级对上级捧着抬着,同级对同级包着让着的庸俗工作作风。反之,成事的人是自我燃烧,还把能量传递给周围的人,他们绝对不是按照他人吩咐、等待他人命令才开始行动的人,而是在指令到来以前,自己率先而为并成为他人的榜样。(8)教育教学管理文化没有形成凝聚力。教育教学管理文化是一所高校精神面貌、学术气质、教育文化等积淀的集中表现。有效执行力的教育教学管理体现出一所大学的精神、品格、修养和文化,如同一所校园的空气,你如果去净化它,你就和这所不断演变中的学校共同受益,你如果去污染它,大家都会受到伤害。目前,要建立有效执行力的教育教学管理服务品质去创建教育教学文化。

当高等教育从精英教育进入大众教育、普及教育时,随着高等教育利益相关者增加,高等教育治理从传统少数人特权的垄断控制转变成为利益相关者共同参与。2015年,联合国教科文组织《反思教育:向"全球共同利益"的理念转变》提出具有建设性概念——"共同利益",这一概念超越了公益的辅助性概念,教育作为一项共同利益,必须具备包容性、需要制定和执行公共政策的程序,并且要开展适当的问责。从目前大学存在的问题看,有些学生思维混乱,说话不着四六,举止不知轻重,偏颇造次,自大狂妄,问东答西,唐突他人,常识缺乏,逻辑断裂;有些老师乐此不疲地消灭着阅读能力、理解能力、质疑能力、提问能力,消灭着想象力和创造性,甚至消灭着学生的童趣与顽皮。从教育教学管理维度看,大学不仅是教育者与受教育者之间的关系,而且涉及多利益相关者关联的"契约关系",维权意识、个性要求不断增强;随着独生子女学生增多、父母对于学校教学管理的介入,学校已经变成社会利益的相关者。由此,教育单元任何教学改革及其管理都必须遵循社会契约原则。

三、有效执行力的特点

(1)有效执行力应该是教育教学服务管理者的自动自发的动量。一个管理者会做是远远不够的,还要有倾诚倾智的服务意愿(动机),即要有自动自发的动量。教育部明确要求全过程、全员、全方位育人，育人导向的真谛在于：把学生当成自己的孩子培养，随时随地倾听学生的真正需求，设计并提供超越学生需求的教育教学管理服务，即研究式育人理念。因此，执行管理服务标准要成为所有人的行动指南，创建所有人为高校工作行动负责的文化。（2）有效执行力的教育教学管理要注重细节，精细管理是重中之重。要引导员工树立自己做的是一份事业。应把做好教育教学服务工作当成义不容辞的责任，而非负担；教育教学管理工作的意义在于把事情做对，应以师生感动的标准来要求自己。在实际中，把简单的事情千万遍地做好就是不简单；把大家公认的非常容易的事，不折不扣地做好就是不容易。（3）有效执行力的员工要乐于担当、敢于负责。这是教育教学管理者立身处世的准则，是人格的体现，是衡量个人品行优劣的道德标准之一。正如孔子所说"言必信，行必果"，即"人无信不立"。只有员工乐于担当、敢于负责，才会去了为了实现教育教学的信仰而积极肯干，直至精益求精。（4）有效的执行力需要教育教学管理者树立服从意识。在新时代，教育教学管理者要服从立德树人基准、服从国家的教育规制、服从育人初心，尊重师生是基点。例如，院长批评秘书："一份材料连日期都写错了。"秘书的回答是："不就是时间多写了个1嘛！"这样的服从意识将带来意想不到的后果。格兰特纳说过：如果你有系鞋带的能力，你就有上天摘星星的机会！没有服从或对服从打折扣的教育管理队伍，是不可能践行高质量的大学教育。特别地，从立德树人的根本要求看，政治纪律是最根本的纪律，是绝对不能触碰的带电高压线！要实现这个目标，教育教学管理者要时刻提醒自己：避免本位主义、官僚主义，避免讨价还价、目中无人、敷衍了事等消极工作作风，坚持服从面前没有面子、服从要直截了当、服从要先接受再协调、服从要立即按照指令行动。即雷厉风行、不折不扣的服务意识是优秀教育教学管理人员的行为准则；给师生提供力所能及的解决方案是对工作检验的标准。（5）有效的执行力要推动教育教学管理者乐于学习、激发创意、勇于创新。放弃了学习就等于放弃了成功！衡量一个高校教育管理服务水平，首先要衡量管理者的学习能力。一位哲学家曾说过：未来的文盲不是不识字的人，而是没有学会怎样学习的人。目前，结合党史学习教育，教育教学管理者要把握：学且问，在学中悟，问中求知、探问、求索，培养自己的修养，所谓博问才能强识，通过深入学习才能不断涌现教育教学工作的思路、想法，从而改革目前大学管理中不适用的管理举措，并在实践中践行自己的初心和梦想。（6）有效的执行力要倡导教育教学工作中的韧性。韧性表现为一种坚强的意志，一种对目标的坚持。教育教学管理者经常因为日复一日的烦琐工作产生消极心理。首先，要"敢"字当先，通过不断提高服务水平，去改变目前可能存在的执行力偏低、师生对管理不满意的现状。其次，要"勇"字当头，勇于为师生排忧解难。通过坚持不懈的服务让师生感觉你是不可替代的。麦当劳的创始人雷·克洛克最欣赏的格言是："走你的路，世界上什么也代替不了坚忍不拔；才干代替不了，那些虽有才干但却一事无成者，我们见得多了；天资代替不了，天生聪颖而一无所获者几乎成了笑谈；教育也代替不了，受过教育的流浪汉在这个世界上比比皆是。唯有坚忍不拔，坚定信心，才能无往而不胜。"（7）有效的执行力的教育教学管理需要协同作战的团队。所谓下者用己之力，中者用人之力，上者用人之智。非洲有句古谚语："如果你想走得快，你要自己走；如果你想走得远，你要找个伴。"《西游记》名著刻画了一支卓越、富有执行力的团队，孙悟空——善于克服困难；猪八戒——乐观的人生态度；沙和尚——兢兢业业；唐僧——对事业的执着和坚持。教育教学管理团队要有赠人玫瑰，手有余香的力量；我为师生，师生敬我的精神。大学要建设一支以本为本、心系师生、感动师生的卓越教务管理队伍。对教育教学管理工作团队而言，真正意义上的成功必然是大学的发展、教师与学生的成功。教育管理工作的执行力决不是个体的勇猛直前、各行其是，而是共同前进、助力教师、助力学生、共生成长。

四、建立执行力的教育教学管理文化

每年阴历六月举行的"祭敖包"是蒙古人最隆重的仪式之一。然而经过考证，敖包先于神学的意义却是一种草原中的导航标志。按理说，建造路标是人人得益的事情，并且，牧民每每遇到路标时奉献几块石头也不是什么难事，然而，放牧时还要留意石块并且一路要携带直到遇到路标，的确是件辛苦的活。更何况有那多人贡献，一个人搬几块石头也就无足轻重了。但是如果大家都这么想，那么路标的建设成本的分担就变得棘手了，谁都需要路标，但是谁都有让别人去添砖加瓦而自己坐享其成的心态，最终好事难成。聪明的蒙古人的解决方案让人拍案叫绝，他们赋予了功能性的路标（信仰）以宗教的意义，让路过的每个人，都自觉地对发挥路标功能的敖包进行建设，在祈福中，完成了自己的贡献。敖包的故事告诉我们：没有信仰，制度就形同虚设；没有信仰，管理就不会产生执行力。新时代，大学教育教学管理文化的基本层面，主要包括理念层、制度层、操作层，三个层面是相互制约相互作用的关系。以这三个层面来设计并优化教育教学管理时，基本的信条是：进行教务管理设计须一切总是以"将来进行时"来思考自己的能力，即我一定能满足师生的要求。从教育教学管理的三个层面看，首先从转变理念开始，一把手在教育教学管理运作中的行为决定其他人的行为，从调查师生细微的变化开始，解决师生的合理诉求是达成教育教学管理有效运行的前提，在实施管理中要推进自上而下和自下而上的运作模式彼此间贯通，例如建立一种新的教育教学制度，可采取校内外研讨—确定方案（行动宣言）—层层推行—各种方式的传播（深入师生人心）。事实上，师生现场给我们的私语或回音壁将促成创造更"崭新的"教育教学管理方法。在转变理念过程中，一是要不断优化影响员工认同及其发展的流程；二是要提供员工与大学共生发展的工作场，关注员工全生命周期成长；三是要使得教育教学管理为师生增添更多使能机会；四是要相互尊重，给一线做主的机会。其次，教育教学管理文化是教育教学制度建设及其执行力的前提，只有建立研究式管理（包括研究教育教学模式、研究教育教学规律、研判教育教学形势等等），才能建立科学合理的大学教育教学制度。例如，以厦门大学为例，教务处倡导教务管理者

要积极开展研究式管理，以下10条必须做到：（1）开课前对接教师、学生；（2）开学初、节假日后、考试提醒告知教师上课、监考，全信息、无遗漏、多渠道；（3）关注学生对各门课程、各个教师的诉求，做潜听哨并及时反馈；（4）细分并把控教师性别、年纪、性格的差异化需求；（5）查验教学档案是否完全；（6）上课前提醒告知教师教室、设施使用注意细节；（7）统计并分析各个教师的教学过程、教学课程、教学效果等；（8）实时传导国家、学校教育教学要求和相关文件；（9）辅导助教认真做好教学支持工作的各个细节；（10）坚持研究式管理，做好上传下达高执行力的执行者，而非二传手。由此，一方面必须清楚地告知师生遵守管理制度的程序，营造师生以身作则的教育教学管理文化。另一方面要建立有凝聚力的管理团队，对行政管理者在管理中的正确行为给予荣誉、提升的激励；对有不良的行为的管理者，要加强培训指导、取消奖励、调派其他岗位甚至解聘。对大学教育教学管理人员而言，不要说你想说的，要说师生想听的；不要写你想写的，要写师生想看的；不要做你想做的，要做师生想要的。最后，从操作层看，管理者要深刻领悟高校传播知识、创造知识和服务社会的三大任务趋势，要真正把握师生的需求转变，要明确大学及其师生面临一系列变革定位的重塑，从操作执行的要点看，时刻坚持48字真经，即服务当前，自我退后；锁定质量，专注师生；认真第一，聪明第二；执行第一，成败第二；时间第一，完美第二；感动第一，满意第二。

《中国教育现代化2035》提出了推进教育现代化的八大基本理念：更加注重以德为先，更加注重全面发展，更加注重面向人人，更加注重终身学习，更加注重因材施教，更加注重知行合一，更加注重融合发展，更加注重共建共享。从高校教育生态观看，要推动多元参与的协同治理现代化；从管理平台看，要建立智能化一体化教学、管理与服务平台，提供个性化学习、可持续性学习、高效率教育教学管理。

综上，在新时代，要造就卓越的教育教学管理文化，教育教学管理需要具备下列能力：创新能力和突破自我因循守旧的能力、与时俱进的育人能力、对师生需求变化的适应能力、把控教育变革趋势的能力、准确辨识教育大数据的能力、全面提高综合素质的能力、对教育教学管理业务所具备的专业能力和分析能力、校内外人际关系沟通能力、持续解决师生抱怨的能力、研究教育教学管理内外问题的能力。从执行力要求看，要用高政治站位抓执行，要用务实的作风抓执行，要用奋进的状态抓执行，要用学习的自觉抓执行，要用研判的习惯抓执行，要用法治的精神抓执行，要用精细的管理抓执行，要用师生的感动抓执行，努力建设以质量为核心的大学卓越教育教学管理文化。诚然，有效管理的推行在于全员，有效管理的灵魂在于持续，有效管理的水平在于改进，有效管理的关键在于过程，有效管理的成败在于文化。

教学管理中的"道"与"术"

中国石油大学（华东）　冯其红　侯影飞　刘　臻

【作者简介】

冯其红，男，教授，2011—2021年担任中国石油大学（华东）教务处处长，现任山东石油化工学院副院长，主要从事油藏工程方面的教学科研工作。主讲国家级精品课和国家级精品资源共享课，所编教材获中国石油与化学工业优秀教材一等奖；获国家级教学成果二等奖2项（排名分别为第二、第三），中国石油教育学会教学成果特等奖2项，山东省教学成果特等奖4项；主持教育部新工科项目2项，省级教改项目7项。

当前，高等教育正在加快构建高质量发展体系，"以本为本、四个回归"成为普遍共识，"四新"建设全面深化，高等教育进入快速发展的新阶段。推动本科教育高质量发展离不开高水平的教师，然而，中国高校普遍存在"重科研轻教学"现象，如何引导教师回归教书育人的本分，激励教师重视教学、研究教学成为高校教学管理者的工作重点。高校在推进本科教学改革与管理工作中，召开了系列会议，出台了系列文件，提出了系列举措，但往往出现"学校热、学院温、教师冷"的现状，实际效果不佳，这也成为高校教学管理者无法回避的痛点与难点。

提高本科教育质量的关键是提高教师对本科教学的投入。教务处作为高校本科教学管理部门，面对教学管理之"难"，需要掌握教学管理中的"道"与"术"。道是本源、是规律，术是方法、是支持，教学管理中需道术结合，方能事半功倍，取得实效。

一、教学管理之"难"

笔者开始担任教务处长的2011年是个有着特殊意义的年份。一方面，适逢高等教育大众化阶段的末期，在经历大幅扩张后，高校的师资条件、教学设施等保障条件建设相对滞后，同时赴国外读大学的高中生数量持续增长，外国大学抢滩中国，中外合作办学项目如雨后春笋，国内高校迫切需要在激烈的竞争中抢得先机，而质量与创新也日益成为高等教育人才培养的重点。2012年初，教育部颁布"高教30条"，提出一系列提高质量的硬招实招，高等教育进入一个新的快速发展时期。另一方面，2011年是"十二五"规划的开局之年，学校确定了"建设高水平研究型大学"的发展目标，并完成了办学结构调整和院系学科调整，办学主体由山东省东营市搬迁至青岛市，师资条件、硬件条件并不充足，两地分居的教师数量较多，这些都在客观上对教学质量带来一定冲击。彼时，学校本科教育处在了困难和机遇并存的历史阶段。

2011年笔者上任后，在时任副校长刘华东的带领下，开展了广泛、深入的本科人才培养校内外调研工作，在梳理优势特色的同时查找了问题和差距，也发现了一些制约本科教学高质量发展的不和谐现象：

现象一：对国内外高等教育的发展现状、改革趋势等方面，缺乏系统深入的研究，没有形成核心的教育理念，影响了人才培养的顶层设计，影响了办学水平的巩固和提升。

现象二：从学校到学院再到教师，从政策导向到具体工作，没有真正落实本科教学的核心地位，没有形成重视教学、投入教学的良好氛围。

现象三：校院系和广大教师普遍存在重科研、轻教学的现象，对教学工作的热情和责任心下降，投入教学的精力不足，很大程度上影响了学校的人才培养质量。

现象四：教师普遍反映教学是"良心活"，学校缺乏政策导向和制度保障。学校的职称评审、岗位聘任和考核等政策，科研是硬指标，教学是软指标。

现象五：科研获奖、重大科研项目等实行重奖，而本科教学奖励力度太小，无法与之相提并论，教师不愿意从事教材编写、教学论文撰写等工作，不愿意开展教学研究。

现象六：本科教学激励机制不健全，落实不到位，如讲课比赛获奖、教学成果、课程建设贡献等在职称评审中比重太低，导致教师主动投入教学的积极性不高。

现象七：本科教学质量监控机制不健全，缺少问责制、淘汰制和新教师准入制度，教学"一票否决制"落实不力，有的教师教学评价很差，但不影响职称评审，有的教师教学评价一直靠后，但学校没有惩罚措施，教师照常上课。

现象八：一些青年教师为了完成工作量，不经过助教阶段直接上讲台，普遍缺乏教育教学基本功的训练，缺少对教学方法、教育学、心理学知识的学习，对教学技能、教学理念等缺乏研究意识和深入思考，教学效果难以保证。

……

据统计，2011年全校教授主讲本科生课程的比例仅为75%，科研任务较重的学院教授为本科生上课率更低，某学院教授年人均为本科生授课仅为30学时。少数教授仅仅满足于完成学校制定的最基本教学任务要求，不愿承担更多的教学工作，导致年轻教师教学、科研工作压力加大。从学生的角度来看，教授作为教师群体中学术造诣精深、教育经验丰富者，若不能给本科生上课，就意味着大学没有给学生提供最优的教育资源，使他们失去了接受最佳教育的机会，也意味着没有实现教育资源的最佳配置，客观上造成了教育资源的浪费。

这些现象的背后，与当时学校的评价考核的指挥棒也有密切关系。在职称评审制度及岗位聘任与考核条件中，教学相关条款较少，科研相关条款较多，教师主观上更愿意完成科研相关工作，以保证满足聘任与考核要求为先。相对于科研指标容易量化评价，教学方面的投入难以量化，对教学的投入与付出很难得到相应的回报，久而久之，"认认真真培养自己，马马虎虎培养学生"的教师越来越多，很大程度上影响了教师教书育人的积极性。

在这种情况下，摆在教务管理者面前的首要任务就是引导教师回归教书育人的本分，采取针对性措施提高本科教学地位，不断提升教育教学质量。笔者担任教务处长的十年间，探索推动了学分制改革、荣誉学院建设、专业结构优化、人才培养模式探索、重点课程建设等诸多教学建设与改革工作，这些改革推动学校本科教学呈现新气象，也促进教学质量迈上了新台阶。同时，在这个过程中也深深地感受到抓好本科教育是一项"滚石上山"的系统工程，难度之大超出预期，需要保持定力、下定决心持之以恒去抓才能见成效。

二、教学管理之"道"

教学管理工作要合乎"道"，必须让教书育人回归"道"。

（一）信念、责任、价值的统一之道

不授课，何以为师？高校教师的第一身份是老师、第一工作是教书、第一责任是育人。从学校到学院到教学系不同层面，要凝聚共识，营造重视教学的文化氛围，引导广大教师潜心教学，坚守三尺讲台，要鼓励教师充分理解与思考教师职业的内涵，对教书育人持敬畏之心与热爱之情，实现教师的理想信念、责任担当、人生价值的高度统一。

（二）依规治教与以人为本的统一之道

教学管理工作必须依规治教，这是学校保持正常良好教学秩序的前提和底线，遵守教学管理规定，也是教师应尽的义务和责任。而教学工作又是一件较为复杂且保持动态变化的事情，在保证正常教学秩序的前提下，管理工作必须遵循教学规律办事，充分尊重教师教学的权利和发展的需求，以保障学校办学最大效益和服务全体教师最大利益为基本前提推行相关改革工作，所以管理工作又充满很强的人性化色彩。因此，好的管理者需要根据

学校不同发展阶段，充分考虑时代背景、学科专业背景、师资结构、生源质量等差异化，从而采取适合的管理方式，在依规治教和以人为本上直接形成统一之道。

（三）激励与约束的统一之道

激励与约束机制能够最大限度地挖掘高校教师的潜能。优秀的教学管理者必须掌握两者的统一，才能取得更好的效果。

一方面，让激励精准发挥效果，激发教师的荣誉感，提高广大教师的积极性，让更多爱教、勤教、善教的教师脱颖而出；另一方面，过度或无效的激励会造成学校资源浪费，在学校资源和经费有限的情况下，合理的配置才能发挥最大的激励效果。

必要且合理的约束也是良好教学运行的保证。一方面要坚守教学工作中的红线，保持稳定的教学秩序，确保学生的利益不受侵害，学校的名誉不受损伤；另一方面，如何及时打破不合时宜的条条框框，避免一些过时的制度成为束缚教师的紧箍咒。

三、教学管理之"术"

在遵循教学管理之"道"的前提下，针对学校本科教学存在的实际问题，采取了系列改革举措，实现了学校、学院、教师之间的同频共振，取得了不错的效果。

（一）坚定教师理想信念，提升本科教学中心地位

开展教育思想大讨论，营造重视教学的良好氛围。针对教师教育教学理念陈旧、思想僵化等问题，建立了常态化的教学改革研讨会（单数年）和教学工作会（双数年）工作制度。教改研讨会重在统一思想、提升理念，教学工作会重在解决问题、推进工作。十年间先后组织召开以"构建'三三三'培养体系 推进本科教育迈向更高目标""以学生发展为中心，促进教与学的深度融合"等为主题的全校教学改革研讨会，在师生中深入开展本科教育思想大讨论，为学校发展带来强大的推动力。

发挥职称岗聘指挥棒作用，加大教学权重。在2019年学校职称评审文件修订工作中，在坚持立德树人基础上，增强教学的分量。一是将教学为主型的教授晋升指标单列进行评审，为教学为主的教师开辟专门的通道；二是让课程、教材、教改、创新创业等教学重点工作在评价体系的指挥棒中得以充分体现。对教师在教学工作中的显性成绩和精力付出均予以认可，极大地调动了教师投入本科教学工作的积极性。

（二）推动教师回归教学，既坚守底线又人性化保障

建章立制规范教学行为。学校相继制定《关于教授、副教授为本科生上课的规定》《关于教师本科教学基本要求的规定》等系列教学管理文件，从制度层面将为本科生授课写入教授、副教授的重要基本职责，进一步严格要求教师上课的行为规范，不得任意调课、调整授课教师。

明确教师学时安排。针对多位教师共同主讲一个课堂情况，完善教务系统排课功能，对每位教师的具体上课时间、学时数量进行分配，做到精确排课。每位教师的年授课学时

清清楚楚，有效解决了挂名不上课的问题，对完不成规定学时任务的教授，扣发年终绩效。

形成全校通报机制。将教授上课率、调停课次数、教学秩序检查、监考等情况纳入全校范围的常态化通报机制，并纳入院部考核。通过几个学期督查和通报，全校教学秩序得到了根本性好转，迟到早退、教学事故等现象基本清零，学生的考风、学风也向好的方向发展。

创新排课满足个性化需求。一是实施分段排课，将长学期分为上下两段，让教师根据自身需要，合理安排教学与科研工作，避免形成冲突，实现教学与科研的兼顾；二是坚持"绣花排课"，根据"教师、学生、教室、时间"四维度优化，充分考虑教师年龄、楼层高低、上课时间、周学时平衡等各个因素，确保课表编排的人性化、最优化。

全部课程开展团队建设。针对课程质量不高、课程团队形式化、年轻教师授课任务过重，按照"人人进团队、课课有团队"的目标，构建课程与团队的关联矩阵，每位教师不得跨5个教学团队。安排教学任务时检索课程团队矩阵，必须从课程团队中选人排课，对3年不承担授课任务的教师从课程团队中自动剔除，避免随意安排教师和"一人有事就停课"的现象。

（三）鼓励教师研究教学，以教研促教改以教改促教学

设置专项教研项目。针对教学改革重点任务，设置研究性教学改革专项、混合式教改专项、探究性实验教学专项，引导教师深入研究；针对青年教师教改经验不足，设置青年教师教改专项，让每一位进入学校的教师都能得到锻炼，增强教改意识和能力。通过教改项目立项，既提升了教师的教研能力，也深入推动了教学改革工作的开展。

完善教学奖励体系。建立面向不同层次的教学奖励体系，对教学学术水平高、育人成效突出的教师评选"终身成就奖""教学名师奖"；对教学理念先进、多年投入教学改革的教师评选"教学成果奖"；对思想活跃、改革创新的一线教师评选"教学创新奖"。通过精准有效激励，让优秀教师贡献更大力量。

（四）强化传承与职业认同，不断提升教书育人能力

"双负责人制"实现专业建设传承有序。针对系主任年轻化且缺少专业建设经验，老教授有水平但精力不足的实际问题，聘任专业带头人和专业负责人，明确两者责任：专业带头人由学术造诣高、热心人才培养工作的资深教授担任，对本专业建设和发展起到带头引领作用，专业负责人由专业所在院、系主要负责人担任，发挥调动资源、协调各方、落实落地的作用。通过双负责人制，让带头人贡献智慧，让负责人具体落实，从而实现"1+1>2"的效果。

专业化教师教学培训让教师站稳讲台。教师的教学能力水平在一定程度上决定了教师对职业身份的认同。针对青年教师、骨干教师、卓越教师等不同群体，实施教师教学发展"三大计划"，促进教师专业化发展：青年教师教学素养提升计划帮助新教师"站上"讲

台；卓越教学能力培养计划帮助教师"站稳"讲台；骨干教师教学发展专题研修计划帮助教师"站领"讲台。通过专业化的教师培训，增强了教师教书育人的自信心，对教师开展其他工作也能起到良好的促进作用。

四、小结

通过几年的努力，全校形成了"乐教、善教、优教"的氛围，广大教师将教书育人作为自身的价值追求，学校本科教学地位得到提升；学校教学秩序得到根本好转，各类教学事故数量持续下降，良好的学风教风成为学校新风尚；教师投入教学积极性提高，参与教改的热情持续上涨，产出了一大批国家级教改项目、一流课程与专业等，近三届以第一完成单位获得8项国家级教学成果奖，对提高学校教育教学质量起到了极大的促进作用。

十年光阴，白驹过隙；改革奋进，还看今朝。2021年7月，我正式卸任教务处长。来到教务处，一生都是教务人，教务处的工作经历是我人生中最难忘的一段经历，也是最值得珍藏的一段时光。未来的教务人仍将在接续奋斗中谱写新的篇章，愿授业解惑、教学相长成为大学里最美的风景，衷心祝愿学校本科教育更上一层楼。

实——卓越教学管理的核心要义

四川大学　张红伟

【作者简介】

张红伟，女，教授，曾于2010—2022年担任四川大学教务处长，长期从事宏观经济分析、高等教育管理等相关领域的教学、研究与管理工作。国家级一流本科课程负责人，教育部高校教指委经济学专业教指委委员等。承担国家或省部级社科、教改项目30余项；出版专著6部，发表论文60余篇。获教育部人文社科成果二等奖1项，国家级教学成果特等奖1项、二等奖3项，四川省哲社成果一等奖2项、二等奖1项、三等奖6项，四川省高等教育教学成果一等奖6项，宝钢优秀教师特等奖等。

身处资讯异常发达的信息时代，可谓是天涯比邻。即使足不出户，全球先进教育思想、教育理念亦能尽在掌握。可以说，亟待高质量发展的中国高等教育和教学管理最欠缺的已非观念层面的东西。正如当代教育名家、清华大学附属中学校长王殿军所说："中国教育真的不缺理念，不缺目标，而是缺乏实现这些理念、践行这些理念、实现这些目标切实有效的做法。"[1] 同时，由于教育教学工作"点多、线长、面广、重心低"的特性，践行先进理念还必须以"功成不必在我、功成必定有我"的胸襟，持之以恒、久久为功，坚持不懈地在"实"字上下足功夫。

四川大学十年磨一剑，以课堂教学改革为突破口的人才培养全方位改革取得了突出成果，在教育教学管理方面的关键举措在于从三个方面推动高质量高水平做实、做细、做到位：一是将先进的教育理念实实在在地推广给每一位教师，让教师们都理解到位、认同到位并积极参与；二是从学生成人成才出发研制符合实际的改革创新举措并落实落细；三是管理服务到位并真正调动起院系办学主体积极性并真正发挥作用。

一、理念推广重在实

"以学为中心"的教育理念在20世纪我国改革开放之后，开始出现在我国外语类教研教改论文中。在跨入新世纪时，这一理念逐渐扩展出现在各学段、各学科的教研教改论文中，且年度发文增长趋势显著（图1）。然而，究竟什么是"以学为中心"？这一理念要求教师怎样理解并应用于自己的日常教学？怎样让更多教师理解到位、认同到位、应用到位？

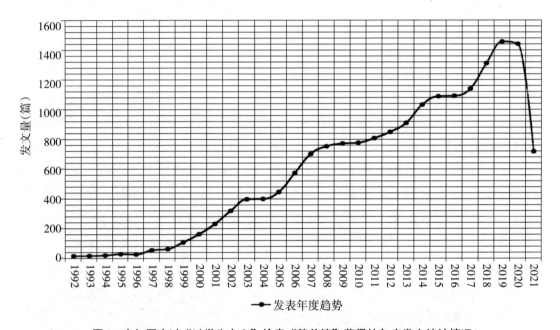

图1　在知网中以"以学为中心"检索"篇关摘"获得的年度发文统计情况

追溯最早的相关研究论文[2]，以学为中心的教学 student-centered teaching 是一种在学生小组学习中（the group learning situation），教师提供非指导性建议（nondirective counseling）的教学方式。其要点包括：①非指导性建议是指创建出一种有意义的学习状态。②学生本身是具有建设性地应对真实问题的潜力的。③为释放学生建设性地应对真实问题的潜力，教师必须首先将非指导性建议作为一种基本的教学态度，而不能简单地将其作为一种方法或技术；然后秉持着这种教学态度来创设出理解、接纳、温暖、宽松的氛围；进而对学生表达的意见给出准确的反馈而不是简单地赞成或反对。由此可见，"以学为中心"一开始就很强调教师的引导作用。王松婵、林杰[3]也认为：仅仅坚持"以学生为中心"没有明确的落脚点，导致这一理念失去根基。因此，我们认为"以学为中心"不能简单地、限于字面上地理解为"以'学生'为中心"，而应当是"以学生学习为中心""以学生学习成效为中心""以学生成人成才为中心"，特别应当重视和突出的是"教师主导、学生主体"的"双主"地位。

扎根中国大地办社会主义大学、培养合格建设者和可靠接班人的教育使命，要求教师在教学中不仅应该关注学生的学习成效，还应当关注学生的成长和发展。绝不能仅仅是完成教学大纲所要求章节的讲授，而是要求教师应当思考其所教授课程在知识建构层面、能力培养层面、价值观引领层面、人格养成层面各自要达成怎样的目标。因此，首先要求教师进行学情调查，掌握学生的基本情况，包括学习动机、前期基础、学习习惯等等，在此基础上进行科学合理的教学设计，并通过教学内容优化、方法改革、学业评价创新等来促进学生全程投入、独立思考、自主探究，并且在这个过程中，以教师的敬业精神、大爱情怀、热诚态度、严谨作风、不懈追求等，潜移默化地传递为人为学的价值取向、人生格局、思想境界。显然，这样的教学改革创新对教师的时间投入、精力投入、教学水平、精神境界等等要求是很高的，对"以学为中心"教育理念的理解与落实要求是很高的。

2010年，四川大学探索推动本科教学改革创新，针对教师们的主要关注点仍然在科研项目、经费、论文上，教学的内在动力不足、教育理念陈旧、教学能力普遍较弱的实际情况，学校成立了教务处任主任、教务处和人事处分管副处长任副主任的教师教学发展中心。教师中心的首要任务就是让教学发声、让先进教学理念发声——发出热烈而自信的声音！为此，设立了"本科教育创新大讲堂""'以学为中心'教育研讨会""教与学论坛"等，邀请国内外一流教育专家讲理念、教方法、做示范，主题涉及"以学为中心"的理念—方法—评估、创新驱动有效教学、主动学习策略、创新创业人才与批判性思维、基于信息化的教育教学管理创新等等，让先进的教育理念、科学的教学方法传播成为校园的主流声音。同时，通过校—学院—基层教学组织（系、专业、教研室、课程组等）立体多维的教师发展系统，将前沿教学资讯传达到每一位教师。特别重要的是，学校设立"教学三大奖"，配套重奖教学的激励政策，每年一度的教学工作总结表彰大会成为学校的年度盛典，切切实实让教育教学改革创新围绕人才培养工作交响出学校建设与发展的昂扬主旋律。

二、改革举措重在实

课程是人才培养基石，是学校所有学生都能公平享受的第一教学资源；课堂是人才培养的主战场，是教师与学生"双主"地位得以体现的主要场景。抓住课堂就抓住了课程，就抓住了教育教学的牛鼻子！课堂的改革可以带动整个人才培养模式的创新。然而，应景似的、表演性的"花拳绣腿"既不可能长久，更触动不了陈旧教学模式的根本。唯深具针对性、操作性、可持续发展性的改革举措方有实效，方能发挥切实的作用。

2010年，四川大学提出"探究式—小班化"课堂教学改革，其核心要素是建立在"以学为中心"教育理念基础上的"启发式讲授、互动式交流、探究式讨论"。它强调的是教师要有效带动学生参与课堂、投入教学。它要求教师带着自身对所教授学科领域的热爱，以案例分析、问题导入等方式激发学生兴趣，点燃学生求知欲望，在师—生、生—生交流的"双主"互动中实现研究性学习，达成建构知识、强化能力、提升素养、完善品格的课程目标。然而，带着新理念、新方法锐意实施改革的教师们遭遇了硬件的不匹配、不支持——固定桌椅的空间格局限制了互动的有效组织，单调沉闷的色彩不利于营造活跃的课堂氛围、更不利于激发创新思维。助力课堂改革的教室改造工程从8间教室的试点开始：拆除固定的桌椅，代之为可以随意拼接组合成适宜讨论的式样，桌、椅、墙壁换上清新明亮让人赏心悦目、活跃开朗的颜色——简单地装修后，被学生热议："川大惊现小清新教室！"条件的改善让教室成为学生的心头好，富有互动性的教学更具吸引力，学习也变得更有乐趣。始于2014年的教学楼卫生间改造，以及2016年，学校作为首批国家"双创"示范基地，在五大平台建设之一的"'双创'教育与实践平台"全面建设中，配套进行的教师休息室、公共空间的全方位改造，教学楼随处都有让师生坐一坐、学一学、留一留、聊一聊的舒适环境，升级打造的9种类型的智慧教室则让教学环境更智能、更绿色、更适合教学改革创新。

课堂教学改革创新具有有效性的关键在于贴合实际，能够有针对性地解决实际存在的主要问题。前面提到的教室改造这种硬件建设其实是相对容易的，教学改革发挥实效必须要有"双主"之主体——学生的积极参与，这既是关键点又是难点。让人意想不到的是，"探究式—小班化"改革之初给校长、处长信箱写信表示强烈反对的竟然是那些考试成绩好的学生！其实，冷静分析，这种"意外"反映出改革的核心——打破知识"满堂灌"的单向传递、破除"死记硬背"得高分的被动学习，代之以互动式教学所激发的表达沟通、知识体系建构，以及探究式教学所带动的独立思考和批判性思维。那么习惯于传统教学的"高分考生"自然是反对者。对此，我们探索出的解决办法，一是要在思想上获得学生的认同，二是要调动起学生在教学中的实际参与和投入。主题为"你说、我说，只为你学得更好"的学生对话活动在3个校区展开，学生谈诉求，教务管理人员认真回应并积极引导，配合广布各教学楼的信息卡和微信推送宣传，把学校培养学生适应真实世界、面向变化莫测未来做好思想上、素养和能力上的充分准备的卓越教学追求及具体课堂行动让同学们理解、接纳；同时，"全过程—非标准"学业评价模式改革由试点到逐步推开，从根本上带动学生全程参与并切实投入，在阶段性任务的引导和驱动下完成从教材及参考资料的阅读、查询，到练习题和小测的完成，再到小组研究、实践、演讲报告等的多项任务协作，并在此过程中强化发现问题并分析解决问题的能力、书面写作与口头表达能力、沟通交流与团队协作能力等等。考试改革从教改项目立项、总结评价，逐渐宣传推广到课程百分百覆盖之后，"全过程学业评价—非标准答案考试"的川大特色就切切实实地成为学生普遍接纳、普遍受益的"川大模式"。

三、管理服务重在实

作为一个有着35个学科型学院（系）、约5000名专任教师与3.76万名本科学生的研究型综合性大学，秉持"管理是服务，服务是管理"的宗旨，让改革创新举措贴近各学科、各院（系）实际，对准各自的关切点、发展重点与难点，是川大教育教学管理服务一直坚守的原则，也唯有如此，才能真正调动院（系）办学积极性，发挥其办学主体的作用。

1.激励措施对准关切点方能发挥实效。年度本科教育工作评优考察的是涉及本科人才培养的方方面面，从教研教改、教师发展到专业建设、课程建设、教学运行、实践教学、教育国际化、学生学科竞赛，再到"探究式—小班化"教学改革、考试改革、创新创业教育等改革创新重点任务等等，旨在全方位促进院（系）发挥自身特色优势，完成基本任务、达成目标任务、创出骄人成绩。对获评优秀的单位予以奖励和增加运行经费很好地激励了先进单位大胆探索，为教师创造更好的教学条件、发展空间，为学生创造更好的学习条件、成长环境；增加推免指标、荣誉上墙上热榜则让那些不缺经费的"富裕"单位也高度重视，积极创先争优。同时，每个年度的考核指标都有适度的调整，确保其既有针对性、时效性，又有延续性、发展性，增强了考核措施、激励政策调动院（系）投入本科教育、锐意改革创新的实效性。

2.教学目标任务贴合单位发展重点才能落细落实。每年年初学校就工作的方方面面与二级单位签订目标责任书，本科人才培养权重为40%，其他（包括党建、科研、师资队伍建设等等）权重为60%——人才培养的核心地位、本科教育的基础地位通过这个关键系数得到落实和强化。涵盖本科人才培养全过程且体现阶段性重点工作的相关指标经过几上几下、与院（系）的充分沟通后被制定出来，院（系）基础、特性不一样则指标有变化、额度有差异，原则就是始终保持在让二级单位跳一跳能够得着的"价位"上。对于承担全校公共基础课程教学任务的学院，课程质量建设是重点任务；基础学科相关学院的重点任务则是拔尖人才培养；应用性学科所在学院的产学研合作的任务更重；而教授100%上课、教师发展与基层教学组织活动覆盖率100%等等，则是给所有单位的共同任务。自2013年以来，每一年目标任务的研制、沟通和签署过程，实际上就是展望一年的工作预期、安排年度工作重点、凝聚工作共识的过程。年复一年的打磨、完善，年度教学目标任务越来越贴合各单位发展实际，成为引领院（系）本科人才培养各项工作抓细、抓实、不断提升质量的有效机制。

3.时刻关注并积极回应院（系）、教师、学生有个性化需求的难点以提升管理服务实效。教务管理负责人长期担任课程主讲教师、班主任、指导教师等以此保持与一线师生的密切接触，随时竖起敏感的"触角"、及时"侦测"到基层及师生诉求；校长信箱、处长信箱、定期或不定期的调研会等也会收集到院（系）、师生的意见。如何面对、处理这些诉求和意见在很大程度上会反映出管理服务的意识，体现管理服务的水平。我们一直认为：如果学院、教师、学生不是遇到了解决不了的困难，一般是不会向学校及相关部门反映情况的。我们不仅应该认识到提出意见的人是盼着我们把工作搞得更好、更有成效[4]，更要意识到能够抵达并为我们所接收的意见可能只是十之一二，因此，我们必须以小见大、推表及里地高度重视，思考分析出现问题的根源，在做出科学合理的处理的同时，更深刻反思管理思路、管理办法上应有的调整和完善。如果只是从维护管理秩序平稳的角度出发应对这些诉求、意见，可能只是做到了符合程序，而不一定是解决了问题尤其是深层次的问题。最需要警惕的是习惯思维——"一直都是这样处理的"是它的标签！一种处理办法运行了几年甚至十几二十年都看起来平稳，就想当然地以为可以继续照此办理。殊不知环境、条件和人都已经发生了变化，我们的管理服务工作必须时刻警惕固守惯常做法的倾向，努力与时俱进，关注实时、关注事事、关注人人。

进入普及化阶段的高等教育面对的是国家对卓越人才的更加迫切的期待和公众对质量提升的更加强烈的诉求。卓越的教学管理应当首先将先进的教育理念推而广之——这就要求教务管理人员加强学习，学习党和国家的最新教育思想、政策动向、举措要求，掌握世界高等教育和国内一流大学的发展趋势、先进做法，提升教育格局和境界，更新教学观念和思路，并采取有效措施把这些新思想新观念有效地宣传推广到每一位教师；卓越的教学管理应当将科学的教学方法与举措推而广之——信息时代的部分知识性教学角色将会被人工智能所取代，更加需要教师在激发学生学习兴趣、启迪学生智慧、涵养学生健全人格等方面发挥作用[5]；卓越的教学管理更应当有"忠诚做教育、诚恳待师生"的服务意识和服务能力。所有这一切，特别需要教务人以"功成不必在我，功成必定有我"的境界和担当，持之以恒地做细做实。实，乃卓越教学管理之核心要义！

参考文献

[1]王殿军.中国教育最不缺的是理念,最缺乏的是实践[EB/OL].https://www.sohu.com/a/130603670_479698.

[2]Sparmacher, Dollie. Student-Centered Teaching[J]. Am. J. Nurs., 1950, 50(12): 787-788.

[3]王松婵,林杰.大学本科人才培养体系改革基本理念:争论、反思及超越——再论"大学以教学为中心与教学以学生为中心"[J].现代教育管理,2018(10):13-17.

[4]张秉义.妥善处理群众意见的方法[J].领导科学,1998(3):22-23.

[5]钟秉林,王新凤.迈入普及化的中国高等教育:机遇、挑战与展望[J].中国高教研究,2019(8):7-13.

人才培养绩效评价改革的探索与实践

西安交通大学 王秋旺 兰 剑 李 慧

【作者简介】

王秋旺，男，教授，国家级领军学者，2020年至今担任西安交通大学教务处长，教育部能源动力类教学指导委员会秘书长。兼任美国机械工程师学会会士、国际传热大会常务理事、国际传热传质中心执行理事、中国工程热物理学会理事及传热传质分会副主任、国际杂志《Energy Storage and Saving》创刊主编。获国家级教学成果一等奖2项（分别排名第三、第四）、二等奖1项（排名第二）。

一、引言

改革开放以来，我国教育取得举世瞩目的成就。高校毕业生40余年间增加了近50倍。[1] 在社会发展加速迭代的背景下，以大数据、人工智能、云计算为代表的技术变革也正在改变高等教育的表现形态。托马斯·弗利德曼（Thomas L. Friedman）将此总结为：人类社会发展步入"加速时代"，其基本特点是，高等教育跟上技术变革的脚步变得越发困难。[2] 党的十八大报告提出"推动高等教育内涵式发展"，十九大报告明确提出"实现高等教育内涵式发展"[3]。2017年，教育部、财政部、国家发展改革委联合发布首批"双一流"高校建设名单，高等教育从"大众化"教育的外延式发展转向以世界一流高校为目标、质量提升为核心的内涵式发展，发展形态和实践逻辑性都发生了重大变化。实现高等教育内涵式发展，是我国经济发展下高校科学创新发展的时代要求，也是高校自身健康持续发展的内在需求。在这样的背景下，如何根据国家和时代发展、未来需求，建立并实施能够有效把控现有人才培养体系改革的评价指标体系，成为愈发重要的教育话题。

近年来，通过绩效评价改革推动人才培养质量提升是包括西安交通大学在内的部分高校发展的有效尝试。长期以来，人们往往将教育成果的显性层面评价与教育教学评价直接等同，基于评价指标的可计算性，以清晰、明确的量化方式掌握并呈现我国教育事业的发展状况。随着全球化、信息化、社会化发展对创新型人才培养提出新挑战与新要求，以论文、奖项、职称、"帽子"等为指标的教育教学评价机制使教育成效片面化、形式化，愈发阻碍了教育的内涵式发展，过分注重物质奖励的刺激效应，不能正确引导和激发大学教师深入从事教学改革、发现解决问题、探索真理的内驱力。[4]而高校人才培养绩效评价目标以达到某种教育教学水平、培养达到一定标准的人才为主体，制定与之相匹配的、相对应的教育教学改革方案和绩效评价指标体系，它集中反映了高等院校的人才培养特色和内涵，是确立专业设置、培养目标、教学师资队伍、教学质量监测与评价、教学成果、毕业生水平和标准的重要指标。

二、西安交大人才培养工作成效评价存在的问题

西安交通大学自2018年全面实施绩效评价改革，以"双一流"大学建设目标为出发点，通过人才培养、科学研究、队伍建设、国际化交流与合作、党的建设为五大基本任务进行系统性改革，其中，人才培养部分占学校总体绩效评价的40%。学校经过逐年探索，不断推进办学重心下移，人才培养工作通过定量和定性两个维度，向教学一线和突出业绩贡献倾斜，激发底层活力。而在此之前，学校人才培养工作经历了较为松散、碎片化的改革评价阶段，人才培养工作成效评价主要存在的问题分为以下两个层面：

1.面向学院

一是人才培养评价缺乏系统性的宏观指导。随着高等教育评价导向的不断调整，西安交大人才培养工作逐步得到重视，在制订年度计划和对学院的考核工作中，评价指标和维度在逐年增加，但缺乏从招生、培养到就业或深造全链条的系统性设计，各学院根据自身情况开展人才培养改革，其重视程度和效果存在良莠不齐的情况。

二是内涵性建设重视不足。虽然学校在课程建设、教学方法改革、考核评价方式等内容中增加立项和过程性管理，但由于管理重心偏高，"撒胡椒面"式的改革立项未能有效调动学院的积极性，而学校的绩效奖励仍然集中在教学成果奖、规划教材等显性指标上，无形中形成了教学改革的指挥棒。

三是人才培养评价的组织方式缺乏灵活性。绩效评价改革之前，学校绩效奖励的组织实施和经费管理由人力资源部统筹，教务管理部门在组织落实学校人才培养任务和目标时，缺乏自主性和灵活性，势必影响人才培养改革的过程和效果。

2.面向教师

一是"工作量"式的教学任务核算方式无法调动积极性。教师教学任务的落实按照工作量进行计算，就像教学任务"承包到户"一样，教师以完成该任务为驱动力，其边际效应会逐渐递减，无法调动起教师进行教学改革研究、改进教学效果的积极性。

二是改革前的"工作量"制度一定程度上促使教学同质化。"工作量"管理方式要求教师在教学中按照"计件"的方式，会促使教师采取无差别的标准，而这种标准往往成为教学的底线，对教育教学的自主性、教学质量的提升产生很大的障碍。

三、西安交大人才培养绩效评价改革内涵

为了适应国家创新驱动发展战略，深入落实学校"十三五"规划和"双一流"人才培养任务，西安交大人才培养绩效评价体系进行了全面性、系统性的考量。学校由本科生院和研究生院牵头，加强人才培养的宏观指导，取消教学"工作量"制度，进一步推进办学重心下移，各学院参考学校指导意见制定本单位人才培养评价和分配办法，激励各学院真正落实立德树人中心任务，并"自上而下""由内而外"地实现，激发各学院和广大教师投入人才培养的自觉性和创造性。绩效评价实现的"上"指的是从学校主管领导、部门层面进行的政策性引导，"下"指的是各学院对政策进行的自我解读和因地制宜地制定自身评价方案；"内"指的是评价形成的主观性导向，让学院和教师形成新的认识观念，"外"指的是使学校教学资源配置产生新的方式，并得到人才培养效果反馈。几方面的导向是相互影响、相互促进的，是学校领导、教师等各层面形成新的认识和观念，反过来，教学资源配置方式的变化又会影响认识和观念的变化，形成对人才培养质量提升的具有实质引导性的评价体系。

本着"保障质量为先、提升成效为要、突出贡献为上"的绩效分配思想，尊重人才培养的内在规律，西安交大依据"优劳优酬、贡献奖励、负面惩罚"的绩效分配导向，绩效评价遵从"引导性、系统性、可操作性"的原则。其中，"引导性"是指贡献导向，追求卓越，夯实立德树人主体责任，提升教书育人质量，推动教学改革创新，多出成果，快出成果，出好成果；"系统性"是指从保障人才培养方案的实施质量到教育教学综合改革的创新成效，从招生、培养到就业各个环节，系统设计分配指标；"可操作性"是指因地制宜，实事求是，量化为主，定性与定量相结合，眼前与长远相结合，个人获得与单位获得相结合。人才培养绩效评价体系一级指标分为保障质量、提升成效、突出贡献三部分，整体结构呈"金字塔"形式，如图1所示。

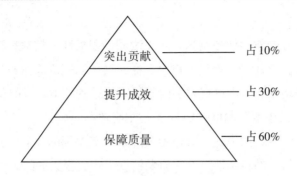

图1 西安交大人才培养绩效评价体系"金字塔"

（一级指标项下，按照本科生与研究生培养的类型不同，分别由若干观测点构成。观测点分为量化观测点和定性观测点。量化观测点依据学院年度工作的量化数据进行计算，定性观测点由本科生院、研究生院依据各学院在该观测点的工作成效、专家评审意见等进行评定。）

1.提高课程教学质量

我国的高等教育于2019年进入普及化教育阶段，提高高校的教育质量和人才培养的质量是当下和以后的很长阶段要坚持的任务。在西安交大绩效评价指标体系中，课堂教学质量评价和课堂教学模式改革、考核方式方法改革等要素占到人才培养绩效分配部分的60%。但它与以往的教师"工作量"核算相比，对课程教学质量、教学模式改革等要素进行了强调，增加绩效核算系数，旨在激励教师开展教学改革，提升课堂教学效果。其中，课堂教学综合评价优秀的加权系数是1.5，经过测算，一位讲授大面积基础课程或通识类课程且教学效果优秀的教师，与一位讲授专业课程且教学效果合格的教师，课时绩效分配将相差3倍以上。

在深化课堂教学质量的相关制度建设上，学校近年来多措并举建立了教学质量的系列保障制度。第一，2018年，经过一年多的全校大讨论，正式出台并施行《西安交通大学课堂教学质量综合评价办法》，建立学生评价、督导评价、同行专家评价、教师自评的多维综合评价制度，按比例划定教师教学评价结果，综合排名前70%的教师评价为优秀或良好，后30%的教师评价为合格甚至不合格。近三年评价结果未达到良好以上的A岗和C岗的教师将不能参加职务晋升。同时，实施学生过程性评价，督促教师在教学过程中不断总结提升教学效果。第二，为适应小班化、项目式等多种形态的教学方法改革，学校出台配套办法《西安交通大学团体授课本科生课程教学任务认定管理办法》，优化教务系统功能，将教学日历作为教师授课任务认定的直接依据，促进教师提前制定授课方式，细化任务分工。

2.提升内涵式发展成效

社会对高质量人才需求的多样化，要求高校把提高人才培养质量渗透到高校运转的各个环节，探寻具有自身特色的人才培养模式，以高质量的教育供给满足社会大众日益个性化的需求。在西安交大人才培养绩效的提升成效部分，充分强调学校宏观指导、办学重心下移的原则，提出生源结构与质量、专业内涵建设、培养模式改革、名师培育、学生创新能力培养、基层教学组织建设、第二课堂学生培养成效、毕业生质量与创业就业等指标点，并根据学校工作重心提出重点落实的任务。比如，近三年来，学校重点推进专业认证，通过国家级专业认证的专业已从2017年的3个上升到2024年的19个。同时，充分尊重学院自身办学特点，学院自己"量体裁衣"，制定人才培养年度发展观测点。观测点分为定量和定性两部分，使绩效与学院发展"合谋"，共同助推人才培养改革进程的深化。例如，西安交大机械学院几年来大力推进专业转型升级、实践教学体系的完善，并促进校企合作；人居学院近年来主要着手于专业的模块化整合、建筑学专业的评估，以及招生模式的改革，两个学院人才培养绩效的提升成效部分主要在以上几个方面强化、细化要求，推进改革任务的落实。

3.兼顾效率和贡献

根据2017年教育部、财政部、国家发展改革委联合发布的《关于公布世界一流大学和一流学科建设高校及建设学科名单的通知》，"双一流"高校建设任务正式确认公布。西安交大以"双一流"大学综合评价指标为指导思想，考虑学校人才培养目标、培养方式、学科专业发展、培养效果等多个要素，设立了以学科建设为支撑的人才培养绩效突出贡献部分，专门用于激励各学院在教学成果奖、教改项目、国家级课程、规划教材、交流学生人数、研究生创新能力、优博数目、学生竞赛获奖等影响学科评估的指标上多投入。当然，本着办学重心下移的原则，学院对突出贡献奖励部分有重新分配的权利，保证了各学院和专业实现特色化、多样化发展。此外，实施负面清单惩戒机制，对教学事故、损害学术声誉、管理不规范并造成不良影响的情况进行负面惩戒，根据性质扣除个人或单位绩效。

经过学校的整体谋划设计和全校上下的共同努力，"十三五"期间，西安交大获得2018年国家教学成果奖11项，位居全国高校并列第一位；获批国家"一流课程"78门，总数位列全国第三位；累计获批教育部"新工科"项目20项，全国并列第一位；累计获得学生A类竞赛83项，位列全国第一位。

四、西安交大人才培养绩效指标体系特征分析

绩效评价作为高等教育改革的重要内容，在推动教育事业稳步发展的过程中发挥了积极的作用。但也有学者指出，目前我国高校绩效评价还存在评价层次过于单一、评价体系缺乏针对性和权威性等问题，尤其缺乏对学校教育实践的深刻总结和归纳。[5]西安交大的人才培养绩效评价指标体系注重内涵、质量、成效和贡献，坚持了统筹兼顾，针对不同主体和不同学院、不同人才培养特点进行宏观指导，稳步推进，增强改革的系统性、整体性、协同性，既考查了学校办学基础和综合实力，也考查了各学院的人才培养建设成效和进步度。主要表现为：

1.从单一以量考核转变为以质为主、质和量并举。绩效评价体系以高质量育人为办学之本，通过外化于行激励专业和教师培育出高素质的创新型人才。学校修正了以往只考虑人时数的教学工作量计算方法，出台教学质量综合评价办法，并将教学质量、教学方法改革、学位论文质量等作为重要指标，兼顾人时数、课程性质等因素，促进第一课堂教学质量的提升。

2.面向学科评估的指标。在考核指标体系设计方面，既扩大了评价指标的范围，也增加了评价指标的深度，强调了"双一流"大学服务于国家人才战略和地方高质量发展的贡献度。尤其是"提升成效"和"突出贡献"部分，充分考虑教学成果奖、教改项目、国家级课程、规划教材、研究生优博、国际交流学生人数等影响学科评估的指标，助力学科评估成绩提升。

3.公平公正，量化计算。整体指标体系及计算模型经过充分论证，与学院进行多次沟通，所有指标均为反映人才培养质量的客观指标，确保考核方案的公平公正。同时，坚持激励优秀、负面惩戒的大方向，对教学质量好、教学成果突出的学院进行加分奖励，对影响学校正常教学秩序、损害学术声誉和质量、造成不良后果的单位和教师，根据情节轻重实行绩效扣减。

五、结语

先进的办学理念是高校发展的灯塔。对于大学来说，生源质量、师资力量、硬件设施等办学核心要素短期内无法发生质的变化，重视人才培养效果，采取科学有效的评价办法是大学实现高质量发展的有效途径。西安交通大学实施绩效评价经过学校深入、系统的考量，实施仅3年多的时间，引导学校和教师形成业绩与贡献为牵引、质量为要的教学思想，但人才培养绩效评价指标的科学性和有效性尚待进一步在实践中检验并不断调整，该项改革进一步为高校人才培养绩效管理和评价提供参考和借鉴。

参考文献

[1]陈宝生.中国教育:波澜壮阔四十年[N].人民日报,2018-12-17(11).

[2]托马斯·弗里德曼.谢谢你迟到[M].何帆,译.长沙:湖南科学技术出版社,2018.

[3]瞿振元.高等教育内涵式发展:从"推动"到"实现"[J].评价与管理,2018(1):71.

[4]李立国,赵阔,王传毅,等.超越"五唯":新时代高等教育评价的忧思与展望[J].大学教育科学,2020(6):4-15.

[5]勾训.我国教育评价中存在的问题及对策分析[J].黑河学院学报,2018(10):63-65.

构建全方位高水平本科教育教学管理新体系

中国地质大学（北京）　武　雄　张启升

【作者简介】

武雄，男，教授，曾于2016年至2022年7月担任中国地质大学（北京）教务处长，现任中国地质大学（北京）党委常委、副校长，主要从事高等教学管理和水文地质及工程地质教学科研工作。曾获中国地质学会第八届黄汲清青年地质科技奖（教师奖）等。

高等教育是兴国强国的"战略重器"，服务国家经济社会高质量发展，根本上要求高等教育率先实现创新发展[1]。而本科教育又是高等教育的立身之本、发展之本[2]，承载着走向未来和一流的双重使命[3]。近年来，众多高校都针对本科教育教学管理提出了理念和方案改革，争创世界高水平大学，不断为国家输送高质量复合型创新型人才[4]。然而为了应对如今复杂的世界新格局，本科教育教学既面临着机遇又承担着挑战。尤其是对于一些行业特色类高校，既要完成新时代党和国家事业发展对特色类行业教育提出的新任务和新需求，更要积极进行转型和升级[4]。不仅国内各大高校对本科教育教学进行推动发展，许多国外高校也在这方面进行着积极探索。例如美国在本科教育层面构建"以学生为中心"的前提下，对学生学习评价体系进行了改革完善[5]；英国研究型大学本科教育则更加注重实践和实验，凭借优越的实验条件着重培养学生的创新能力等等[6]。这些均为我国高校在新时期建成世界一流大学的目标提出了更高要求和更大挑战。

然而，随着新时代新阶段对我国高校提出的新任务和新需求，本科教育教学在学风、教风、学术等方面均存在一定的问题[7-9]，特别是在教师的"教"、学生的"学"、学校的

"管"和教育教学管理制度的完善等方面均需深化教育教学综合改革[10-12]。而在这些教育教学综合改革中，首当其冲且影响深远的当数建立健全高校多部门协作联动机制的本科教育教学综合改革。本科教育教学质量的提升不是教务处一个部门能完成的事情，而是需要教师工作部、人事处、财务处、实验室与设备处、学工处、国际合作处、科技处、后勤保障部门及各学院等多个部门和单位相互配合才能完成。高校内部各部门相互协作、有效联动是本科教育教学质量提升的前提和基础，是重中之重。因此，结合国内外在本科教育教学方面的现状和高校发展实际，归纳出影响高校本科教育教学质量及长效发展的重点问题：学校内部围绕本科教育教学的多部门协作联动不够。为了有效解决此问题，构建面向本科教育教学的多部门协作联动的高效长效机制、构建全方位高水平本科教育教学管理新体系成为高校当前发展高质量本科教育教学的重要任务。

本文以中国地质大学（北京）为例，以"践初心、担使命、抓落实，构建全方位高水平本科教育教学管理新体系"为主题，提出如何构建面向本科教育教学的多部门协作联动的高效长效机制，并进一步介绍了在该本科教育教学管理新体系下的实践效果。

一、践初心

统一思想，以本为本，筑牢本科教育教学是高校中心任务的共识

以新时代全国高校本科教育工作会议召开为契机，在全校持续开展教育思想大讨论，从历史、现实和未来等多视角再次认识到高校的根本任务就是人才培养，使全校上下思想、认识和行动高度统一到落实立德树人的根本任务上，使以本为本的办学理念深入人心，使广大教职员工自觉投入践行高校初心的行动中来。

二、担使命

1.加强领导，问题导向，制定全面提升本科教育教学质量的顶层设计

把建设高水平本科教育作为新时代学校建设改革发展的中心任务，坚持问题导向，加强本科教育工作的组织领导和顶层设计，充分发挥党委常委会、校长办公会的决策作用，确保思想政治工作、育人工作议题不少于党委常委会年度议题的三分之一，确保教育教学和德育工作议题不少于校长办公会年度议题的四分之一。成立由校长担任组长，主管教学、学工、人事、财经的副校级领导担任副组长的本科教育质量提升计划工作领导小组，制订《本科教育质量提升计划（2019—2023）》，出台"十大工程"，遵循教育规律，积极引导教师回归本分，教育学生回归常识。真正构建了党政领导重视教学、顶层设计引领教学、制度设计围绕教学、教师积极投入教学、经费优先保障教学、日常管理服务教学、舆论宣传导向教学的本科教育教学管理新体系。

2.部门联动，学院主体，构建本科教育教学管理制度

经教育思想大讨论，归纳总结出影响本科教育质量提升的问题及原因；然后成立由教务处、两办、宣传部、教师工作部、发展规划与学科建设处、人事处、财务处、学生工作

处、国际合作处、实验室与设备管理处、团委和信息网络中心等部门组成的联合工作组赴国内高水平和行业特色大学调研，经多次研讨，提出解决问题的思路；经本科教育质量提升计划工作领导小组批准后，落实到具体部门，制定和完善相关文件，并广泛征求意见；成熟后，提请校长办公会或党委常委会审议通过；审议后即刻落实，落实过程中加强督查和反馈。

加大体制机制革新力度，实行资源配置与人才培养质量统筹的管理模式，切实履行学院在人才培养全过程的主体作用；在学校总体框架下，各学院制订学院本科教育质量提升计划。加大"放、管、服"改革力度，扩大学院的办学自主权和经费支配权。层层传递工作任务，夯实工作责任，实行督查与奖惩并举，形成"激励+震慑"的追责问责机制。

三、抓落实

1.奖惩并举，优化教风，大力度提升教的积极性

培养一流人才，实施教学改革，关键在教师；只有好教师，才能培养出好学生；教师的水平就是一个大学的水平[13]。为给教师营造良好的育人氛围，学校构建多部门有效协作联动机制，形成"激励+震慑"的追责问责机制，制定出科学合理、有前瞻性和可操作性的文件并一一落实，有效提升教师教育教学积极性，教授给本科生的上课率达92%。

职称晋升方面，修订《教师职称评审条例》，实行师德问题一票否决，采取分学科、分类别和分层次的评审办法，设立教学为主型、教学科研型和科研型三类，其中教学为主型又针对基础课和专业课教师进行了专门分类。

岗位聘任方面，修订的《教师岗位聘任实施办法》中教学方面的条件占到50%。在岗位考核方面，制定的《教师岗位考核管理办法》教学方面的业绩占到50%。

绩效考核方面，实行"建设+激励+奖励"制度，制定《本科教学工程建设与改革项目管理与绩效激励办法》、修订《教育教学工作奖励办法》和《关于明确本科教学专项调节经费执行办法的通知》等文件，大力鼓励教师从事教育教学改革，并对基础课教师实行专项调节，近年来每年"激励+奖励"经费至少达到600万元。

日常管理方面，修订《教师本科教学工作基本职责及考核实施办法》、制定《本科教学事故认定及处理办法》和《本科课堂教学管理办法》等文件，实行师德一票否决制度，对教师的基本职责、教学事故等进行了全面的规定。

2.严格考评，优化学风，大幅度提高学的主动性

为了给学生营造良好的学习氛围，学校构建多部门有效协作联动机制，形成"学生中心、结果导向、持续改进"的OBE质量保障机制，修订文件并严格落实，严格考评，优化学风，有效提高学生学的主动性。

严格考评方面，修订《本科生学籍管理实施细则》，明确规定将考评中的任何处分均真实完整地归入学生档案。改革并严格过程考评，提升人才培养质量。

优化学风方面，修订《学生奖学金管理办法》，激励学生刻苦学习，促进学生全面发展；持续开展"少数民族学生助航工程"和"少数民族学生骨干养成计划"，助力少数民族学生成长成才；开展"学业帮扶结对"和"学习榜样宣讲"等系列活动，持续推进师生讲师团和"北地学堂"社团建设；通过抓"五率"、分层次、建机制、搞联动等方式，营造良好学习风气。

保障体系和评教体系方面，建立学校和学院评估制度，利用高等教育质量监测国家数据平台进行常态化的质量监测。完善领导干部听课、同行评价、教学督导评估和学生评教"四位一体"的课堂教学评价体系，完善教学信息收集—分析处理—反馈机制；建立学校教学督导、学院教学督导和学生教学信息员三级督导队伍；实施工程教育专业认证计划，树立"学生中心、产出导向、持续改进"的工程教育理念。

3.加大投入，做好保障，不断优化提升实验室条件与信息化水平

立足理工科学校定位，提高实验室条件与信息化水平，提升课内外实践教学质量及实效，保障实践教学改革及发展；持续加强教学实验室的建设、运行、开放、人员、安全保障；提高实验室资源利用率，提升教育教学信息化及其在教学、研究和社会服务中的层次和水平。

教学实验室建设方面，2017年至2021年共投入近1亿元，建设原值近2亿元的大型仪器共享平台，并制定修订一系列相关制度文件。安全保障方面规定职称评审中实行"安全问题一票否决"等，建设实验室安全管理系统和监控系统。在保证全校每年约250万人时数的实验教学任务有序完成的基础上，通过设实验技术与研究教改项目促教学相长，同时要求提升实验教学、管理水平和创新能力，保障实验教学质量。优先建设2项国家级虚拟仿真实验教学项目，建成3个北京市校内示范性创新实践基地、9个校内创新实践基地。

教学信息化建设方面，首创学校高端智慧教室，完成全校多媒体及电子巡考系统的升级改造，实现所有教室服务于"线上+线下"混合式教学，将教学模式向"教师引导，学生为中心"的研讨式转变，以信息化引领教育理念和教育模式的创新，支撑教育改革不断发展。学校在国内高校中带头实现成绩单、在读证明、学历和学位证书电子化，促学校教务服务水平再上新台阶。

4.三全育人，课程思政，实现专业课程的全覆盖

制定出台《全面推进"三全育人"综合改革工作实施方案》，全面统筹各领域、各环节、各方面的育人资源和力量，挖掘各群体、各岗位的育人元素。传承校史文化，挖掘地学特色，实施"传家宝"育人工程；以课程、科研、实践、文化、网络、心理、管理、服务、资助、组织育人的"十大育人"为基础，构建"三全育人"思想政治工作体系，使思政工作融通学科、教学、管理体系，不断提升精准育人水平和思想政治工作质量，推动形成"三全育人"工作格局，立起学生思政工作的四梁八柱。

成立课程思政教学研究中心，推动每一位专业课教师制定开展"课程思政"教学设

计，做到课程门门有思政、教师人人讲育人。申报的《中国地质大学（北京）课程思政教育教学改革新探索》获2018年北京高校思想政治工作难点攻关计划项目资助，形成了10门课程的课程思政建设教学大纲。制定《课程思政建设指导意见》，打造教育部课程思政示范课程3门。系统总结每门课的思政建设目标和每个章节的思政元素；组织教师观摩录制的课程进行学习；每年安排40～50门专业课程立项建设，逐步推动其他各门课与思政课形成协同效应。新制定本科培养方案，对应每门课程的课程大纲均融入思政元素，践行门门有思政。

5.勇担使命，狠抓落实，形成本科教育教学管理的北地精神

在"践初心、担使命、抓落实，构建全方位高水平本科教育教学管理新体系"的过程中，形成了"廉洁自律，求实创新，敬业奉献，团结协作，争创一流"的教育教学管理的北地精神，沉淀了"品德优良，基础厚实，知识广博，专业精深"的高素质创新人才培养目标。

四、本科教育教学管理新体系的实践效果

1.专业、课程、平台和制度建设取得全面突破

尽管中国地质大学（北京）规模较小，每年仅招收2100余名本科生，但在多部门协作联动下，专业、课程、平台和制度建设都取得了全面突破。专业发展取得突破：入选16个国家级一流本科专业，4个北京市一流本科专业，6个专业通过教育部工程教育专业认证。课程建设成效显著：建设了2项国家虚拟仿真实验教学项目，3门线下国家级一流本科课程，12门线下省部级一流本科课程。平台实现跨越发展：周口店及北戴河实习基地发展为地学栋梁新摇篮；新增切实有效的校外集中实践教学基地161个；学校新建6间全新智慧教室服务于教学改革；学校全部多媒体教室均可实现"线上+线下"混合式教学；学校本科教育教学的信息化水平实现跨越式发展。制度体系以本为本：建立了顶层设计引领教学、党政领导重视教学、制度设计围绕教学、教师积极投入教学、经费优先保障教学、日常管理服务教学、舆论宣传导向教学的制度体系。

2.学生学习主动性不断增强，创新创业能力显著提升

多部门协作联动，优化制度文件，激励学生创新创业，有效营造了浓厚的创新创业文化氛围，覆盖面和受益面得到大幅度提升，实际参加学生人数由2010年的不到200人增加到2020年的2800余人，从覆盖率不足10%发展到100%全覆盖。学生取得了丰硕的科技成果，学校重点建设的高水平学科竞赛从2010年的10项增加到2020年的80余项，已覆盖到所有学院和专业，校级及以上参赛学生从2000人次增加到近万人次。2016年至2020年，在全国大学生地质技能大赛、全国"互联网+"大赛、数学建模、电子设计、海洋知识等竞赛中获省部级及以上奖励2300余项；据不完全统计，2016年至2020年，本科生作为第一作者发表核心及以上论文170篇；近三年，学校均有本科生荣获李四光优秀学生奖。而

且参与学生竞争优势明显,据调查,大创项目完成质量高,学科竞赛获奖学生在保研、出国留学或就业中竞争优势明显,报送清华、北大等名校的学生都有参与学科竞赛或大创项目等创新实践活动经历。

3.教师教学积极性不断增强,教育教学能力显著提高

通过升华教师的激励及奖励机制,全方位提升了教师教育教学的积极性。教师积极参与教学培训,开展教学研究,主动进行课程和专业建设,乐于指导学生进行科技活动。进行全方位、多渠道、多层次的教师培训,满足了教师个性化需求,全方位支持和服务教师提升教育教学能力。新教师教学上岗培训活动已举办21届,青年教师教学基本功比赛成功举办11届,教学名师三级体系建设与评选已11年,这些措施及相应制度(特别是多部门联动新修订的职称评审制度)有效吸引越来越多的教师积极参与,在提升教师教育教学能力的同时,更是激发了教师投身教学的积极性。通过多部门协作联动,加强制度建设,致使教学名师不断涌现,质量建设成果更加突出:培育"万人计划"教学名师1人、北京市教学名师和青年教学名师30人、全国高校黄大年式教师团队1个,新增北京市教育教学成果奖8项。

4.人才培养质量明显提高,思政与专业教育有机融合

学校毕业生以基础扎实、工作踏实、作风朴实、精神充实和实践动手能力强的显著特点,深受社会各界和用人单位好评。2016年至2020年,学校在全国录取分数线平均高出一本线从70.4分升至86.4分,用人单位对学校本科生满意度达到94%以上。2017年至今,本科生深造率稳定在50%左右,大学英语一次性通过率平均稳定在81%左右。2016年至2020年,本科生传统就业率稳中有升,一次就业率位居教育部直属高校前列。

多部门协作联动,有效构建思政教育与专业教育有机融合的顶层设计的课程体系,在每一门课程中有机融入思想政治教育元素,打造教育部课程思政示范课程3门,选树课程思政教学名师3名,通过以点带面,形成课程教学、专业教学与思想政治理论课教学紧密结合、同向同行的育人格局,做到课程门门有思政、教师人人讲育人。

5.协作联动和协同育人机制更加健全

学校多部门协作联动和协同育人机制、本科教育教学体制机制、办学理念、办学目标、人才培养目标等具有广泛影响,研究成果具有广泛的推广应用价值,引起了高教界的广泛关注,产生了引领和示范作用。

五、结语

综上所述,学校通过坚持问题导向,加强本科教育工作的组织领导和顶层设计,构建了有效的多部门协作联动机制,切实提升了学校本科教育教学质量。通过构建全方位高水平本科教育教学管理新体系,使得专业、课程、平台和制度建设取得全面突破,学生学习主动性、教师教学积极性不断增强,学生创新创业能力、教师教学水平显著提升。但同时

也要清醒地认识到，教育教学综合改革不可能一蹴而就，更需要久久为功，坚持在教育教学综合改革中守正创新，不断超越，不断完善，并逐渐内化，螺旋上升。

参考文献

[1]吴岩.积势蓄势谋势　识变应变求变[J].中国高等教育,2021(1):4-7.

[2]范唯.深化评估分类改革　助力本科教育高质量发展[J].中国高等教育,2020(22):4-6.

[3]吴朝晖.努力构建以立德树人、全面发展为导向的人才培养体系[J].中国高教研究,2019(3):1-6+29.

[4]孙友宏,武雄.深化地学专业综合改革　适应地勘行业转型需求——以中国地质大学(北京)为例[J].中国地质教育,2021,30(1):4-7.

[5]郭芳芳,贾婉婷.美国本科教育中学生评价历史的主题变迁[J].江苏高教,2021(4):116-124.

[6]肖建康,陈晓龙,李希文,王秋芬.英国研究型大学本科教育的特点及其对我国高等教育的启示[J].兰州教育学院学报,2018,34(2):85-87.

[7]贾洋洋.基于本科教育管理存在的问题与对策研究[J].东方教育,2013(9):23.

[8]陈宏刚.论我国高等教育管理中存在的问题及解决策略[J].教育(文摘版),2010(2):194,196.

[9]洪静梅.本科教育管理的创新实践[J].亚太教育,2016(2):98.

[10]简金宝,王新哲,李奕霏.本科教育教学综合改革中"教—学—管"三位一体的关联机理及互动效应[J].教育理论与实践,2021,41(21):48-52.

[11]朱郴韦.香港本科教育素质保证与改革实践[J].高教学刊,2021(2):15-18.

[12]王坤."一流本科教育"的学习制度逻辑及其建设路径[J].华南师范大学学报(社会科学版),2019(6):81-89.

[13]谢和平.对大学教育的几点思考[J].大学教育科学,2021(4):4-11.

用力用心用情干好本科教学教务工作

北京林业大学　黄国华

【作者简介】

黄国华，男，教授，2017年至今担任北京林业大学教务处长，主要从事高等教育管理、人力资源管理、农产品及其市场化等领域研究。主持国家级、教育部、北京市教育教学研究项目多项，主持国家科技支撑计划、教育部人文社会科学研究基金等研究项目多项。首批国家级一流课程负责人。曾获全国高校榜样教务处长、北京高校优秀本科教学管理人员、北京高校优秀德育工作者等。

人才培养是一所高校的核心，本科教学是核心中的基础。近年来，党和国家对高等教育教学日益重视，特别是2018年新时代全国高校本科教育工作会议的召开，将本科教育教学带入了最好的发展时期。适逢盛世，又遇良机，作为教务处长，我在校党委的正确领导下，用力用心用情，团结带领本科教学教务系统全体同仁，与全校师生一起，做好本科教学工作，努力建设高水平人才培养体系，致力打造具有北林特色的一流本科教育，不断提高人才培养能力，持续培养更多德智体美劳全面发展的社会主义建设者和接班人。

一、加强学习，引领工作高水平

1.坚持理论学习。教育是党之大计，国之大计，事关党的存亡、国家发展和民族未来，作为教务处长，必须积极贯彻落实党的路线方针政策，确保办学正确政治方向。我坚持读书看报，做文摘，记笔记，不断提高自己的理论水平，将党的教育方针落实到人才培养方案调整和课堂教学上。此外，我坚持在不同时期，依据党建和思想政治教育工作安排，开展本科教学教务系统联学，加强团队政治建设。比如，2020年，我们就及时开展了《习近平总书记教育重要论述讲义》的系统学习。

2.学好教育理论。教育教学是非常有规律的事业，只有把握教育教学规律，才能让学校的教学教务运行在科学有序的道路上。我坚持学习，从教育经典著作中获取基本力量，阅读陶行知、顾明远、苏霍姆林斯基等中外教育大家的专著，将《中国高教研究》《中国高等教育》等作为自己的案头书，经常浏览 Times Higher Education、QSNews、软科等最新资讯，及时关注兄弟高校的进展，时刻保持自己对教育教学的最新认识。在坚持自己学习的同时，我向教学教务系统同仁推荐文章、赠送《教育规划纲要》《教育规律读本》《给教师的建议》等书籍，鼓励大家做一个知晓发展的新人，建设学习型事业成长团队。

3.注重工作研究。理论学习是基础，学以致用是关键。我坚持将理论学习与学校教学教务实际结合起来，把理论知识运用到日常工作中，用理论指导工作，按规律开展工作，学校本科综改方案的研制、课程思政的推进、在线教学的顺利开展，都得益于学习之后的研究。与此同时，我坚持将学习成果、工作成果、研究成果整理成文，年均发表论文2篇以上，每年精选主题，主编完成教育教学改革与研究论文集10本，在促进自己深入思考、总结工作的同时，也带动了全校教学教研论文撰写。

二、精心设计，支撑工作高水平

1.坚持理念先行。思想是工作的指导，理念是工作的先行，新时期的本科教学，要突出"学生、学习"这个中心，要面向学生的需求做培养、搞教学，绝不能停留在过去的"老师会什么、课上教什么"。因此，专业建设、课堂教学、教材编写、实习实验都要围绕社会对专业的需求，面向学生成长和发展未来，做充分的调研，树立起"以学生学习成长为中心"的教育教学理念。我们从2017年起，坚持举办人才培养理念与教育创新培训班，到每一个学院开展全国教育大会、本科教育教学综改方案、重点教改任务、教育教学发展形势等不同的专题宣讲会，促进全体教师转变理念，初步形成了"适应国家需要、适应社会需求、适应时代发展、适应教育规律、适应学生成长、适应质量要求"的适应性质量观。整体来看，全体教师提升了认识，用更好的行动投身到本科教育教学中。

2.做好方案设计。本科教育教学工作体系庞大，任务繁重，虽有发展中的变化性任务，但更多是基础性、长远性工作，需要系统设计，一体谋划，有序推进。近年来，我们围绕"本科教育教学综合改革方案""进一步深化创新创业教育改革""高水平人才培养体系规划""十四五本科人才培养规划"，先后完成了四个重要文件的起草编制。这四个文件都是事关本科教育教学发展水平与未来方向的根本性文件，可以说是"建成什么样的北林本科教育"和"把北林本科教育的未来带到什么地方去"的纲领性文件，文本起草任务重、要求高。作为教务处长，我依靠团队，依靠专家，认真听取学院和师生意见，学习借鉴国内外高校典型经验，在数十轮修改与征求意见之后，完成了文本起草，经学校决策程序印发后，成为学校本科教育教学的指导性文件，很好地引领了工作。

3.抓实状态数据。数据是事业发展状态的真实写照，也是事业关键任务完成水平的重要体现。2018年，我组织起草《本科教学状态基本数据采集与应用工作的实施意见》，推进数据库建设。事实证明，这一文件的起草与专项工作的推进，促进了学校的本科教学状态分析，促进有关教学单位和有关部门很好地弥补了工作短板，特别是本科教学承载量数据的采集与共享，为师资队伍建设提供了基本判断。整体来看，状态数据工作为后面随之而来的双一流建设数据填报、第五轮学科评估奠定了坚实的基础。

三、抓好重点，致力工作高水平

1.夯实教师教学。近几年，我们与人事处一道，协同各教学单位，共同发力，在教师投身本科教学方面做了大量工作，形成了教师"投入本科教学、热爱本科教学、受益本科教学"的良好局面。一是通过聘期任务、职称要求、教授上讲台等导向性文件，列明本科教学基本要求，使广大教师关注本科教学、积极投入本科教学蔚然成风；二是加大培训，鼓励教师参加有关竞赛和申报各级各类教研教改项目，坚持举办教育理念与教学创新、教学信息化等专题培训，引导更多教师投入本科教育教学改革，累计遴选确立各类教学改革教学研究项目1000余项；三是拿出经费，奖励教学成果，为省部级以上项目和获奖教师设立配套经费，认可教师的付出，肯定他们的成绩，更好地发挥他们的示范引领作用。

2.提升专业内涵。专业是人才培养的基础，新时期的本科人才培养就要向专业建设要质量，实现内涵式发展。这几年，我坚持深入各教学单位，与书记院长深度沟通，框定专业总数和招生规模，商定专业发展方向。坚持每年修订人才培养方案，确保党和国家最新要求及时落实到位；根据社会人才需要及时调整课程设置，确保学生学到最需要的能力和知识；根据国家专业质量标准进行对标检查，规避因人设课，确保专业质量。此外，我们根据社会需要，增设了经济林、数据科学与大数据技术等新专业，拓宽了学校本科人才培养领域。

3.推进课程建设。人才培养看专业，专业竞争在课程。几年来，我们以质量为目标，不断加强课程建设，一是以精品在线开放课为引领，加强了虚拟仿真、线上线下混合等一系列新型课程建设，累计建设精品在线开放课112门，上线运行89门次，选课人数超过120万人次，建成虚拟仿真实验项目9个，入选省部级以上奖励6项。二是以一流课程申报和课程思政为契机，全面推进课程建设。教育部一流课程文件和课程思政建设方案发布后，组织教师们学习领会，参加培训研讨，对照文件改进课程设计、教学设计。三是向课堂教学要质量，一手抓课堂教学改革，推进翻转式、混合式、研讨式等新型教学方式，推行更多课程的小班化，试行推进"预习+精讲+阅读+练习"的新型教学模式，提升学生自主学习能力；一手抓教学督查，组织专家对课堂教学进行观摩指导，在与教师的深度沟通中共同提高。此外，我们改进了英语、计算机等公共课教学，实现了模块化、选择式的差异化教学；增加了公共选修课的供给，满足学生的不同学习需求。

4.强化教材工作。教材是教学的基础，北京林业大学是行业特色高校，更多的专业教材需要自己编写。几年来，学校党委提前部署，有序推进，把教材工作放在了越来越重要的位置，取得了一些成绩。一是完善了教材工作机构，学校于2018年成立了教材科，负责教材方面有关具体工作，2019年谋划成立教学工作领导小组、教材遴选委员会、境外教材遴选使用专家组等领导机构和专项工作组；二是健全了教材工作制度，对推进教材工作、教材编写、教材资助与奖励都做了明确的安排；三是教材编写效果明显，"十三五"期间出版教材158种，申报"十四五"各级各类规划教材258种，5个项目入围首届国家级教材奖评选。

5.创新教学条件。教室、实验室和实践教学基地等教学条件是教学的重要保障，几年来，我们紧紧抓住学生的能力培养，增加实践教学学时，补充实习实验教学经费，特别是改进了教学条件。一是加大力度改进了教学实验室，学校安排专项经费5500余万元，重点对工科类和基础学科类专业实验室进行改善，很好地满足了教学需要；二是改进教室条件，自主设计、自主研发，建设26间不同功能的智慧教室、直播教室、录播教室，为课堂教学创新提供了条件；三是深化校企校地合作，新建了近20个实践教学基地，有利于专业实习。

6.聚焦学生培养。教学教务工作是学校的基础，事关人才培养的质量，事关学校发展与未来，工作中，我们坚持不断聚焦学生培养。一是设立基础宽厚的知识体系，以人才培养方案调整为契机，我们不断优化公共课特别是基础课的设置，坚持"应学尽学"，确保"学足学透"，为学生的未来选择和发展水平奠定"可广能高"的基础；二是建设面向发展的能力体系，统筹考虑"自主学习能力、学术研究能力、社会适应能力、人际交往能力、职业成长能力、终身管理能力"等基本能力要求，明确课程达成责任；三是完善导向成长的制度体系，适时调整完善与学生有关的各项管理制度，学分、学籍、专业管理坚持刚性底线，尽力留出有利于学生发展的个性化空间。

四、讲究方法，奠定工作高水平

1.把好工作契机。近几年，本科教育教学迎来了良好的发展机遇期，习近平总书记教育重要论述特别是考察北大、清华时的讲话，对高等教育教学发展做出了具体指示，全国教育大会、新时代全国本科教育大会指明了方向，双万计划、课程思政、劳动教育、体育、美育一个又一个具体的任务要求，这些都是高校本科教育教学发展的重大机遇。几年来，在校党委的领导下，我们立足学校实际，顺势而为，狠抓学习贯彻落实，学校本科教学在一流专业、一流课程、省部级以上教研教改、课程思政等方面有了工作突破，取得了喜人成绩。

2.注重工作沟通。本科教学是全校的事情，不是教务处一个部门的工作，我坚持做到"教学楼前站一站、实验室里看一看、教室里头听一听、书记院长聊一聊、教学院长交一交、部门领导走一走"，团结更多的部门和师生支持本科教学工作。近几年，我们与人事处一道，协同各教学单位，共同发力，在教师投入教学、教授上讲台、肯定教学成果方面做了一系列的制度设计，用"好制度+好收获"客观构建了推进本科教学改革与发展的激励机制。我们与基建、总务、招投标等部门一道，力争在"成本最小、方法最优、效果最好"的前提下做好智慧教室建设。通过主题宣讲和专题沟通，引导部门特别是学院负责人参与本科教学，让他们了解本单位的本科教学业绩与贡献，用聘期任务框定教学责任，与他们一起共同努力，避免单干。探索试行"谁支持本科教学，就更支持谁"的教师支持模式，引导更多的教师在本科教学中动起来，形成了"为优秀者搭建高台、为勤奋者提供信息、为落后者补齐短板"的个性化、差异化的支持策略。

3.做好制度建设。本科教学教务管理是规律性非常强的一项工作，越是有规则的工作越应该用成熟的制度来体现。我们秉承学生"事事皆大"的原则，认真做好以41号令为基准面向学生的相关制度修订，对学生转专业、请假、学籍管理及时做出更人性的调整，妥善解决了校外学分认定等新生事务，一切管理制度朝着更加有利于学生成长的方向发展。我们以"事事要虑"为原则，系统梳理了面向教师的制度，单设了教学为主型教师职称评审，启动实验系列正高职评审，开评教学为主型校内杰青等人才称号，细化教授上讲台制度，均取得了很好的有利于本科教学的改革效果。

4.突出服务师生。在我国经济社会进入高质量发展的新时代，又欣逢信息时代特别是进入人工智能时代，教学教务管理必须用好的工作作风提供便捷的信息化服务。我们坚守"实干是优良的作风"，追求"满意是更好的作风"，打造"方便是更优的作风"，我们希望人人干好本职，用永远在线的服务，实现"事事尽便"的教学教务管理，为师生提供人人满意的教学教务服务。我们推进专业化专家化的工作模式，改进各类项目的申报评审，探索初评、复评、会评相结合的匿名多回合评价方法，设立公示环节；强化评审反馈，建立改进机制，帮助教师与团队持续成长发展。我们致力构建"两端四平台"的教学教务服务支撑体系，用"流程化、快捷化、个性化"等学生喜欢的方式，让教学教务更受欢迎更有效率更有温度。

五、树牢情怀，筑基工作高水平

1.心中无私，准确定位，做一个心系教育教学的管理者。教务处是学校的重要行政处室，是协调和组织推进本科人才培养的第一责任处室。作为教务处长，一定要坚守"教学为要，课比天大"的职场准则，立足岗位，"做助手，定制度，稳重点，推协调，争公平，保效果"。工作中，一定要严于律己，要求教师做到的，自己先做到。特别需要注意的是，不能把教务处长当作为自己谋取利益和项目的平台，而要时时放平心态，做服务师生的普通管理者。

2.心中有爱，眼中有光，做一个懂教育的教学管理专家。教务处长，是学校党委行政关于本科教育教学具体工作的实施者，是学校本科教学运行的大管家，是学校教育教学发展的建议者。这就要求教务处长，一要热爱教育教学，熟悉教育教学规律，知晓发展变化，把握学校实际，用清晰的思路，把教学教务管理工作发自肺腑地当作事业去干；二要爱护学生，关心学生，关注学生，一切教学设计和运行，都朝着有利于学生今天的学习、有益于学生的未来发展；三要务求实效，不贪于虚功，不急于求成，十年树木，百年树人，要用"稳健的心态、有序的发展"去精心经营教学教务管理。

当前是中国高等教育发展的最好时期，回顾过去，自己做了一些力所能及的事情，在大家的帮助下取得了一些发展和成绩。面向未来，要更好地激发自己的政治心、事业心、人民心、师生心，用心干好事业；要在直面问题中想干事干成事，要在具体工作的实践锻炼中提高工作能力，要在具体事务的发展形势中妥善处理复杂问题，用力干好事业；要拿出热爱之情、发展之情，特别是行动激情，用情做好事业，把学校的一流本科教育事业做好做大做强，培养出更多更优秀的社会主义建设者和接班人。

新时代高校本科教学管理队伍建设策略和路径析论

天津大学　王世斌

【作者简介】

　　王世斌，男，教授，2022—2024年担任天津大学教务处长，主要从事生物力学、现代光力学方法及图像处理技术、MEMS系统多场耦合响应分析及高校管理领域研究。系国家重点研发计划项目首席科学家，中国高等教育学会常务理事，教育部高等学校力学基础课程教学指导分委员会副主任，获得多项国家级教学成果奖。

　　习近平总书记在党的二十大报告中指出，要坚持为党育人、为国育才，全面提高人才自主培养质量，着力造就拔尖创新人才。高水平人才培养体系建设至关重要，具体体现在要建设好学科体系、教学体系、教材体系、管理体系等以及贯通其中的思想政治工作体系。在高校人才培养中，本科教学居于基础地位。本科教学管理队伍是教学体系与管理体系的重要结合点，对形成高水平人才培养体系起着纽带作用。明晰本科教学管理的内涵和价值、剖析其中存在的问题和短板、切实提升队伍建设水平，对提高人才自主培养能力具有重要意义。

一、高校本科教学管理的价值与发展逻辑

1.高校本科教学管理的内涵与价值

　　教学管理是运用管理科学和教学论的原理与方法，完成规划和决策、组织与实施、监督与协调、检验与评价等管理职能，对教学过程各要素加以统筹，使之有序运行，提高效

能的过程。高校的本科教学管理是一系列具有实践性、感知性、系统性、教育性的管理活动。

首先是实践性。高校本科教学管理基于各项教育教学的实践活动展开，这些实践活动主要包括招生宣传与研究、人才选拔与评价、教学研究与改革、教学计划的制订、专业建设、课程建设、理论和实践等教学环节的组织管理、创新创业教育、学籍管理、教学质量评价与管理等。每一项工作都要求具体、落实、见效。

其次是感知性。高校本科教学管理的主体是教务管理队伍。他们既是学校教育教学问题的发现者和政策制定的发起者，也是政策实施的具体执行者和政策效力的直接感受者。这种感知性具体体现在学校教务管理效率和质量、教师教育教学状态、学生学习生活动态、校外（家长、用人单位、社会）反应等方面。尽管他们工作业绩的显示度不高，在年底述职时常用"本年度本科教学平稳运行"一笔带过，但他们却时刻在感知着本科教学的"春江水暖"和"云卷云舒"。

再次是系统性。教学管理是一项复杂的系统性工程，高校本科教学管理既是一个具有自身运行规律的独立系统，也是大学整体系统的一部分，与其他部门形成了一个有机整体，共同实现人才培养这一根本目标。从教学管理过程来讲，首先围绕专业人才培养目标设置专业培养方案，再根据教学计划进行教学安排，组织学生选课、上课、考核，其间对教学质量进行监控。上述各项教学管理活动均围绕"立德树人"的根本任务来共同发挥管理效能，需要按照一定的步骤和规律稳步开展工作，同时也需要与学校各专业学院、其他管理部门紧密协同，具备明显的系统性特征。

最后是教育性。高校本科教学管理需要围绕"立德树人"的根本任务，运用科学先进的教学管理理念，并遵循一定的教育教学规律、学生的身心发展规律以及教学管理过程中的客观规律。作为校园里"不上讲台的教师"，教务管理同样具备强大的育人功能。每个教学管理岗位都是一个关乎学生成长和教师发展、有教育情怀、有温度的存在，并在一系列工作实践中体现和传递着包容性、多样性和规范性等教育价值，从管理服务到教育赋能。

2.高校本科教学管理队伍的职业发展逻辑

习近平总书记明确指出，"高校立身之本在于立德树人，只有培养出一流人才的高校，才能够成为世界一流大学。办好我国高校，办出世界一流大学，必须牢牢抓住全面提高人才培养能力这个核心点，并以此来带动高校其他工作"。本科教学管理队伍的质量和水平直接影响着学校的教育事业发展，因此，有理想有信仰、教学管理理念先进、教学管理方法科学高效、综合素质和业务水平高是这支队伍应该具备的基本能力和素养要求。

本科教学管理人员的职业发展，应该遵循基于人才培养的教学学术逻辑，应该遵循服务于教学运行的行政逻辑，应该遵循实现个人全面发展与学校事业发展相统一的价值逻辑。一方面，需要不断地学习积累，储备一定的管理理论、专业知识和业务技能；另一方面，需要在教学管理的实践中不断总结经验，完善工作中的不足，逐步提高自身工作能力及水平，从一名"教学管理新手"成长为一名"教学管理专家"。

二、高校本科教学管理队伍建设的突出问题

1.教育教学管理的理念不够先进

高校本科教学管理者需要制定并执行学校的各项本科教学管理政策，需要具备先进的教学管理理念，应该对高等教育的最新方针政策和学校实际情况有比较全面的认识和准确的把握，并切实保障各项政策制度的有效推进与落实。但在实际工作中，繁杂的事务工作使他们不能深入思考新时代背景下人才培养的特点与要求，以及怎样通过具体的改革和创新来有效提升学校人才培养质量。与此同时，学校一些刚性的行政要求也约束和消磨了他们的改革和创新热情，导致了认知理念跟不上时代发展要求，对教学管理中的问题不再敏感，很多本科教学管理人员都是在依照既有规定加上个体的教学管理经验在开展教学管理工作。

2.教学管理队伍的专业化水平不足

本科教学管理队伍中的大多数并不具备教育学或管理学等与教学管理密切相关的专业背景和知识储备，教学管理的通用能力和专业能力参差不齐。一个值得特别重视的问题是教学管理的现代技术手段运用不充分、不科学。

2021年，教育部在《关于加强新时期教育管理信息化的通知》中明确提出要运用信息技术实现管理观念的转变、管理方式的创新和管理效率的提高，推进教育决策、管理和服务的现代化治理进程。要有效推进教育信息化发展，必须以数据为动力，运用新一代信息技术提高教育管理数字化、网络化和智能化水平。推动数据驱动式的教育决策方式、协同治理的教育管理模式、主动服务型的教育服务，以信息化支撑教育治理体系和治理能力的现代化。但是教学管理队伍中的大多数对于教育管理信息化的认识不够到位，对于教学管理的现代技术手段运用得尚不充分、不科学，使得管理效率和质量不能持续提升。

3.教学管理队伍结构不合理

（1）教学管理人员配置不足

教育部在《普通高等学校辅导员队伍建设规定》中明确规定高等学校应按总体上师生比不低于1：200的比例设置专职辅导员岗位，但对于教学管理人员与学生的配比却没有明确的要求。以某双一流大学T大学为例，在校本科生近19000人，27个本科教学单位仅有在岗在编的专职本科教学管理人员不足50人，远低于实际工作需求的规模，本科教学管理人员缺编在全国已属普遍现象。

（2）教学管理队伍结构不优

首先，性别结构失衡。在高校的教学管理队伍中，由于其工作性质的缘故，往往存在男少女多的显著特点。大学教学管理人员既要亲和力强，对待师生有耐心，工作认真细

致，完成好常规性的行政管理工作，也更需要思维开放，勇于开拓创新，完成好教学研究和改革等有挑战度的工作。性别比例的不平衡，不利于良好工作氛围的形成。

其次，职称结构失衡。大部分高校的教学管理队伍中，职称普遍偏低，副高级及以上职称稀缺。比如T大学全校专职教学管理队伍的53人中，初级职称1人，占比1.89%；中级职称47人，占比88.68%；副高级职称5人，占比9.43%；无正高级职称人员（如图1所示）。教学管理队伍的最优配置应由具备各级职称的不同层次的人员组成，只有合理配置人员，使职称与管理能力相匹配，才能使教学管理达到最优效果。

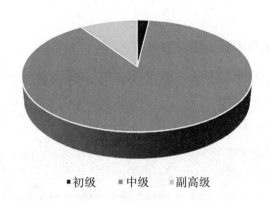

■初级　■中级　■副高级

图1　T大学专职教学管理队伍职称结构示意图（2023年2月统计）

再次，年龄结构失衡。研究表明：在知识积累、工作经验、个人精力和创造力等方面，不同年龄段的人呈现出不同的特征。教学管理队伍科学的年龄结构应是合理配置老中青人员比例，形成"金字塔"结构。就T大学专职教学管理队伍而言，35岁以下的青年占比39.62%，35～44岁的中年占比41.51%，45岁及以上的老年占比18.87%。青年教学管理人员略显不足，存在活力和创新力不足、后备储备力量不足的问题（如图2所示）。

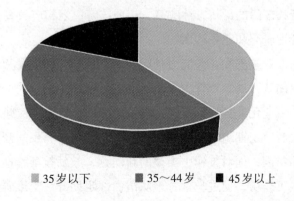

■35岁以下　■35～44岁　■45岁以上

图2　T大学专职教学管理队伍年龄结构示意图（2023年2月统计）

4.教学管理队伍稳定性不强

教学管理队伍工作量大且责任重，接受专业培训和进修的机会比较少，工作业绩需要较长的周期才能有所显现，职称评定困难，职务晋升空间小，久而久之，工作压力和工作强度不断增大，职业发展路径不明晰，导致教学管理人员难以安心本职工作。此外，很多高校通过选聘一部分劳务派遣员工以补充教学管理队伍，由于工资待遇、晋升机会与工作强度等原因，人员流动性大，难以形成一支长期稳定的教学管理队伍。

本科教学管理事务涉及学生从入学到毕业的所有教学环节。在某种意义上讲，学生对教学管理人员的感受就是学生对大学的印象。这支队伍要服务于师生的教学安排，并参与对教学质量的监督，需要有较高的专业化水平，需要其经过长时间不断的学习和培训以及在具体的教学管理工作中不断积累经验，因此本科教学管理的岗位属性决定了管理人员不宜频繁流动。

三、高校本科教学管理队伍建设的对策

高校应主动根据国家战略需求和学校发展需要，开展教学管理工作队伍的职业化发展研究，面向岗位职责，提升教学管理人员的核心能力和素养，逐步完善教学管理队伍的评价与激励机制，促进可持续发展。

1.加强教学管理队伍的专业化培训

（1）加强先进教育理念和政策的引领和解读

先进的教育教学管理理念可以有效促进教学活动的高效有序开展，教学管理工作者要深刻理解教育政策的缘起和核心要义，才能有效推动高校的教育教学改革工作。新时代高等教育正面临着新的使命、新的任务、新的要求，也因此对高校的教学管理队伍提出了新的要求。

首先要提高政治站位，教学管理人员要切实把立德树人贯穿人才培养的全过程，落实到教学管理工作的各个方面。其次要自觉提高理论素养，及时了解和掌握高等教育发展的新形势，准确把握新时代人才培养的新要求和新规律。最后要培养前瞻性和洞察力，掌握教育部、省市教育行政部门的最新方针政策，超前统筹谋划相应教育教学改革和发展。

（2）开展教育管理研究和业务培训

教学管理人员的专业素养和业务能力是影响高校教学管理质量和水平的重要因素，因此，学校要组织专业团队开展教育管理专题研究，邀请相关领域的专家学者有针对性地开展系统化专题讲座和专业化业务培训等，推动队伍的能力提升。应建立常态化的教学管理人员业务能力培训机制，定期组织教学管理人员与其他兄弟高校间开展学习交流。在校内营造教学管理研究的氛围，面对工作中出现的新问题，鼓励教学管理人员不断地进行探索和创新，建立案例式工作坊，促进教学管理队伍内部定期开展交流研讨，全面提升教学管理队伍的业务水平和专业素养。

2.创新管理工具和手段，提升数字素养和信息化能力

在新时期数字教育时代背景下，要注重教学管理人员的现代信息技术应用能力和信息化水平的提升。一方面，加快教育教学信息管理系统建设，更加重视数据分析、数据挖

掘、数据展现工作，完善数据治理，构建全方位、多层次、综合性的信息化服务体系。强化教学管理人员将管理业务与信息技术的深度融合，使其能够充分利用现代信息技术手段处理教学管理事务，用技术手段推进管理创新，用"以学生为中心"的理念重塑管理服务流程，持续推动教学管理队伍服务教育教学的水平。另一方面，教学管理人员要深度参与教育教学管理信息化建设，要加强与软件开发设计人员的交流合作，使软件开发人员更加了解高校教学管理工作的流程和规则。要更加重视师生的使用体验，对教学管理工作的基本需求进行系统的分析，厘清教学管理各环节的上下游关系，并针对管理系统中的各个功能模块进行优化设计，确保能真正按照学校教学管理工作的实际需求构建完善的教学管理信息化系统，实现对教育教学管理资源的优化利用。

3.完善教学管理队伍的评价与激励机制

（1）完善教学管理队伍评价体系

完善的教学管理评价体系能够对教学管理人员起到激励和规范的作用。与新时代教育评价改革要求相适应，在大学的绩效考核中，健全绩效考核和激励机制，将教学相关核心指标纳入学院的业绩评价指标体系，从生源质量、创新实践活动开展、教学成效等方面设置相应的审核重点和权重系数，突出教育教学实绩，注重对履行教育教学职责、人才培养实际贡献的评价，充分发挥绩效分配激励作用和岗位标准的调节作用，激发教学管理工作人员干事创业的内生动力。

（2）建立教学管理队伍激励机制

结合学校的实际情况，建立科学合理的激励机制，使教学管理人员实现自我激励、自我完善和自我发展。

第一，构建并不断完善本科教学管理队伍荣誉体系。高校教育教学事业的发展离不开教学管理人员的倾心投入，也离不开为学校育人不懈努力的各类教学管理组织。近年来，天津大学每年度开展教育教学工作年终总结暨表彰大会，表彰"本科教学管理先进个人""本科教学管理先进集体""本科教学先进工作案例"等，对工作责任心强、业务水平高、工作业绩突出的本科教学管理人员给予表彰和奖励，形成良性竞争的氛围，提升本科教学管理人员的工作积极性，从而促进学校的教学管理水平提升。

第二，进一步加大教学改革与研究支持力度。教育是面向未来的，其动力和源泉在于不断地改革与创新，来适应和引领社会发展和产业进步。教学的改革创新也离不开教学管理的改革创新。近年来，天津大学在全校范围内开展本科教育教学改革研究项目立项工作，也涵盖了教学管理工作范畴内的相关教学改革研究，吸引了教育专家和大批的教学管理人员参与其中，旨在支持教育专家和教学管理人员发挥各自优势，协同开展理论研究与改革实践，总结教学管理的实践工作经验，不断地研究教学管理工作中发现的新问题以及解决问题的新思路。开展相关课题的调查与研究，有效提高管理队伍的理论水平和实践经验，进一步推动学校教育教学事业的发展。

四、结语

大学肩负着建设教育强国的重任，关键是建设高水平人才培养体系。"新征程是充满光荣和梦想的远征，没有捷径，唯有实干"，进入新时代，我们欣喜地看到，人才培养的中心地位和本科教学的基础地位不断巩固，以本为本的理念深入人心，以"四新"为代表的高等教育新教改不断深化，并以教育数字化为驱动形成高等教育的新形态。面对百年之大变局，外部环境发生深刻变化，教师的"教"与学生的"学"也发生了深刻变化，对本科教学管理提出了更高要求。本科教学管理队伍作为教学体系与管理体系的重要结合点，对形成高水平人才培养体系起着重要作用。这就要求我们更加聚焦立德树人根本任务，坚持教学、学术、行政管理和个体发展相统一，将本科教学管理队伍建设纳入"九个坚持"之"坚持把教师队伍建设作为基础工作"的范畴来统筹考虑并不断强化，为全面提升人才自主培养能力和质量做出新的贡献。

参考文献

［1］陆雄文.管理学大辞典［M］.上海:辞书出版社,2013.

［2］教育部教育质量评估中心.高等教育质量监测国家数据平台数据填报指南［EB/OL］.https://udb.heec.edu.cn/,2022-07.

［3］习近平.习近平谈治国理政:第二卷［M］.北京:外文出版社,2017.

［4］教育部.关于加强新时期教育管理信息化的通知［EB/OL］.http://www.moe.gov.cn/srcsite/A16/s3342/202103/t20210322_521669.html,2021-03-15.

［5］教育部.普通高等学校辅导员队伍建设规定［EB/OL］.http://www.moe.gov.cn/srcsite/A02/s5911/moe_621/201709/t20170929_315781.html,2017-09-29.

全面开启一流本科教育新征程

东北大学　朱志良　陈文娇

【作者简介】

朱志良，男，教授，2015年6月至2023年11月担任东北大学教务处长，长期从事混沌分形与复杂性理论、计算机网络与通信、软件质量演化机制及智能化分析方法等方向的教学科研工作。软件工程专业一级学科博士授权点责任教授，国务院软件工程学科评议组成员，教育部软件工程教学指导委员会委员，国务院政府特殊津贴、辽宁省及沈阳市五一劳动奖章、沈阳市劳动模范获得者，辽宁省教学名师，辽宁省高等学校省级专业带头人，辽宁省百千人才工程百人层次，沈阳市领军型人才。作为负责人两次荣获国家教学成果二等奖，所带领的教学团队为国家级教学团队。

党的十八大以来，习近平总书记围绕培养社会主义建设者和接班人作出了一系列重要论述，为中国特色社会主义高等教育事业指明了方向，为新时代高等教育改革与发展提供了根本遵循。东北大学教务处面对新时代、新问题、新挑战，始终坚守为党育人、为国育才初心，凝聚共识，落实立德树人，全面聚焦落实"以本为本"中存在的共性与个性问题，找准着力点和突破口，攻坚克难，玉汝于成，为创建有中国特色、东大风格的一流本科教育，培养一流本科人才奠定了坚实的基础，为落实以本为本，构建本科教育"全校一盘棋"起到了积极的促进作用，积累了丰富的经验。

一、布局全校整盘棋　助推本科地位持续提升

东北大学教务处围绕落实以本为本，推进"四个回归"，积极探索建设中国特色、世界水平的一流本科教育，通过精心布局、精准施策，盘活全校优质教学资源，助推本科人才培养工作的地位持续提升。

1.主动作为，吸引学校领导关注本科教育

对本科教学工作投入不足是我国高等教育发展中的共性问题，本科教学管理团队只有主动作为，把本科教育发展需求与全校整体发展愿景结合起来，才能吸引学校领导关注本科教育。

（1）自下而上，设计本科教育创新发展规划图

教务处起草并组织实施了《东北大学本科卓越教育行动计划》（以下简称《行动计划》）。《行动计划》作为学校本科教育的纲领性文件，以问题为导向，针对共性问题，立足于增加学生的获得感和调动教师的教学积极性，提出了改革思路和主要举措；随着《行动计划》的全面启动实施，本科教学"四百工程"、专业建设"双十工程"等逐渐成为学校党政领导会上会下、校园内外不同场合谈论最多的话题，还经常关切地询问进展情况、是否有困难等；为使"资源平台跃升计划"改革措施落地，教务处多次、主动向学校汇报慕课平台建设及现代教育技术应用情况，邀请学校主要领导观看传统教室改造成果。由此，智慧教室、VR教室及远程互动教室建设逐步成为学校领导心目中的"亮点工程"。几年来，教学管理团队主动作为，取得了令全校瞩目的业绩，得到了学校党政领导及广大师生的充分肯定，在一定程度上提升了学校领导对本科教学工作的关注度。

（2）自上而下，绘制年度重点工作"得意之作"

对本科教学工作的重视由自下而上转为自上而下，标志着东北大学落实以本为本的一次重大转折。教代会上，赵继校长就建设100门"精品骨干课程"提出，学院要建设若干门院级"专业核心课程"，完善校院两级共建精品课程新机制，也为后来全国政协会议关于《找准高校"供给侧"改革的着力点》提案的形成及"使'优质高等教育资源'在现有基础上翻一番至两番"目标的确立奠定了基础。根据教育部《2018年教育重点工作指南》，学校把"创新型人才培养模式——探索适应自身特点的培养模式，着重培养适应社会需要的创新型、复合型、应用型人才"作为两项教育重点工作事项之一上报；2019、2020年，继续把本科教学改革项目作为书记校长"履职亮点"，重点关注、重点建设，并以此为学校年度重点工作的"得意之作"。按照管评办分离要求，学校成立了"教学质量监控与评估中心"，设置了专门岗位；2019年新一轮岗位聘任，在整体压缩编制的前提下，为教务处增加了中层干部及工作人员指数，并增设了科室，凸显了本科教育的重要地位。此外，学校党政一把手坚持深入课堂，了解本科教学情况；出席本科教学检查反馈会议，部署各学院整改工作；在两轮培养方案改革进程中，自始至终

参与并给予指导。

2.部门联动，引导相关部门参与本科教育

高等学校各职能部门虽有不同分工，但都具有为教学、科研服务这一相同职责，充分挖掘和利用其为本科教育服务功能是落实以本为本的重要环节。

（1）从"独奏"向"合奏"转化

只有全校上下统一认识，明确人才培养的责任与重要使命，构建"全校一盘棋"的育人新格局，才能真正落实以本为本，"突出教育教学中心地位"。基于这一思路，教务处积极引导相关部门参与本科教育。例如，撰写《东北大学一流本科教育建设实施方案》时，改变以往教务处"独奏"的做法，由教务处牵头，人事处、学生工作处等多部门共同参与完成；各部门按照自己规定的时间节点及建设目标完成工作任务，确保各项改革任务有效落地、落实、落细。再如，大学英语四、六级考试，单场人数多达1.9万人，以往教务处作为唯一组织者，面对场地不足、设施不达标、两校区考生人数与考场数量不匹配等硬件条件的制约束手无策，后改变工作思路，每次都召开校领导参加的相关部门工作协调会，明确各部门的具体工作及责任，变"独奏"为"合奏"，使以往的"观众"成为"演奏者"，各司其职，各种困难与问题迎刃而解。

（2）从混合向融合转化

充分挖掘和利用各职能部门职责所蕴含的与教学相关元素是构建本科教育"全校一盘棋"的重要环节。各职能部门随着参与本科教学工作不断增多、参与程度不断加深，日常工作中融入与教学相关元素逐渐增多，并邀请教务处参与。例如，东北大学"三全育人"综合改革任务，教务处分别作为牵头部门和参与部门承担22个三级指标建设任务，把专业思政、课程思政融入综合改革；再如，修订《东北大学发展核心指标考核指标体系》时增加了教务处的参与，丰富了本科教学标志性成果的内涵，强调了教学改革的成效，激发了教师的内在动力；又如，入学教育中融入劳动教育，为再造德智体美劳"五育并举"的人才培养体系提供强有力的支撑。此外，团委组织的学生第二张成绩单、外联处对实习基地建设的支持、网信办对资源平台运行安全的监控等已成为本科教育不可或缺的组成部分。

3.群策群力，多点、多维度夯实本科基础

高等学校担负着培养担当民族复兴大任时代新人的使命，承载着培养德智体美劳全面发展的社会主义建设者和接班人的重任。立德树人根本任务最终要落实到学院，只有激发学院及教师的内生动力，才是激活本科教育"满盘棋"的关键。

（1）积极宣传，增进了解

加大宣传力度，营造以本为本氛围是构建本科教育"全校一盘棋"的基础。为使全校师生员工及时了解一流本科教育建设思路、改革方案、重要举措、建设进程及取得的阶段性成果，了解本科教学运行情况、有关政策的制定及落实情况，教务处充分利用东北大学官方网站及公众号，及时宣传报道本科教学工作。仅2021年1—6月，学校主页人才培养栏目发布新闻55篇，远超学术科研栏目的26篇；积极开发自媒体平台，2020年7月东北大学教务处微信公众号正式上线运行，通过发布推送，系统地介绍了东北大学首届国家级一流本科课程，为建设高水平的课程资源提供了参考。

（2）及时沟通，排忧解难

创建一流本科教育是全校上下共同努力的结果，自然少不了各学院及广大教师的付出。"十三五"以来，学校以一流大学建设为契机，在深入调查、研讨的基础上，依据各学院的现状、发展潜质，把建设任务进行分解后分别下发给各学院，并通过绩效考核的方式激发各学院、专业本科人才培养工作的积极性和主动性，使其内在的潜力得以释放。为了把各项措施抓细抓实，教务处主动服务，帮助学院出主意、解决实际困难，成为学院本科人才培养工作的见证者、亲历者、引导者，助推一流人才培养热度持续攀升、一流本科教育迅速发展。

二、聚焦学生获得感　凝练一流本科建设经验

提升学生获得感是教育改革的核心目标。经过近年来的研究与探索，进一步完善了各类型人才培养体系，推进了本科教学基本建设，取得了一系列标志性成果，积累了颇具特色的办学经验。

1.构建了多元、普惠、个性化人才培养模式

落实以本为本，以科学构建多元、普惠、个性化人才培养模式为切入点，秉持东北大学"立德树人，激发潜能，学以致用，培育英才"教育理念，着眼于培养德智体美劳全面发展的创新人才，为学生的幸福人生奠基，进一步营造良好的育人生态。

（1）人才培养模式改革取得突破性进展

人才培养模式改革是聚焦学生获得感的重要体现。东北大学本科各类型、各层次人才培养体系日臻完善，"树梁计划"全面推进实施。"互联网+金融"等跨学院实验班的招生标志着在探索与实践适应"互联网+"时代对高层次、复合型人才培养要求改革中迈出坚实的步伐，为推动形成"互联网+高等教育"新形态提供了示范；新冶金理念下的冶金工程"本—硕—博"贯通培养模式，面向行业智能与国际化发展需求，构建了以冶金为基础，融合信息、材料等学科知识的人才培养体系；化学学科致力于培养未来化学领域领跑者，尝试创办了"方肇伦实验班"，再造人才培养新体系。人才培养模式改革得到了全校普遍重视，试点班由2015年的7个增加到目前的28个。

（2）教学管理模式改革取得显著成效

在以本为本思想指导下，教学管理的实质是为全校师生服务。东北大学教务处在深层次推进人才培养模式改革的同时，积极组织教学管理模式改革。一是进一步完善了本科生跨专业、跨学科选课机制，实施主辅修制，鼓励学生选择更多感兴趣或有利于个性化发展的课程，支撑"学业+特长"共生共长。二是进一步放宽本科生转专业政策，取消对转出条件的限制，为所有在校生第二次选择本科专业提供了机会。三是积极推广小班化教学，

通过调整教学工作量计算方法，鼓励缩小教学班型，为开展讨论式教学、增加课堂互动、改革考试考核方式创造条件。

（3）教学改革成果培育得到广泛重视

培育教学改革成果是激励广大教师在立德树人、教书育人、严谨笃学、教学改革方面研究与实践并取得显著成就的重要举措。东北大学教务处面对立德树人根本任务，牢牢抓住教育规律，聚焦增加学生获得感、提高教师教书育人能力、提升本科教育内涵、推进整体提升和特色发展、完善人才培养质量保障体系建设等内容，开展立项研究并培育成果。先后承担教育部新工科研究与实践项目7项，并有4项分别以1项"优秀"、3项"通过"的结果完成结题验收工作；承担省级教学改革研究项目104项，已全部通过结题验收。2018年以来，获教学成果奖国家级3项、省级65项。

2.构筑了换挡提速、跃升发展的坚固基石

面对新时代，东北大学认真审视"双一流"建设带来的机遇和挑战，牢记使命与责任，对标布局、精准施策，在建设一流本科教育进程中构筑了换挡提速、跃升发展的坚固基石，特别是在专业、课程及教师队伍建设等方面取得了一批标志性成果。

（1）专业建设成效卓著

专业建设是高等学校强化内涵建设、实现高质量发展的重要抓手。东北大学教务处坚定"创新型、特色化、开放式"发展道路，瞄准数字化、智能化等新方向，创办了机器人工程、人工智能等新专业，撤销了勘查技术与工程、网络工程等传统专业，实现了专业结构动态调整；秉持分层次、定方向、有重点的原则，实施"双十骨干专业"建设，建成国家级一流本科专业27个、省级24个。在国内高校中率先开展校级非工科类专业认证。非工科认证严格遵照既定流程，坚持"评建结合、重在建设"，强化认证专业建设过程管理，对持续提升非工科专业建设水平和人才培养质量起到了积极的促进作用。

（2）课程建设成绩斐然

重构课程体系、更新教学内容是课程建设的常态性任务。东北大学教务处以修订人才培养方案为契机，压缩传统课程内容，增加新知识，构建新体系；建设一批适应复合型人才培养的融合性课程，适合通识教育的科学基础性或前沿性课程、不同学科交叉类课程，适合不同层次贯通培养的本科阶段优化整合课程等；推广混合式教学模式及改革成果，创建高质量的慕课资源，24门课程获得国家级在线开放课程称号，位居国内高校前列，15门课程通过教育部首批精品资源共享课程认定，39门课程成为首批国家级一流本科课程，获国家级虚拟仿真实验项目2项。

（3）名师培育成果丰硕

百年大计，教育为本。教育大计，教师为本。以"三全育人"综合改革为契机，开展师德师风建设，充分挖掘每门课程的育人内涵，发挥教师育人主体作用。鼓励开设前沿类课程，推进教授全员为本科生授课，回归大学的本质职能。率先成立了专注于本科教学法研究与创新、致力于本科人才培养和教育教学改革的综合性机构——PBL教学创新研究中心；选派优秀教师到国外知名大学学习，开辟了东北大学以本科教学法研究与应用作为唯一任务公派到国外大学的先河。实施"百名教学标兵队伍建设工程"及本科教学团队建设，建成多层次教学团队。5年来，共有1人获国家级"万人计划"教学名师、12人获省级教学名师、3人获省级"兴辽计划"教学名师等荣誉称号。

3.构架了突出质量文化建设的监控保障体系

促进人才培养质量不断提升是高等学校高质量发展的重要基石。为进一步完善质量保障体系建设，东北大学教务处启动了以"互联网+大数据"为支撑的质量监督保障体系建设，完善了标准监控、过程监控、目标监控和反馈监控"四位一体"的质量监控机制；定期采集本科教学基本状态数据，实行常态化监测，强化了本科教学质量保障体系内涵建设；构建以学校自评为主、全员参与、多元评价的常态化本科教学评估机制，落实本科教学工作审核评估整改任务，形成"检查—反馈—改进—再检查"闭合循环体系，促进本科教学质量在持续改进中不断提升；修订了《东北大学本科教学事故认定与处理办法》，通过对教学事故、差错的认定及处理，在全校教师及本科教学相关人员心目中形成了一条不可逾越的红线——人才培养无小事、对待本科教学不能马虎。经过不懈努力，质量文化建设初见成效，质量意识不断增强。

三、汇聚发展新动能　推动本科教育再创辉煌

1.砥砺奋进，蓄势待发

回眸"十三五"，本科教育改革发展的历程贯穿着一条立德树人与以本为本相伴的主线，人才培养正沿着这条主线一步一个脚印地向前迈进。这5年，在东北大学百年发展史中虽是一瞬，但由此开启的以本为本新时代，为本科教育不断汇聚起磅礴之伟力，为实现一流大学奋斗目标筑牢根基；这5年，本科教学改革与发展的步伐与中国繁荣发展的历史进程同频，与学校一流目标进军的跨越之路共振，本科教育在百年东大的画卷中留下了开拓的印迹；这5年，落实以本为本取得了突破性进展，本科教育的基础地位得到了保证，在立德树人框架下运行成为各职能部门的自觉行动，以教务处为主、多部门共同参与的本科教育新格局已形成；这5年，本科教学改革逐步深化，优质教育资源日益丰富，标志性成果不断涌现，本科教学质量保障体系更加完善，学生获得感及满意度持续提升。经过不断探索与实践，确定了本科教育的发展目标与核心任务，即再造德智体美劳"五育并举"的人才培养体系，并按照"四金一新"基本框架，为"十四五"本科教育开好局、起好步奠定了基础。

2.逐梦笃行，铸就辉煌

2021年是国家"十四五"规划的开局之年，也是推动本科教育高质量发展的关键之年。在开启全面建设社会主义现代化国家的新征程中，高校人才培养必须立足新阶段，贯彻新理念，构建新格局，东北大学教务处将以全面推动高质量人才培养为主题，以深

化供给侧结构性改革为主线，继续坚持为培养有知识有品德有作为的社会主义建设者和接班人服务，坚持立德树人与以本为本并举，坚持全校上下一盘棋，围绕再造德智体美劳"五育并举"人才培养体系，持续推进理念、举措、政策、机制的迭代升级，不断推动本科教育高质量发展。逐梦惟笃行，奋进正当时。让我们紧密团结在以习近平同志为核心的党中央周围，在学校党委的坚强领导下，凝聚全校师生员工的智慧和力量，咬定"四金一新"不放松，全面开启本科教育新征程。

以"新文科"理念推进大学通识教育的改革与建设

山东大学　张树永　袁　凯　刘传勇

【作者简介】

张树永，男，教授，曾任山东大学教学促进与教师发展中心主任兼本科生院副院长，现任教育部高等学校化学类专业教学指导委员会委员，教育部虚拟教研室专家组成员，中国化学会化学教育学科委员会副主任委员，中国高教学会理科教育专业委员会常务理事，教育部教育质量评估中心特聘专家、审核评估和国际专业认证专家。承担科研教研项目46项；发表论文150余篇，其中SCI收录48篇；主编国家级规划教材2部，主持"物理化学"国家级一流课程；荣获国家级和省级教学成果奖、宝钢基金优秀教师奖等各类表彰奖励40余项。

2017年，美国希拉姆学院提出"新文科"理念。2018年教育部将"新文科"纳入"四新建设"，并于2020年正式启动，之后"新文科"建设迅速在全国掀起热潮。

实际上，在20世纪90年代，我国部分高校在开展传统文科改造时，已经开始强调突出文科教育的中国特性和价值属性，显示出"新文科"的特征。进入新时代，要培养德智体美劳全面发展的时代新人，就必须使学生能够传承中华文化、树立文化自信、突出中国理念、展现中国风格、彰显中国气派，使学生坚定理想信念、厚植爱国主义情怀、加强品德修养、增长知识见识、培养奋斗精神、增强综合素质。要实现这一目标，除了大力推进思政课程和课程思政建设外，以"新文科"理念推进通识教育升级改造也将发挥关键性作用。2020年，山东大学将"打造新时代山东大学通识教育2.0"纳入《山东大学"新文科"

建设工作方案（2019—2021年）》，推进"新文科"建设与通识教育深度融合。

一、我国的通识教育发展与现状

（一）我国的通识教育发展

以1995年原国家教委推行"文化素质教育"为标志，我国的通识教育改革正式启动。之后经历了从"文化素质教育"到"素质教育"再到"通识教育"的转变，我国高校的人才培养模式也逐步从专业教育转向通识基础上的专业教育。其中，武汉大学、复旦大学、山东大学等高校较早开展了通识教育的系列化建设。2009年山东大学在分析先前文化素质教育优势与不足并借鉴武汉大学、复旦大学和海外高校经验的基础上，构建了"三层次、七模块"通识教育体系（见表1），并于2010年启动实施，分3年建设了近300门通识教育核心课程，建立了分布选修机制。

表1　山东大学"三层次、七模块"通识教育1.0体系及代表性课程

三层次	七模块及所包含的特色课程	
通识教育必修	思想政治理论课、大学外语、大学计算机、体育、军事理论和军事素养	
通识教育核心（七模块）	模块-1：国学修养	中华传统文化概览、先秦诸子百家、经学概论、唐诗导读、论语导读等
	模块-2：创新创业	批判性思维、创业机会识别与策划、知识管理与知识创新、设计与创意生活、发明创造学等
	模块-3：艺术审美	中国审美文化史、世界文化遗产审美体验、民族歌舞戏剧与多元文化、与风景对话等
	模块-4：人文学科	哲学与人生、正义与良善生活、技术创新与知识经济、山东大学的历史和精神、英语话中华等
	模块-5：社会科学	中共党史重大事件和重要人物、信息社会中的媒介素养、公共危机管理、中国传统礼仪习俗概论等
	模块-6：自然科学	生命科技与医学法、生活方式与健康、家庭健康与应急救护等
	模块-7：工程技术	智慧的电子学、清洁生产与循环经济、可再生能源及其发电技术、机械发明史与机械创造方法等
通识教育选修	共计600余门课程，供学生任选	

（二）通识教育发展状况分析

山东大学的通识教育自2009年开始谋划，构建了"三层次、七模块"体系，于2010年开始全面实施，到2019年按照"新文科"理念启动改造时，山东大学的通识教育已经历10年建设。期间虽然学校对选修学分要求、课程数量、教学内容、教学模式等进行了

持续改进，但总体框架和基本特征没有发生质的变化。

复旦大学的通识教育始于2005年，2014年推出2.0版。升级到2.0版之后，其核心课程在原本"哲学智慧与批判性思维、文明对话与世界视野、社会研究与当代中国、科学探索与技术创新、生态环境和生命关怀、艺术创作与审美体验"6个模块的基础上，增加了"文史经典与文化传承"，使模块数达到7个。

武汉大学的通识教育于2003年开始实施，2013年升级为2.0版，2017年推出了3.0版。2003年将公共基础课转变为通识教育课程，构成通识教育1.0版。2013年开始实行模块化，将通识教育分为七个模块，构成通识教育2.0版。2016年升级到3.0版，设置了"人文社科经典导引"和"自然科学经典导引"两门基础通识教育课程，建立通识文化、通识课程、通识课堂、通识管理四大系统，构建了"四个模块、两门基础导论课、60门核心课程和600门一般课程"的"4—2—60—600"课程体系，推动通识教育从"见知识"向"见价值"转化，发挥塑造正确价值观、养成健全人格、拓展科学思维、提升学习能力的作用。

通过上述分析看，武汉大学的通识教育3.0、复旦大学的通识教育2.0与山东大学的通识教育1.0，虽然版本和分类方式不同，但基本框架都是"三层次"和"七模块"的架构，所涵盖的知识体系和教学期望相似，都强调要突出中华优秀传统文化的"双创"，致力于增强文化自信，与"新文科"建设思路基本一致。这种相似性是由各高校通识教育理念、出发点和目标的一致性所决定的。

此外，通识教育也在北京大学、清华大学、浙江大学、中山大学、南开大学以及部分省属高校深入开展，经过近二十年的探索，我国高校初步建立了包括通选课模式、核心课程分布选修模式、大类培养模式、书院模式、经典阅读模式、隐性课程模式等多种通识教育模式，并在通识教育改革和建设方面取得显著成效。在2014年和2018年两次国家级教学成果奖评审过程中，分别有10项通识教育和5项素质教育类改革成果获奖充分证明了这一点。

目前，通识教育仍主要基于课程展开，改革举措主要聚焦课程模块的设置、课程体系的调整、教学内容的更新、教学目标的调整和教学方式的改革。这些变化基本上是线性的，即更多地体现在课程的数"量"和教学程"度"上，虽然或多或少地体现了一些"新文科"的特征，但未能实现"质"的改变，且各高校差异不大。因此，当前各高校的通识教育都面临着相似的问题和挑战。

二、基于"新文科"建设的通识教育改革思路与重点

"新文科"建设不仅是文科学科和专业的自身建设，还应着力促进哲学社会科学与理工医农交叉融合，全面发挥哲学社会科学的价值属性和育人功效。所以，以"新文科"理念系统审视当期的通识教育，以新理念、新要求、新思路、新举措推进通识教育的升级改造十分重要。

（一）通识教育2.0改革思路

区别于以往单纯依托课程实施的通识教育，基于"新文科"理念的通识教育需要体现中国化、智能化、融合化、体验化、系统化、国际化、开放化、品牌化等特征（见表2），同时基于学生中心、产出导向的理念，力求通识教育在学生的世界观、人生观、价值观塑造和综合能力培养中发挥更大作用并实现知行合一。其中，中国化、智能化、融合化、体验化可以说是通识教育2.0的关键特征。

表2　通识教育2.0的主要特征及建设内涵分析

特征	建设内涵
中国化	以中华优秀传统文化为主干，加强艺术审美教育、红色文化教育和党史国史校史教育，推进通识教育与思政教育同向同行，推进学生用中国理论、中国文化和中国视角分析和解决当今中国和世界的问题，发展中国智慧，树立中国自信。
智能化	增设"信息社会"核心模块，融合物联网、大数据、云计算、人工智能、5G等最新信息技术成果，增强学生的信息素养；加强各类通识教育课程与信息技术的融合，建设在线开放课程和品牌微专业，打造线上线下相结合的通识教育模式；强化信息赋能，引入虚拟仿真、虚拟现实等模式，增强代入感，丰富教育形式，提升教学效果。
融合化	大力推进课程思政，促进通识教育、思政教育与专业教育融合；推动通识课程更好落实情感和价值观目标，提升学生综合分析和解决问题所需的非专业能力和素质；更好挖掘学校文化传统和学科优势，使学校的文化底蕴和人文社科最新研究成果及时转化为通识教育内容；推进通识教育专业化，提升通识教育针对性，更好支持毕业要求的达成。
体验化	充分利用校内的校史馆、博物馆、中华文化体验馆、文学生活馆，校外的红色教育基地、革命纪念馆等线下实体资源和虚拟仿真线上资源，建立沉浸体验基地和平台，发挥体验的优势，实现全方位、浸染式的教育，提升教育效果。
系统化	以通识教育课程群或者微专业等形式，强化通识教育课程的系列化设计和建设，推进学生知识和能力养成的系统化；围绕三全育人，推进通识教育与拓展培养计划有机结合，将通识教育与校园实践和社会实践相结合，贯穿人才培养全过程，形成全方位育人氛围。
国际化	加强传播中华文化、中国理念的国际化通识教育课程建设，一方面服务国际学生的培养和暑期学校的对外开放，另一方面不断提升中国学生讲中国故事、传播中国文化的能力，提升文化自信和自豪感。
开放化	打破学科、学校和国境限制，有效整合校内外、海内外、线上线下的师资和课程资源，实现多主体协作，共建共享优质通识教育资源；组建跨学科团队，建设体现学科交叉与创新的通识教育课程或者微专业；组织跨校虚拟教研室，共同建设和实施通识教育课程。
品牌化	建设高质量通识教育课程，推进优秀通识教育教材和新形态教材建设，打造一批具有品牌价值的通识教育核心课程，提升通识教育课程的社会和国际影响力，促进文化传播和文化交流，服务终身学习体系建设。

（二）通识教育2.0建设探索

近年来，山东大学以"新文科"理念积极推进通识教育升级改造。在通识教育"中国化"和"系统化"方面，2018年山东大学在前期建设"国学修养"通识核心课程的基础上，推出了10门经史子集导读类课程，打造了全国首个"古典文学微专业"，强化学生典籍的阅读和理解能力，服务中华优秀传统文化的创造性转化与创新性发展，坚定文化自信。学校还建设了创新转化管理、知识产权管理、国际组织与跨文化交流、国际中文教育、健康管理与政策、心身健康与维护等系列微专业，将通识教育系统化、专业化改革推向深入。在"智能化"建设方面，2020年，山东大学结合"四新"建设和培养方案修订，增加了"信息素养"核心模块，建设了跟我学编程、数智时代的商业变革、信息社会与人工智能、信息社会与物联网、大数据时代的医疗革命等课程；同时加大通识教育慕课建设，以课程群方式推进建设，如体系化建设了16门医学类通识教育课程、10门艺术类通识教育课程，在中国大学慕课平台上线其他课程59门，以线上线下混合式教学推进教学理念和方法改革。"体验化"改革主要依托校内外体验基地展开。"山东大学中华传统文化研究与体验基地"是国家重点建设基地，建设了一支包括艺术家、非遗传承人在内的规模稳定、技艺高超的特聘专家队伍，建立了多语种文化体验环境，2013年"中华文化体验模式创新与对外文化交流平台构建"获山东省首届文化创新奖，2015年"中华文化体验与教育活动"入选教育部"礼敬中华优秀传统文化"全国十佳示范项目。2012年基地开始依托16个教学体验区，面向本科生开设传统文化素养课程，2016年开始开设"思想与智慧、习俗与仪式、艺术生活与审美、工艺与科技"等内容的"中华文化体验与传播"通识教育核心课，开发的"中华文化体验知与行"系列慕课于2019年在中国大学慕课平台上线。2016年，学校又基于文学生活馆开展"文学生活馆的实践与探索"体验式通识教育课程，并入选全国高校"礼敬中华优秀传统文化"特色项目并在中国大学慕课平台进行了展播。在通识教育"开放化"和"国际化"方面，山东大学依托暑期学校和全英文本科学位项目，汇聚校内外、海内外师资和课程资源，打造国际化课程，推进国际化学分。2019年暑期学校共开设165门通识类课程，其中包括可持续工程、药学科学进展、商业数据分析与研究方法、欧洲和英国的能源管理及政策等一批国际化课程。2019年学校出台《山东大学国际化课程建设工作方案（2019—2021）》，共立项建设237门全英文课程，其中全英文通识教育课程50门，面向国际学生开放。

三、结语

"新文科"建设是一个全方位、系统化的工程，通识教育是"新文科"建设的重要组成部分。以"新文科"理念推进通识教育升级改造，推进通识教育的中国化、智能化、融合化、体验化、系统化、开放化、国际化、品牌化，是通识教育改革的重要趋势。山东大学基于"新文科"理念开展了通识教育2.0建设，已经取得初步成效，积累了一些经验，对"新文科"背景下的通识教育建设具有一定的借鉴意义。

如何激发学生主动学习

中山大学　陈省平

【作者简介】

　　陈省平，男，研究员，2020年至今担任中山大学教务部主任。主持国家自然科学基金、国家软科学研究项目等国家及省市科技项目20多项，发表各类文章100多篇，主编或参编专著10余部，主持编审海洋科学专业系列教材20余部，获得广东省教育教学成果奖特等奖1项、一等奖1项、二等奖2项。

　　当前，我国已建成世界最大规模的高等教育体系。高等教育毛入学率从2012年的30%，提高至2021年的57.8%，实现了历史性跨越，高等教育进入世界公认的普及化阶段[1]。激发学生主动学习，是普及化发展阶段推动高等教育内涵式发展的应然选择。近年来，中山大学积极建构以学生成长为中心的人才培养模式，为学生跨学科学习、通过实践和研究学习、国际化学习和本研贯通学习创造良好氛围和机会，激发学生主动学习，推动教与学的创新变革。

一、路径选择

　　学习是学生的主要任务。激发学生的主动性和创造性，就必须面向未来，发展个体应对复杂性、多样性和变革的能力，以满足学生成长成才的需要；就必须赋予学生更多的选择机会，赋予学生更多的学习自主权，努力让学生成为学习的主体。

　　第一要面向未来。教育是关于未来的事业，培养的是下一代的建设者和接班人。教育中面临的最大困难是：我们一直在用过去的知识教给现在的孩子，让他们去解决未来的问题[2]。未来远比现在复杂，艰深复杂问题的解决，需要从多个角度，综合运用多个学科的知识。这一复杂性使得未来更加多样化，充满不确定性，从而需要不断的学习、思考、探索和质疑，发现新问题，实现新突破，产生新创造。新的全球化问题在不断涌现，国际社会只有合作共赢才能应对全球复杂挑战[3]。

第二要尊重选择。学生主动学习的动力来源，是学生本身对学习的积极渴望和自觉追求，其前提是有丰富的选择路径。学生学习内驱力或内在动机的激发，首先应赋予学生自主选择的权力，学生能够从学习过程中获得乐趣、享受成就感[4]。丰富选择、尊重选择，是激发学生学习主动性的两个关键要素。

第三要因地制宜。中山大学具有人文社科和理医工的多学科厚实基础，不断追求学术创新，以国际视野开放办学，已形成了"综合性、研究型、开放式"的特色。学校将学科优势、科研优势、区位优势等转化为教学优势，不断拓展学生跨学科学习、研究实践学习、国际化学习路径，激发学生的主动性，着力提升学生跨界整合能力、创新实践能力和跨文化理解能力，培养能够引领未来的高水平复合型创新人才。

二、实践与探索

（一）跨学科学习

中山大学一直致力于探索多层次跨学科人才培养模式，包括建设跨学科专业和微专业、跨学科课程，以及鼓励辅修等，为学生提供多样化的跨学科学习机会，激发学生去主动学习。

1. 集中大类培养，提供跨学科课程选择

实施集中大类培养。一年级学生在广州校区南校园实行集中大类培养，减少和打破了校区间、院系间的壁垒，促进了各校区、各院系优质教学资源共享，为一年级共同基础课建设提供了制度保障。以2023级为例，学校63个院系的一年级学生，按7个学部进行培养，各学部对所属学科基础知识进行整合梳理，开设学部平台课149门。同时各专业将大类内其他院系开设的基础课，选定为本专业的必修或选修课，促进跨学科学习。

开设跨学科课程，推动跨院系选课。在培养方案中设置跨学科课程模块，为学生跨学科专业学习、个性化发展提供机会，培养学生跨学科思维与解决复杂问题的能力。在全校层面鼓励专业课开放共享，推动各院系将优质专业课开放给其他院系（专业）学生选择修读，对学生采取同质化要求，计入公选课学分。以2023年为例，春季学期开放课程361门，占全校专业课的17%，秋季学期开放课程增至664门，占全校专业课的30%。

2. 跨学科专业、辅修、转专业，提供跨学科专业选择

跨学科专业设置方面，建设若干综合（学科）交叉专业。学校开办信息工程和马克思主义理论专业，面向校内各院系招收学生，分别实行"1+3""2+2"的"立交桥"培养模式。2020年以来，先后设立土木、水利与海洋工程、遥感科学与技术、智慧交通、行星科

学等交叉学科专业，围绕国家战略需求，培养复合型工程人才。2022年申请设立政治学、经济学与哲学，整合科学2个综合交叉专业，还将考虑新设外国语言与外国历史，数据科学与大数据技术，人工智能、心理学和逻辑学等交叉专业，加强跨学科教育。

辅修方面，学校增设微专业，实施微专业、辅修专业、辅修学士学位三级辅修制度。最低学分要求分别是：微专业12学分、辅修专业25学分、辅修学士学位由原来的75学分降至60学分。辅修专业覆盖面逐步拓展，2020学年为32个，2021学年达到44个，2022学年超过60个。三级辅修制度允许逐级递进、上下互转，学生可修读多个微专业，亦可根据自身情况，自由选择最优的跨学科学习形式。与此同时，各院系优化辅修教学模式，积极探索嵌入式辅修、跨校区线上线下同步教学等多种形式。2022年辅修人数达833人，2023年辅修人数达1087人（辅修率增至13%）。

转专业方面，坚持"不限转出、择优转入、鼓励尝试、支持互认"。学校实施"零门槛"转出制度，除了招生简章上有明确限制及休学期间不允许申请等情况以外，所有学生的转出不受限制，各年级学生均可申请，未转成功的学生可以多次申请。2022年学校进行了改革，接收转专业的学科，实现了文、理、医、工、农、艺全覆盖。各专业接收计划上限由原来的15%提高到30%，重点考查学生对转入专业的学术志趣，及其相应的专长和发展潜质，不再简单设置原专业绩点排名等门槛，大幅增加了学生自主选择专业的机会。2022年全校共553名同学转入新的院系专业，开始新的学习；2023年增至914名。

（二）通过实践和研究学习

中山大学将创新能力培养融入学生学习实践全过程，依托科研训练和实践活动，让学生在自由学习和探索中拓展思维、融会贯通。

1. 研究性学习促进学生自主探索

研究性学习的本质是培养学生发现问题、分析问题和解决问题的多重能力，从而提高学生自主探索的意愿和水平。

中山大学不断拓展学生开展研究学习的条件，鼓励和支持教师将学科的前沿、创新成果等转化为教学资源。通过设置创新实践类课程、开展课外科研训练和学科竞赛等方式，增强学生理解和解决实际问题的能力，促进研究性学习。近两年，学生对早进课题、早进实验室、早进科研团队的意愿日渐强烈。三年级本科生（五年制为四年级本科生）中，参加过大学生创新创业训练计划项目（简称"大创项目"）、教师科研项目、学科竞赛或发表过学术论文的比例显著攀升，2021年是41.8%，2022年达到59.4%，2023年增至72.3%。这反映了学与教的良性互动，学生在教师指导下以团队合作为方式、以兴趣为导向，开展自我驱动学习。

中山大学推进本研贯通人才培养模式改革，将研究性学习融入专业培养方案，在培养方案中单列"本研贯通课程"模块，学生所修课程若为后续研究生阶段的课程即可申请免修。除此之外，各院系还积极试点荣誉学位项目，在培养方案中设置一批有深度、有高度、有挑战度的荣誉课程，与研究生课程形成有效衔接，提供机会给"学有余力"的学生自主选择修读。本研一体化课程体系，提高了学生学习的挑战性和成就感，营造本研贯通培养的浓厚氛围。我校本科毕业升学深造率逐年提高，2022年达到70.02%，2023年达到71%。

2. 通过实践学习促进学生自主实践

实践既是巩固学习的手段，也是获得新知识、新方法和新感悟的方式。近年来，中山大学不断完善实验教学条件，加快建设工程实训中心，加强教学基地建设，规范实习组织管理，落实运行经费保障，积极营造实践学习的氛围。

在此基础上，中山大学强化专业实习、研究训练和社会实践等方面的要求，深化产教融合，加强学生实践学习。以中山大学海洋科学专业为例，该专业在课程体系中设置了2门必修课：一是海洋科学进展，要求学生至少听24次讲座，提交一份课程报告（占1个学分）；二是综合实验与实践，要求学生以小组合作形式，在教师指导下开展课外科研训练，完成相应实验实践任务，撰写并提交研究报告（占2个学分）。在野外实习实践方面，大一、大二和大三均安排每年暑假野外实习，分别为认识实习、专业实习、综合实习，各2个学分。学生修读上述课程期间，在教师的指导下进行完善的知识体系建构，形成师生互动的教学模式，促进学生自主实践。

在研究性学习和实践学习理念的驱动下，学生的自主探索和实践学习效果十分显著。以学生参与大创项目为例，2022年全校共553名同学转入新的院系专业，开始新的学习；2023年增至914名。

（三）国际化学习

国际化学习是学生探索发现未知世界的重要路径。中山大学针对疫情影响下国际化交流学习严重受阻的情况，规范新形势下的本科生交流交换和联合培养工作，重新修订制度，明确工作指引，积极拓展学生国际化学习的渠道路径。

1. 拓宽交流学习渠道

中山大学已与全球40多个国家和地区、逾290所院校签署了合作协议，疫情之前有近一半的院系与境外高校有学生交流学习协议。学校继续推进与境外高校的各类传统交流学习项目，搭建交流交换、公派留学和学术交流等广泛的学生交流平台，为学生创造国际化的学习机会，培养跨文化的理解与沟通能力。学校管理学院、旅游学院、地理科学与规划学院等，持续探索高考招生型、"立交桥"型等联合培养项目，如"2+2""3+2""3+1"等境外联合培养项目，以项目形式统筹利用国际国内的学术资源、教学资源和人才资源，促进学生国际化学习。

2. 拓展交流学习路径

近年来，中山大学抓住数字教育发展的战略机遇，加强与国际组织、国际大学联盟和重点学科联盟的连接互动，突破物理空间局限和师资限制，通过合作共享、共建在线课程数字化教学平台等形式，丰富学校的学术教育教学资源，让学生有更多的选择机会，享受到更多优质的学习资源。

2016年，中山大学与香港中文大学、澳门大学共同发起组建了粤港澳高校联盟，旨在汇聚三地精英高校优质教研资源，深化三地高校教育交流合作，共同打造"粤港澳一小时学术圈"，助力粤港澳大湾区与国家"一带一路"建设。截至2023年，联盟已汇聚了粤港澳三地43所高校入盟（广东27所、香港9所、澳门7所），在联盟框架下先后成立了55个专业联盟，在文理医工农艺多个学科专业和高校事务领域积极开展务实合作。

三、总结与展望

中山大学坚持以学生成长为中心，激发学生的主动学习，推动人才培养模式的创新变革。无论是跨学科学习、研究性学习、实践学习，还是国际化学习，在激发学生主动学习的过程中，极大丰富了学生的自主选择权，同时也给院系教育教学工作带来了新的挑战和机遇。如果院系人才培养模式未能与时俱进，则无法有效激发学生的积极性和主动性；如果院系人才培养模式以学生为中心且卓有成效，则可迅速形成良好声誉，持续有效激发学生主动提升、自我规划。

我们认为，人才培养模式的改革与探索，既要遵循教育规律，强化学生在学习过程中的主体地位，也要实事求是地验证改革成效。正是在不断探索的制度设计、小心求证的改革实践，以及反复优化的多次修正中，激发学生自主学习的积极性，促进学生全面发展。

参考文献

[1]中华人民共和国教育部.我国高等教育进入普及化阶段[EB/OL].http://www.moe.gov.cn/jyb_xwfb/s5147/202301/t20230111_1038961.html.2023-1-11.

[2]高松:促进跨学科的教育与研究,培养引领未来人才[EB/OL].https://mp.weixin.qq.com/s/-8i_4P0DaCBy5gjsmP7hrA.2023-02-23.

[3]高松.跨学科研究和教育是时代发展的需求[J].科学中国人,2021(5):29-31.

[4]穆丽霞,冷凌.建构主义理论下的现代教学观思辨[J].教育教学论坛,2019(11):215-216.

"一平台四体系"质量保障系统建设实践

兰州大学　郭明宙

【作者简介】

　　郭明宙,男,2021年至今担任兰州大学教务处长,中国高等教育学会理科教育专业委员会秘书长。参与省部级课题多项,发表学术论文多篇。

　　人才培养质量是高等教育的生命线,对于教育教学来说在这条生命线上运作着两项不同的事业,一项是教学质量,另一项是培养质量,这两项事业具有直接的因果关系,并生成相交点。其特征是教学质量的高低会直接影响到培养质量的高低,我们可运用它们来剖析提升人才培养质量的核心路径,寻求推进教学质量提升的解决方案,如质量保障系统的建设。

　　目前,我国本科教学质量保障系统起步晚,理论体系不健全、成效弱,保障效能不高,因此,深入推进教学质量保障系统建设,树立"质量意识"、实施"质量革命"、实现"质量中国",是构建本科人才培养发展新格局、持续推进高等教育高质量发展的必然选择。然而,我们知道任何一项单一的措施,对解决"发现"的问题是不够的,笔者认为解决问题的核心路径有两条:一是以目标为导向,持续推进教学内涵建设,提升人才培养能力;二是以问题为导向,建强、建优教学质量保障系统,推动人才培养质量的保障能力建设。那么如何以目标和问题为导向? 如何运用科学的方法、符合逻辑的设计、严谨的思路去推进教学质量保障系统建设? 笔者将结合"一平台四体系"质量保障系统建设的实践经验探讨这些问题。

需求为导向：构建质量保障系统建设理念

2022年4月25日，习近平总书记在中国人民大学考察时强调，"为谁培养人、培养什么人、怎样培养人"始终是教育的根本问题。建设中国特色、世界一流大学，是习近平总书记一直牵挂和高度重视的大事。这是新时代党和国家对高等教育的期盼，也是高等教育必须回答的时代问卷。那么从何入手、如何发力？首先，不能眉毛胡子一把抓，不管是精力和资源都不允许这样做，找到四两拨千斤的切入口是提升质量的最佳路径，在有限的资源投入情况下实现最大的效益和效率。其次，要解决"为什么""是什么"的问题，就是要清楚建设质量保障系统的作用、目的及意义，要解决本科教学质量面临的突出问题、主要矛盾，要明确建设质量保障系统的基础环境"是什么"，要找出政府、社会、师生关切的问题及问题表象下的深层本质因素，教学大数据中反映出的掣肘的关键要素，质量保障系统建设的核心要素"是什么"。最后，寻求新时代本科教学质量提升困境的有效实现路径，以现实需求为牵引、以解决问题为抓手，探索构建教学质量保障系统的建设机制，推动教学管理从经验模式走向科学范式。

质量保障系统的核心目标是促进学生健康发展，促进教学质量提质增效，促进人才培养质量持续提升。但在高校的人才培养体系中，落实"立德树人"根本任务的成效和人才培养中心地位的牢固程度都是不完美的。具体表现在二级学院主体责任履行动力不足；专业建设满足不了国家需求；课程内涵深度和广度不够；教师潜心育人积极性不高；"以学生成长为中心"的理念落地不实，学生刻苦读书学习主动性不足，学习投入度不够；质量意识不强，质量评价体系不健全等问题。这些问题突出了对重构教学新理念、关注教学过程评价和教学质量评估的需要。因此，对人才培养质量而言，建立完善的质量保障系统是关键举措之一，那么围绕人才培养能力（学院和专业）、教学过程质量（课程和教学环节）、育人质量（教师）、学习质量（学生）四个核心方面构建质量保障体系框架，贯穿"学院和专业是载体、课程是关键、教师是主体、学生是中心"的新时代质量保障理念，形成教学体系与质量保障系统协同发力、同向同行的教学质量提升机制就是一种行之有效的模式，就像费根堡姆（Armand Vallin Feigenbaum）提出的"全面质量管理"（Total Quality Management，TQM），"把组织内部研制质量、维持质量和提高质量的活动构成为整个有效体系"。

目标为导向：擘画质量保障系统框架

我们在设计质量保障系统的时候，首先，考虑的是遵循高等教育教学规律，并在建设理念的指导下，参考质量管理理论和OBE理念（学生中心、产出导向、持续改进），确定质量保障系统的建设目标和工作目标。其次，根据目标反向设计，梳理出支撑目标的举措和路径，然后继续反向设计，梳理出支撑举措和路径的要素、环节，就是一项项具体的工作。最后，就构成了从宏观目标到中观举措和路径、再到微观要素和环节的设计思路。在实践的过程中，将质量标准作为监测评价的标尺，将质量手册作为监测评价工作的指南和规范，实施精准化、精细化日常监测评价和专项检查，"挖深、挖细、挖准"监测评价的大数据，以定量监测评价数据支撑定性评价结果，紧盯突出问题精准反馈，坚持跟踪改进效果评价监测，落地落实闭环改进的"最后一公里"，形成"质量标准→监测评价→结果反馈→持续改进"的内循环质量保障系统运行逻辑框架。

质量保障系统就是一套质量提升的动力系统，它为持续提升教学质量提供不竭动力。学院评估与目标任务考核、专业评估与认证等是发动机；课程评估与认证、师生评教、学习效果监测与学情调查等是燃料；绩效工资改革和资源分配等是推进器。动力系统运转起来就是一个一个的循环过程。基于这个动力系统理论模型，我们构建了本科教学"一平台四体系"质量保障系统。主要包含"硬件"（一平台）和"软件"（四体系），"硬件"方面，建成数据管理、指标管理、专家管理、任务管理、结果管理、跟踪管理等六大核心功能，"数据采集→挖掘分析→实时跟踪→决策反馈"的全链条管理模式，质量监控、质量数据、闭环运行三大中心于一体的监测平台，将四个体系的监测评价数据和运行管理融合在监测平台，形成系统耦合、相互反馈与作用的质量保障系统，既能提升管理水平、提高工作效率，还能提升监测评价的科学化、规范化、标准化。"软件"方面，一是人才培养能力体系，包括学院评估与考核、专业评估与认证等，推动专业供给侧结构性改革，激发学院和专业内生动力，旨在破解"立德树人"根本任务成效不够、人才培养中心地位不牢固、二级学院主体责任履行动力不足、专业建设满足不了国家需求等难题；二是培养过程质量体系，包括建立课程认证、"常态+专项"课程评价、毕业论文抽检等，推进课程内涵建设，旨在解决过程要素育人效能不高、底线标准把关不牢、质量意识淡薄等问题；三是育人质量体系，建立同行评教为主、学生评教为辅、反思与帮扶为要的教师教学水平提升机制，引导教师潜心教书育人，提升教师教学水平，激发教师投入教学热情；四是学习质量体系，建立学习过程监测机制，完善学习效果评价、学业指导等学生成长保障制度，激励学生刻苦读书学习，解决学生学习主动性不足、效能不高等问题。

问题为导向：推进质量保障系统建设

在运行过程中，质量保障系统内部需要不断建立持续改进机制，通过不断迭代的方式实现系统的升级改造。在这个阶段，必须坚持以问题为导向，结合学校人才培养定位和培养目标，研制覆盖教学主要环节和要素的质量标准与工作手册，依照标准和手册组织开展监测与评价，然后实施评价结果反馈，针对问题建立持续改进和改进后的跟踪评价机制，形成内部持续循环的闭环体系和螺旋式上升的自身质量提升机制。因此，保证教学质量持续提升的关键在于持续改进的闭环机制，而闭环机制发挥的效果就体现在教学要素、环节的运行过程中。笔者结合所在单位的质量保障系统建设工作，从部分关键要素和环节的运行实践方面介绍质量保障系统的建设情况。

1.如何激发二级学院、专业的主动性？

依据二级学院、专业评估标准，开展常态化评估是系统运转的第一步。通过建立二级学院、专业评估的横向现状对比和年度间纵向发展状态对比制度，引导二级学院、专业聚焦内涵建设。特别需要注意的是，要注重监测评价二级学院、专业围绕提升人才培养能力而开展的基础性、积累性工作的成效，避免指标化、功利化倾向。通过周期性常态化评估评价二级学院、专业，把碎片化、数据化等错综复杂的一个个数据和资料整合成一个连贯性的、理性的分析结果，推进教育教学建设与改革发展成效。同时，实施"规定动作+自选动作"相结合的"一院一策"目标任务考核制度，"规定动作"是学校层面的统一建设任务，"自选动作"是二级学院特色建设内容。通过这种形式建立长短期相结合的考核指标体系，引导二级学院、专业既重视可量化的显性指标，又重视可定性的内涵建设指标，激励二级学院、专业潜心教育教学，激发主动性。

2.如何开展精准化评价，守牢关口？

没有过程的结果是不可控的，提升人才培养质量必须牢牢守住教学过程（关键要素和环节）质量底线，并建立关键要素和环节的质量持续提升机制，才能高效地做到人才培养质量的提升。

例如，毕业论文（设计）抽检是结果性评价，评价指标的指向却是过程要素和环节，从选题、文献综述、理论基础与专门知识、研究设计与资料来源、论文写作、学术水平与创新、学术道德与工作量等维度实施多元主体评价，能够客观地反映毕业论文过程关键环节的质量现状，以及存在的不足之处。坚持分类评价，建立由评价指标体系、论文选取规则、专家选聘规则、任务分配规则、抽检评阅规则、抽检结果反馈、抽检结果应用、抽检平台、结果仲裁等方面构建的毕业论文（设计）抽检机制，能够确保抽检结果的客观性、科学性、准确、全面地反映毕业论文（设计）质量，有利于精准优化和完善毕业论文（设计）过程质量管理。笔者所在单位，连续三年对毕业论文（设计）进行了抽检，存在的主要问题由工作态度、规范性等形式性问题转变为了专业能力、逻辑结构等内涵质量方面的问题。同时，因为抽检工作的持续开展，二级学院逐渐提高了质量意识，陆续建立了质量风险提醒与预警、预答辩、二次答辩、优秀毕业论文（设计）集中答辩等制度，不断强化过程管理。

3.如何引导教师潜心教书育人？

基于教育的特点，教学需要专业知识和教学经验，教师教学过程具有个体性和不可复制性，所以教师教学评价是一个非常复杂的过程，通过一次、两次评价而认定的结论容易让教师质疑其客观性不足，可通过不少于三个教学周期的多次多元多维评价，结合发展性变化而综合认定结果，这样更具有严谨性和认同度，评价结果更不易被视为主观与不深入的评价。例如，制定包含教学状态、教学内容、教学过程、教学效果的教师与学生、理论课与实践课"两类四维"分类评价标准。一方面，实施校院两级教师（校院领导、教学顾问、教师同行）评教，注重供给侧的自我评价，为教师建立专业化的持续改进提供客观依据。另一方面，实施"三期"（期中反馈式、期末终结式、毕业前回顾式）学生评教，突出需求侧学习获得感评价，为教师掌握学情、优化教学内容、教学设计、教学方法，落实因材施教理念等提供基础性支撑。除此之外，健全激励机制也是引导教师潜心教书育人的重要途径之一。修订教职工考核办法和职称晋升条件，加大教学评价结果、教学业绩和教学质量在职称（职务）评聘、岗位晋升考核中的应用比重，也会在中长期的实践中起到有效的激励作用。

4.如何激发学生学习主动性？

以问题为导向，构建严管与厚爱相结合的学业管理质量标准，强化制度政策的落地与实施，是激励学生刻苦读书学习的不二法则。一方面，以构建"严管"机制提升学生学习的动力，把牢过程管理关口，让动力不足、积极性不高的学生失去"乐园"。同时，修订学业考核制度，加大过程性评价比重，实行月考、试点作业查重；提升学业挑战度，重构全链条式教学过程质量标准。随着对"严管"的强调，对许多在高中阶段没有对大学的严格要求做好准备的学生，"严管"在学习期望值和激励学习方面起到了督促作用。另一方面，以构建"厚爱"机制提升学生学习品质，紧盯学生学习品质不高、学习获得感不强等突出问题，实施新生适应度、在校生获得感、应届毕业生能力评价"三阶段"监测，开展"本—研"长周期发展力跟踪，以及通识素养测评与能力提升跟踪等"多维度"监测，依据监测结果开展精准化学业指导与帮扶。同时，根据监测反馈的教学要素和环节、教学管理、教学资源等方面的问题，实施供给侧方的改革与建设，让学生享有更好的教育。"厚爱"也是设计学业管理质量标准和质量监测的价值起点。

5.如何有效地让闭环运行起来？

我们认识到，提升质量的另一个举措就是"闭环"。在实行"闭环"的几年中，这种模式一直在引发思考，并不断被优化。因此，建立质量报告发布制度，构建闭环运行机制是实行"闭环"的有效手段。质量报告是对监测评价情况的分析与反馈，是对教学质量的客观描述，是持续改进工作和解决"最后一公里"问题的起点，依据质量报告建立问题反馈持续改进监测池，做到事事有跟进、件件有结果，是破解"最后一公里"问题的关键一环。同时，针对教学质量突出问题实施提醒与预警、约谈、资源调控、惩戒等软硬结合的评价结果逐级应用机制，是最大效率发挥评价导向作用、激发持续改进动力的必要环节。笔者所在单位通过建立质量报告发布与反馈制度，引导全员关注教学质量。以校院两级教学质量等报告为抓手推进职能部门、二级学院巩固人才培养中心地位，以二级学院、专业评估等报告为抓手推进二级学院、专业树牢教学主体责任，以评教、学习效果监测、专项评价等报告为抓手推进全员关注教学质量和学生成长。并在此过程中，提供各类运行所需的条件和机会，根据"闭环"运行的反映做出进一步的改进。

两循环双促进模式：实现人才培养质量持续提升

质量保障系统与教学体系可视为一个双循环系统。它们的核心目标都是实现人才培养质量的螺旋式持续提升，只是采取的路径不同而已。质量保障系统通过内部的持续升级改造，一方面提升自身的科学化水平；另一方面通过监测评价等手段从外部推动教学体系的优化和完善。同时，通过开展评价区分度、意见建议有效度等质量保障系统元评价，利用监测评价大数据，探索建立评价等级标准"画像"，提升评价标准的科学化、标准化，构建质量保障系统内部质量良性发展循环。教学体系也是通过内部的持续优化完善，一方面实现人才培养能力的持续提升；另一方面，反作用于质量保障系统，并要求质量保障系统通过不断优化完善，提升对人才培养质量的保障能力和适切性。同时，对标"双一流""六卓越一拔尖"计划2.0、"强基计划"、"四新"等建设要求，以"双万专业""双万课程"为牵引，耕细耕深教与学，构建教学建设内部质量提升良性循环。以质量保障系统和教学体系内部的自我优化和内部的良性循环，促进彼此的质量双提升，实现人才培养质量这一核心目标的持续提升，既达到了双循环的效果，又达到了双促进的有效性。但以提高人才培养质量为目标的质量保障系统建设还需要以问题为导向继续深耕。

百年大计，教育为本，培养堪当民族复兴重任的时代新人是时代赋予质量保障系统建设的使命和责任。当前，各高校还在实践中摸索前进。如果说，"人才培养质量如何提高"是一个几乎没有标准答案的问题，那么探索建立完善的质量保障体系就是解答这个问题的路径之一。就个人观点而言，质量保障系统建设应以问题为导向，以建设追求卓越的质量文化为路径，建立全员、全过程、全要素参与沟通的自上而下和自下而上互动相结合的工作机制，持续推动教学短板与弱项的改进。凡事往好里想、往好处做，必会得到好结果。要做好质量保障工作，就必须有"钉钉子"的精神、"水滴石穿"的毅力，保持"行百里者半九十"的清醒，必须强化"学生中心、产出导向、持续改进"的理念，聚焦问题找方法、聚焦目标找思路、聚焦未来找动力，精耕细作，久久为功。

构建林业高校生态文明教育新模式

东北林业大学　李明泽

【作者简介】

李明泽，男，教授，2016年至2024年担任东北林业大学教务处长兼教师教学发展中心主任、本科生院常务副院长兼教务运行中心主任、未来技术学院常务副院长，2024年1月任东北林业大学党委常委、副校长，主要从事林学和高等教育教学管理工作。全国榜样高校教务处长入选者，获国家级教学成果奖2项、黑龙江省高等教育教学成果奖5项、黑龙江省大学生创新创业大赛优秀工作个人、黑龙江省教书育人先进个人。

面对高等教育高质量发展的新形势和新任务，高等教育肩负着越来越重要的育人使命。作为高校本科教育教学管理的中枢，教务管理部门的改革理念和实施举措，成为高校全面提升本科教育水平的关键。近年来，东北林业大学全面贯彻党的教育方针，落实立德树人的根本任务，遵循学校"质量、绿色、创新、合作"的发展理念，勇担时代使命，弘扬东林文化，发挥行业优势，突出绿色发展，把生态文明教育作为人才培养的重要内容，将深化生态文明教育作为学校本科教育教学工作科学发展、特色发展、高质量发展的重要标志，构建了以生态文明教育为特色的人才培养实践新模式。

一、发挥优势，筑牢人才培养的时代定位

高校承担着为党育人、为国育才的重任。特殊的职责任务决定高校必须旗帜鲜明，从民族复兴的高度上谋划人才培养、落实立德树人和部署教育改革工作。高等教育应该关注

多方面的问题，但最应聚焦"培养什么人、怎样培养人、为谁培养人"这一根本教育问题。

1.坚定科教兴林、生态报国目标

培养什么人，是教育的首要问题。习近平总书记指出，我国是中国共产党领导的社会主义国家，这就决定了我们的教育必须把培养社会主义建设者和接班人作为根本任务，培养一代又一代拥护中国共产党领导和我国社会主义制度、立志为中国特色社会主义事业奋斗终身的有用人才。习近平总书记在给全国涉农高校的书记校长和专家代表的回信中充分肯定了高等农林教育的贡献。东北林业大学牢记总书记嘱托，推进科教兴林、生态报国，以培养德智体美劳全面发展的社会主义建设者和接班人为己任，为国家培养了一批批普通林业人、一代代绿水青山的守护者和美丽中国的建设者。多年来学校人才培养和科研工作突出以林业和生态为主要特色，以林业生产建设中急需解决的关键技术难题为重点，承担国家重大林业科研课题，推广成熟的科研成果，直接为林业建设做出了突出贡献。同时，学校地处东北国有林区腹地，把服务林区建设与发展的实践作为培养学生的第一课堂。几十年来，东林人坚守在林业建设、生态保护事业的第一线，为国家尤其是致力于林业、生态环境建设和地方经济发展，为我国的林业建设、生态文明建设和经济社会发展做出了重要贡献。

2.坚持立德树人、服务行业任务

立德树人作为在新的历史时期教育的根本任务，对培养德智体美劳全面发展的社会主义事业接班人有着积极作用。习近平总书记在全国教育大会上强调了六个"下功夫"等一系列要求，特别是总书记在2024年全国教育大会上强调，要紧紧围绕立德树人根本任务，朝着建成教育强国战略目标迈进。这些是我们"怎样培养人"的根本遵循。东北林业大学落实立德树人根本任务，发挥行业特色和学科优势，全面开启一流教育改革的"东林行动"。在改革的总体进程中聚焦行业需求，突出绿色发展，彰显行业院校优势和特色。例如在"新农科"建设中，面向国家战略需求，主动布局"林业+大数据"、人工智能等战略新兴方向；在人才培养模式改革过程中，面向林业行业转型发展需求，实施支林计划，优化林学类、林业工程类成栋实验班人才培养模式，建设生物科学拔尖人才成栋班，全面提升拔尖创新人才培养能力，强化"林中育人"，打造林业行业人才培养高地；在生态文明教育过程中，将生态文明教育与思想政治教育、专业教育、美育教育和劳动教育有机融合，彰显东林人才培养的底色。

3.坚守为党育人、为国育才使命

习近平总书记指出，我国高等教育肩负着培养德智体美劳全面发展的社会主义事业建设者和接班人的重大任务，必须坚持正确的政治方向。今天高等院校培养的人才正是实现"两个一百年"奋斗目标的中坚力量，必须培养勇担民族复兴大任的时代新人。自建校以来，东北林业大学向国家输送毕业生20多万人。他们集优秀的专业技术、组织管理和资本运作能力于一身，在改革开放的市场经济大潮中激流勇进，在高新技术研究与应用领域、高技术产业专项等国家重大发展规划领域施展才干。当前，东北林业大学紧密围绕国家战略需求和林业行业转型发展需求，结合学校的"十四五"发展规划目标，紧紧抓住"为党育人、为国育才"这一根本，推动人才培养的高质量发展，把一流大学和一流学科建设进一步推进好，充分发挥学校在绿色发展和生态文明方面的优势，努力培养一大批林业科技的领跑者、生态文明的实践者和美丽中国的建设者，着力为地方经济建设发展、生态文明和美丽中国建设做出东林贡献。

二、聚焦使命，永葆林业院校的育人初心

1.践行自身发展的价值谱系

东北林业大学70多年的奋斗历程，孕育和形成了一系列精神，逐步形成了东林追求的价值谱系。东林人的价值谱系是对国家和社会发展奉献精神的延展和传承，是时代任务和时代价值的集中体现。早在1962年，学校就有47名林学专业的本科毕业生主动来到河北的塞罕坝林场，担负起科技育林的重任，书写了塞罕坝的绿色传奇，创造了"塞罕坝精神"。2017年，习近平总书记对此作出了重要指示。建校之初，学校创建了新中国第一个野生动物和自然保护专业，建立了该领域的高等教育体系，在保护绿水青山的主战场，培养了一大批主力军，涌现出一批先进个人和团队，如新中国第一个环保烈士徐秀娟、扎根林区奉献终生的全国劳动模范孙海军、荒漠治沙40年的治沙能手寇振武、海南鹦哥岭自然保护区青年团队等。进入新时代，学校深入贯彻习近平生态文明思想，牢固树立"绿水青山就是金山银山"理念，大力弘扬社会主义生态文明观，正在积极谋划，多措并举，加快发展生态文明教育，积极践行着绿色教育的提供者、绿色科技的推行者、绿色文化的引领者的教育使命。

2.延续绿色发展的逻辑起点

党的十八大以来，我们党关于生态文明建设的思想不断丰富和完善，在"五位一体"总体布局中生态文明建设是其中一位。党的十九大报告把生态文明建设提到了中华民族永续发展的高度，指出"我们要建设的现代化是人与自然和谐共生的现代化"。国家把"推动绿色发展，促进人与自然和谐共生"作为"十四五"时期的一项重大任务被提出。党的二十大报告将"人与自然和谐共生的现代化"上升到"中国式现代化"的内涵之一，再次明确了新时代中国生态文明建设的战略任务。当前，加强生态文明建设已成为全球共识和全民行动。作为新中国成立之初不久就成立的林业高校，东北林业大学逐步发展成为林业人才培养、特色学科发展建设和绿色文化建设的高地，应当义不容辞地践行习近平生态文明思想，服务国家战略，发挥学校优势，履行行业特色大学使命，勇担生态文明教育重任。学校聚焦国家生态文明建设需求，服务国家碳达峰、碳中和目标，致力于推进山水林田湖草沙系统治理，发挥和彰显行业院校生态文明教育的示范、辐射与引领作用，为培养

具有生态文明素养的新时代人才提供"东林方案"，努力把东北林业大学建成"绿色人才"的摇篮，为生态文明建设提供强大的智力支持。

3.服务国家战略的应有之义

所有国家重大战略的落地推进，均离不开高等教育的参与、支撑与引领。教育是国之大计、党之大计，把生态文明教育融入育人全过程，是教育服务中华民族伟大复兴的重要使命。2019年全国两会期间，习近平总书记强调了党对建设生态文明的部署和要求，号召各地区各部门认真贯彻落实。这对新时代的生态文明教育提出了新的更高的要求。教育部在《关于学习贯彻习近平总书记给全国涉农高校书记校长和专家代表重要回信精神的通知》中明确提出要"加强生态文明教育，助力美丽中国建设"。文件同时强调：各地各高校要深入贯彻习近平生态文明思想，牢固树立和践行"绿水青山就是金山银山"理念，大力弘扬社会主义生态文明观，加快发展生态文明教育。因此，只有把生态文明教育融入育人全过程中，才能为未来培养具有生态文明价值观和实践能力的建设者和接班人。东北林业大学通过课程教学、社会实践、价值引领等方式，创新人才培养模式，提升责任情怀，积极引导青年学子关注和投身国家生态文明建设，培养生态环境领域的高层次拔尖创新人才，全面助力建设天蓝地绿水清的美丽中国。

三、发挥优势，明晰生态文明的教育举措

在现有的国民教育体系中，生态文明教育是重要内容，但从新时代加强生态文明建设的战略高度出发，生态文明教育无论在内容还是形式上都需要不断创新，这样才能更好适应以生态优先、绿色发展为导向的高质量发展的未来。东北林业大学结合《"美丽中国，我是行动者"提升公民生态文明意识行动计划（2021—2025年）》要求，先后出台了《东北林业大学一流本科教育行动计划》《东北林业大学生态文明教育实施方案》《东北林业大学绿色学校创建行动实施方案》等一系列文件，明确了学校未来绿色发展和生态文明教育的具体目标和路径，总结起来主要有完善生态文明教育学科体系、构建生态文明人才培养体系等5个方面。

1.完善生态文明教育学科体系

（1）提升特色学科支撑

学校是一所以林科为优势、林业工程为特色的多学科协调发展的高等学校。学校不断夯实生态文明教育和研究的学科基础，提升各特色学科，特别是涉林学科对生态文明教育的支撑度，切实将学科建设成果转化为生态文明教育效能。学校教务部门牵头，统筹相关单位，充分发挥林学、林业工程等优势学科和生态学、野生动物与自然保护区管理等特色专业在生态文明教育上的引领作用，开展生态领域战略性、全局性、前瞻性问题以及海外合作大学全球生态领域的多学科交叉研究和联合攻关，构建和优化生态文明教育的学科专业体系和学术体系。

（2）加强教育理论研究

学校早在2001年就成立了东北林业大学生态文明研究中心。积极发挥生态文明研究中心等机构的作用，加强生态文明教育理论研究的针对性，促进各优势学科交叉融合，搭建跨学科、跨领域的生态文明教育平台。依托马克思主义理论、思想政治教育学等学科的优势，结合学校行业特色和发展实践，明晰生态文明研究方向，为深入开展生态文明教育提供理论指导和智力支持。

2.构建生态文明人才培养体系

（1）完善课程体系建设

学校于2018年在本科专业人才培养方案中增设了生态文明通识教育课程模块。学校依托优势学科专业，将生态文明教育融汇到教学体系中。持续增建学生喜爱的生态文明类通识教育课程，建设若干门高水平通识教育核心课程，学生至少修读一门生态文明类通识教育选修课，优先修读生态文明类核心课；建设一批以生态文明教育为"课程思政"着眼点的专业课程，深化专业课程与生态文明教育的融合，将生态文明教育融入思想政治理论课教学，建设具有东林特色的思政"金"课。工科专业要结合工程教育认证的相关要求，至少建设一门专业教育与生态文明教育的融合课程，鼓励其他专业建设相关课程；依托帽儿山实验林场等优质教育资源，设计和建设一批生态文明教育特色实践课程，2022年将生态文明实践设为必修环节，不断增加学生实践教育。

（2）创新教育教学模式

学校依托课程建设，不断深化教学方法和考试方法改革，教育教学效果不断提升。学校积极将学科优势转化为面向全体学生的教育教学资源优势，面向未来培养绿色人才；以课程思政为主要抓手，探寻和挖掘各学科专业、各类课程生态文明教育的切入点，将生态文明教育贯穿于教育教学全过程；推进和落实"五育并举"，将德智体美劳等各项要素融入生态文明教育，提升生态文明教育的育人功能。

（3）强化实践基地建设

学校有帽儿山实验林场（帽儿山森林公园）和凉水实验林场（凉水国家级自然保护区）等约50万亩的教学、科研、实习基地。学校积极增加学生实践体验，丰富生态文明主题教育活动，提升生态文明实践基地的育人功能，强化帽儿山实验林场、凉水实验林场和中国（哈尔滨）森林博物馆等生态文明实践教育基地的建设，提升生态文明教育的针对性与实效性，支持帽儿山林场和凉水林场建设生态文明研学基地。

（4）提升教师教育能力

学校依托教师教学发展中心和各院部，把生态文明教育作为素质教育的重要内容，纳入教师育人体系。将生态文明教育能力纳入教师教学能力培养，开展生态文明教育方面的教学能力培训，充分发挥教师在生态文明教育中的主导作用，推进生态文明教育与人才培养深度融合。学校定期遴选生态文明类优质课程，纳入学校一流本科课程建设范畴；鼓励教师出版生态文明教育、自然教育和耕读教育相关教材，择优纳入各级规划教材；支持教师开展相关的教学研究。

3.营造生态文明教育质量文化

（1）注重生态意识培养

学校通过课堂教学、实践教学和校园文化熏陶等方式，加强生态意识培养。通过专业教育、"双新"教育、讲座论坛、主题雕塑、校园景观等，加强生态文明宣传教育，让生态文明意识入脑入心，在学生心里种下生态文明的种子。

（2）加强绿色文化浸润

学校依托优秀校友精神，在学生思想政治教育中用"塞罕坝精神"塑造品格，用"徐秀娟事迹"感染青春，用"鹦哥岭故事"激扬梦想，唱响生态文明教育主旋"绿"。学校秉承"绿色"发展理念，弘扬绿色文化，推进生态文明教育硬环境建设，优化校园生态文明教育软环境。加强生态文明宣传教育，把生态文明融入社会主义核心价值观教育，把生态文明教育和生态文明建设变为学生的求知自觉和行动自觉。

（3）丰富实践教育体验

学校利用"第二课堂"和大学生社会实践等，成立优秀环保社团或组织，开展绿色环保等教育活动，促成生态行为，锤炼生态品格。鼓励学生以专业、兴趣为依托，在节能环保、生态环境、可持续发展等领域进行创新创业研究与实践。

4.加强生态文明教育交流研究

（1）建立交流研讨机制

学校力求打破学科壁垒，增加学科之间互动交流，定期召开生态文明教育研讨会或交流会，组织生态文明教育教学专题研讨，探索生态文明教学方法改革。聘请生态文明建设领域的优秀校友、专家学者等来校讲学，为开展生态文明教育提供新理念、新举措。

（2）设置教育研究专项

学校坚持问题导向，注重理论联系实际，深入研究国家生态文明建设中出现的新情况、新问题。在学校教育教学研究项目中设置生态文明教育研究专项，推动生态文明教育理论研究，力争产出一批具有时代高度、理论深度、实践广度的高水平的研究成果，为推动国家生态文明建设提供学理支撑和对策支持。

5.彰显生态文明教育示范作用

（1）拓展特色资源辐射

学习不断整合学校资源，通过生态文明教育特色项目、特色课程、特色基地等相关建设项目的申报、建设与成果展示等途径，提高学校生态文明教育的影响力和辐射面，不断提高学校在生态文明教育领域的话语权和影响力。

（2）加强教育服务引领

学校面向区域和全国，加强生态文明教育指导，提供生态文明教育服务，加强社会民众生态文明意识培养与普及，发挥学校行业特色、社会服务功能和责任担当，彰显学校生态文明教育的示范、辐射和引领作用。

近年来，东北林业大学先后被评为国家生态文明教育基地、全国绿化模范单位，并荣获第七届"母亲河奖"、中国生态文明先进集体等荣誉。站在高等教育新的起点，学校将牢记总书记的谆谆教诲和殷切希望，结合国家高等教育和战略发展的现实问题，以高度的历史责任感和宽广的世界眼光，站在实现民族伟大复兴的高度，不断深化教育改革，践行"替山河妆点锦绣、把国土绘成丹青"的誓言，切实承担起培养我国林业研究领域所需的创新人才和生态文明建设者的重任，为国家生态文明建设多做贡献。

参考文献

[1]康秀云.习近平高校思想政治工作重要论述论纲[J].东北师大学报(哲学社会科学版),2019(2):28-34.

[2]刘铁芳.培养担当民族复兴大任的时代新人——论新时代我国教育目的的蕴含[J].教育学报,2018,14(5):3-12.

[3]肖傲."立德树人"理念下新工科人才培养模式的思考[J].理论观察,2019(1):119-122.

[4]戴继诚.始终坚持并不断丰富发展对我国教育事业的规律性认识[J].红旗文稿,2018(20):26-28.

[5]贾丽华,马初,申川.习近平新时代教育思想对高校思想政治工作的启示[J].思想政治教育研究,2019,35(4):123-128.

[6]孙金龙,黄润秋.建设人与自然和谐共生的现代化[J].中国生态文明,2021(2):8-9.

[7]钟焦平.把生态文明教育融入育人全过程[J].现代教学,2019(6):1.

智慧教学：高校教务管理的机遇与挑战

南京农业大学　张　炜　祖海珍

【作者简介】

张炜，男，教授，2017—2023年担任南京农业大学教务处长、教师发展与教学评价中心主任，长期从事高等教育管理和植物生物化学的研究。入选教育部新世纪优秀人才计划、江苏省333工程培养对象、南京农业大学钟山学者计划。教育部生物技术与生物工程教学指导委员会委员。主持多项国家级和省级科研及教改项目，发表学术论文70余篇。主编"十三五"国家级规划教材《生物化学》、江苏省重点教材《生命科学概论》。2022年获江苏省教学成果特等奖。

教学工作是高校开展人才培养工作的主要抓手，教务管理作为高校教务部门的基础性工作，宛如一条隐形的织线，贯穿于整个教育教学的全过程，将教学工作各环节串联在一起，整而不散、零而不乱、稳定有序。随着现代信息技术全面融入教育教学，以大规模在线开放课程（慕课MOOC）、小规模限制性在线课程（SPOC）、虚拟仿真实验教学项目为代表的课程建设，以线上线下混合式教学、在线教学资源库建设为特征的教学方法改革，以培养学生自主学习能力、调动学习积极性为目标的教学理念变革，催生了智慧教学。这种全新的教学模式通过开发教育教学资源、优化教育教学过程，让教与学的活动处处留痕，在网络空间拉近师生距离，在提高教务管理效率的同时，也对传统教学管理模式提出了全新的挑战。

一、智慧教学在教务管理中的重要作用

1.有利于提高教与学的质量

智慧教学极大地推动了教育信息化进程，强化了现代信息技术在教学中的应用；提高了教师应用信息技术的水平，帮助他们更新教学观念，改进教学方法，提高教学效果。另一方面，智慧教学增强了学生利用信息手段主动学习、自主学习、运用信息技术分析解决问题的能力[1]。智慧教学不仅能培养学生的学习能力、转变教师的教学模式，也促进了教务管理充分运用现代信息技术作用，体现泛在教学与混合式教学思想，方便教师教，方便学生学，让学生在课前、课中、课后和课外的学习生活随时随意随心享受学习生活，最终促进优质的教与学。

2.有利于推动教务管理工作

打造学生、教师、学校三位一体的学习生态体系，学生可以通过自身的学习行为数据更加透彻地了解自己的学习情况，寻找差距、查漏补缺。教师可以通过学生的详细学习数据，更加科学全面地评价每一个学生，深度反观自我，精准调整教学教案，实现教学相长。教务管理者可以通过整体大数据的分析处理，更加精准科学宏观地了解教学全局，深入掌握每个教师的课堂教学，有效实施教学改革，构建校本教学生态圈。

3.有利于加强教务资源科学运用

借助于智慧教学平台，将本校的优质教育资源数字化，包括名师的讲课、专业文献、教材教辅、课件教案等。这些资源实现数字化后不仅方便传播使用，同时还可实现永久保存，成为学校的战略资产。智慧教学平台还可通过教学管理、个人空间等功能沉淀大量教学相关的隐性知识，成为知识管理的重要工具[2]。同时教务管理者可整合学校的有效网络资源，将资源统一管理，使其达到利用最大化。如利用智慧教学的资源进行本校在线开放课程建设和金课建设。

二、传统教务管理过程中面临的主要问题

1.多校区办学

随着高等教育普及化及高校毛入学率持续提升，大学规模扩张已持续多年，其中最为显著的特征就是多校区办学。多校区办学对开拓教育发展空间，促进学科专业结构的整体优化以及相互融合，弥补教育资源的不足，增强高校的综合竞争优势起到了很大的作用，但同时也给学校的教学管理工作带来了诸多不便。例如：校区之间在校园文化、师资充分度、硬件设施等方面不可避免地存在差异，教师、学生之间交流不便，不同校区在教学管理、教学评价方面也存在不完全匹配的现象。

2.教学资源相对紧张

目前主要有两个方面：（1）教室资源紧张，随着学生人数不断攀升，校区容量有限，造成教室资源紧张是常见现象，其直接的结果是课堂教学多以大班教学为主，小班化教学

无法普遍展开，因此需要探索大班教学模式下怎样增强学生的课堂参与度，以及如何通过智慧教学实现线上小班研讨。（2）教室经费紧张。智慧教学对教学环境、硬件、软件设备提出了较高的要求，如何利用有限的经费探索更高性价比的条件建设也是摆在管理层面前的重要课题。

3.教师智慧教学技能待提升

目前高校教师普遍存在信息化教学技能不足的问题，教师不仅需要提升学科、专业技能，更需要加强信息化教学的设计能力、开发能力和实施能力。引导学生注重学思结合，倡导启发式、探究式、讨论式、参与式教学，帮助学生学会学习，激发学生的好奇心，培养学生的兴趣爱好，营造独立思考、自由探索、勇于创新的良好环境。同时高校教师还面临着科研压力重的问题，因此进一步探索如何提升本校教师的信息化智慧教学技能也是平衡教学和科研工作的有效途径之一。

三、推进高校教务管理智慧教学的措施

1.建设智慧教室

2018年4月，教育部发布的《教育信息化2.0行动计划》中提到，2022年基本实现"三全两高一大"的发展目标，"三全"即教学应用覆盖全体教师、学习应用覆盖全体适龄学生、数字校园建设覆盖全体学校；"两高"即信息化水平和师生信息化素养普遍提高；"一大"即建成"互联网+教育大平台"。当前各高校正在不断改善、提升和发展智慧教学环境。智慧教室主要通过物联技术，将智能终端、智能控制设备、软件工具等集成，是集空间灵活、自主录播、面部遮挡检测、集中控制、多屏融合、智能拾音等功能于一体的智能教学课堂环境，实现课堂管理、教学互动、数据采集、资源获取、跨域拓展、环境感知等功能，使教室具有时间空间两个维度的智慧管理和智慧教学的作用[3]。根据我们的具体实践，自智慧教室建成以来，排课率提高到95%，在周末、假期也会有很多教师借用开展教学活动。因此，设计多种类型的智慧教室，并增加智慧教室建设数量，是提高教学质量和师生满意度的基础性工作。

2.搭建智慧教务教学平台

（1）教务管理一体化平台

教务管理所涉及的工作复杂繁多，尤其目前大部分高校面临着多校区运行模式，南京农业大学建设了集基础资源、培养方案、排课管理、选课管理、考务管理、成绩管理、毕业资格审核管理、学位审核管理、教学数据和教学服务门户等诸多方面于一体的综合教务管理平台。该平台在学校已稳定运行5年，探索多校区的数据迁移合并，迁移数据量达35G。试运行后平台整体运行状态稳定，极大地解决了多校区教务管理联动运行和教学资源统筹配置的问题。同时教学管理系统中的大数据可以转换到学业指导平台，指导平台针对不同培养模式下知识结构、技能体系、素质需求及学习指导制度做分析研究，实时推送

指导信息与收纳服务端状态信息和反馈数据形成交互性，为实现对学生"一对一"个性学业指导提供先进的、智能的手段与渠道。另外，教务管理一体化平台还为多个部门提供数据接口，真正地实现数据信息共享。

（2）智慧教学云平台

我校在2019年上线智慧教学云平台。此平台借助移动互联网、云计算、大数据、人工智能等新兴科技与教育技术的结合，让智慧教学覆盖100%的教学场所，覆盖教学全过程，并积累完整的教学数据。解决本校教学资源建设与管理，支持多种教学模式（纯在线模式、翻转课堂模式、混合教学模式、辅助教学模式、同步课堂等），满足课前、课中、课后、课外教学活动的管理和跟踪，实现全面教学管理工作的一体化。自平台上线以来取得了显著的成效，第一，有效应对疫情防控期间的在线教学问题。在短短一周内完成了教务管理系统与1200名教师和12000名学生在线组班、发布课表、线上选课等基本数据的同步对接。第二，教师的信息化教学技能显著提高。经过2020年春季学期因疫情倒逼促使教师使用智慧教学手段进行授课的时期逐步转换到2021年春季学期线下课程正常的情况下，有90%的教师仍然积极主动地使用智慧教学云平台与学生进行互动，日均教师在线人数595人，日均在线学生数9400人，完成作业情况89.7%，体现了智慧教学正在被大范围师生接受并运用。第三，全力推进线上线下混合式教学模式改革，制定一系列教学工作预案和工作方案；建立教学查漏补缺衔接机制，点对点进行学业指导与帮扶；探索在线考核方式、调研考试平台、组织教师培训等，确保课程考核顺利进行，确保教学任务圆满完成。第四，形成了本校资源数据库。经过两年的运行，平台已建立线上课程5700多门次，涵盖了全校开设课程的90%。平台有效整合资源，统一管理资源，以专业为基础进行数字化教学资源的建设和组织，实现院校级各专业的资源共建、共享、共用，实现学校软资产的不断积累。同时从不同用户的不同角度进行数据分析，如从学生的角度，针对每一名学生的学习经历中每门课程的学习情况，前期的预习，过程中的学习表现、课堂表现，课外的复习，课后作业的完成情况，课外的拓展情况进行详细的数据跟踪，建立学生个人的学习档案，从而为学生提供个性化的学习方案推荐。第五，突破了校舍资源依赖。在传统教育模式下，学生上课就必须有教室，答疑就必须有教室，考试就必须有教室。通过开展网络教学，学生学习不再受时间、空间因素的限制，一部分课程完全可以由学生根据情况自主安排，在图书馆、在宿舍，甚至在公交车上都可以通过移动设备学习，大大突破了传统的时空限制，节约了传统校舍资源。

3.探索智慧教学评价体系

教学评价是检验学生掌握上课知识程度和教师教学效果的有效途径之一，目前高校的教学评价体系，仍然采用以成绩为主、学生主观评价为辅的体系。虽然传统的评价体系可以从一定程度上反映学生的学习情况和教师的授课效果，但评价因素较少，稳定性、说服力不足。利用智慧教学工具及平台建立智慧教学评价体系是未来教学质量保障体系的发展方向。这样的评价体系不仅要求智慧教学中的每一个环节均需要有明确的要求与规范，教师加强课程体系设计与学习分析，对教学大纲、教学日历、检验学生学习效果的考核方式等可测量内容提出详细的要求，规范程序环节；也要求教务管理者充分了解多种教学模式的教学方式，进行横向和纵向的比较，挖掘教师在智慧教学过程中的闪光点，发现提升学生综合素养的路径，进行总结分析[4]。因此，结合专业、教师及学生的特点，构建符合学校人才培养目标及教育内涵式发展的智慧评价体系应该成为今后一段时间教学评价机制改革的主要方向。

四、结语

教务管理工作是高校管理工作的核心，教务管理也是教学质量的基本保障，教学工作则是学生发展环节中最关键的部分。因此，顺应新时代的发展，利用现代化信息技术发展智慧教学是大势所趋。未来构建智慧教学完整体系也会成为高校建设一流本科教育的创新点，成为全面提高人才培养能力的关键点。高校应结合学校发展规划和人才培养目标，从"建、用、学、评、管"等角度着手，构建更加完善的智慧教学体系，扎实稳定地推进学校教务管理工作。

参考文献

[1]熊科琴,童荔萍.基于大数据的智慧教学模式初探[J].中国教育学刊,2021(08):103.

[2]高有涛.智慧教学工具在高等教育课堂教学改革中的作用[J].科教导刊,2021(21):4-6+79.

[3]于猛,祝德显,张超,董增华,王新艳.新时代高校教务管理存在的问题及优化措施[J].中国石油大学胜利学院学报,2019,33(4):50-54.

[4]张炜,阎燕,刘智勇.新冠疫情给高校在线教学质量带来的挑战、思考与提升[J].中国农业教育,2020,21(2):35-38+54.

教学管理的感悟缘于担任教务处长

武汉理工大学　张安富

【作者简介】

张安富，男，教授，曾于1998—2000年任武汉理工大学教务处长，现兼任中国高等教育学会院校研究分会理事长，全国高等学校本科教学工作评估专家，国家留学基金委项目评审专家，教育部督导局督导专家等，长期从事高等教育教学质量评估、高校教育教学管理、高等工程教育等领域研究工作。主持国家社科基金项目2项、教育部人文社科基金项目2项、交通运输部项目1项等，出版专著4部，发表论文100余篇，获省级教学和科研成果奖4项。

1998年1月1日，我由人事处副处长晋升为教务处长，任职三年。这三年也是我这个77级化学专业科班毕业的青年教师转变角色、与教学管理工作结下情缘的开端。之后，我担任了武汉理工大学校长助理五年，协助校长分管教学工作；担任副校长十年有余，其中五年分管教学工作。我在学校教学管理岗位上连续工作十三年，但担任教务处长三年，感悟良多，受益匪浅。

一、我履职教务处长的感悟

教务处是重要的教学管理机构，也是直接为师生服务的机构。我履职教务处长的工作信条是：少些指责批评，多些鼓励沟通；少些表情严肃，多些微笑待人；少些命令控制，多些倾听引导；少些会上训人，多些会后谈心；少些空谈阔论，多些问政师生；少些猜忌误解，多些大度坦然；少些个人表扬，多些群体激励；少些金钱奖惩，多些精神奖赏。

我履职教务处长的工作遵循是：正确定好自己的位，工作不缺位、不错位、不越位；不要把球总抱在自己手上，学会做二传手分球；工作举重若轻，抓住教学管理的主要工作，放手让副职大胆履职；善于把复杂问题简单化处理，而不是将简单问题复杂化；别忙于细小琐事而忽视重要大事，遇事明白孰重孰轻；在原则性和灵活性之间求得平衡，特殊情况不失灵活；两利相权取其重，两害相权取其轻。

我履职教务处长的自我要求是：对待名利，远一点；对待师生，近一点；对待同事，诚一点；对待埋怨，忍一点；对待成绩，让一点；对待责任，担一点；对待委屈，淡一点；对待异己，容一点；对待自己，严一点。

二、我抓教育教学改革的感悟

我在担任教务处长期间，结合学校的办学定位和人才培养目标定位，把研究型教学改革列入重点工作来抓。我认为，开展研究型教学并不是对传统教学方法的全盘否定，而是调整多种教学方法的平衡点、侧重点，实现五个转变。

1.由知识"灌输式"教学向师生共同探究式教学转变。在知识面前教师和学生是绝对平等的，没有权威。传统的"灌输式"教学已经远远不能满足创新型人才培养的需要。师生间需要进行交流、对话、沟通，才能保证教学效果和达到课堂教学的最终目标，学生才能切实体会到教师的关怀和学习的乐趣，才会以学习主体的姿态积极主动地投入课堂教学中去，才会积极地配合好教师的教学活动。在教学中引入研究性教学的理念，就是要在教学中围绕问题深入进行探究，通过质疑—查阅资料—确定研究思路—课内外讨论—总结反思等一系列步骤获取知识，充分体现学生的参与性，使其从被动地"学"转变为主动地"研"，教师从单纯"教"转变为侧重"导"的一种教学模式。

2.由教师授业解惑教学向合作式教学转变。一个真正合格的教师不应该总是站在学生的前面，而应该时而站在学生的后边。教师不总是学生的向导，时而应该是学生的助手，应该改变自己在课堂教学中的传统角色，主动把自己的地位"降"下来，同时把学生在课堂教学中的地位"升"上去。传统的授业解惑固然重要，而组织学生合作学习、共同进步则效果更为明显。在教学中，教师在设计教学内容、教学组织形式的同时，对学生合作学习、探究式学习方式进行设计，让学生能够以班级、小组、团队、宿舍等组织形式，分工协作，集体探讨某些问题，共同解决一些疑难，发挥集体智慧，培养团队精神，使课堂更多地变成师生共同探究知识、协作开展学习的场所。

3.由单一的课堂讲授向多样化教学方式转变。教学活动多样化，有利于激发学生的学习兴趣，提高学生的学习热情，拓宽学生的学习视野，增强学生的学习动力。

采用分级教学和学分制管理。由于扩招，在校生人数增加，学生成绩参差不齐，继续采用自然班班级教学组织形式已不能适应学校规模扩大后的教学要求。因此，采用分级教学和学分制管理。我当时探索开设各学院试验班教学，就是分级教学的一种尝试。

试验班由学习成绩好、有创新激情的学生组合而成，执行单独的培养计划、教学大纲，尝试培养基础扎实、口径宽广、能力突出的社会急需人才。同时试验班建制不是固定不变的，而是动态管理，引进竞争机制，每学期结束后对学生进行综合测评，测评成绩差的学生将被调出试验班，而普通班成绩好的学生将调入试验班，从而促进了学生优良学风的形成。而学分制管理，则能较好适应学生自主选课、选教，以及学生学业变更的需要。

积极提倡启发式、讨论式教学。课堂是教学工作的主渠道，课堂教学效果的好坏，自然影响着学生的学习兴趣和学习态度，并最终影响学生的学习质量。因此，在课堂教学中，倡导采用启发式、讨论式教学，实现授课教师与听课学生之间的良性互动，调动学生的学习主动性，变"接受式教育"为"创新式教育"。

积极倡导案例教学和现场教学。相对于以传授间接知识为主的课堂教学，案例教学和现场教学最显著的特点，在于直接接触认识对象（包括自然界与社会）并亲身参与社会实践活动或真实情景中，因此能为学生提供丰富的直接经验，从而有助于理解和掌握理论知识，培养运用知识于实践的能力，并为师生接近工农、接触社会实际创造条件。

4.由注重理论教学向教学科研相结合转变。即使学生在课堂上接受的理论再多，如果没有经过实验、实践、实训，其理论知识也不能有效地转化为科技创新能力。学生不仅是文化知识的接受者和继承人，也是新知识的积极探索者。学生可以跟随教师共同参与科学研究和发现，共享研究成果，教师也可以在与朝气蓬勃、富于想象、热情洋溢的大学生交流中找到新的刺激点和新的创造力。

5.由传统的闭卷考试向多种考核方式转变。传统的闭卷考试对检验学生的知识量，测试学生的记忆能力、技巧运用能力、知识综合能力等是有益的，但是很难综合考量学生的动手能力、实操能力、知识运用能力、创新能力等。在这种评价方法下，学生高分低能、按部就班、缺乏创新精神也就在所难免。因此，我任教务处长期间，对传统闭卷考试进行改革，推行考核方式和考试形式多样化，增加小论文、小设计、小制作、现场操作、抽查实验、分组测试、面试、计算机测试等考核方式。考试形式既可以闭卷，也可以开卷；既可以笔试，也可以口试；既可以独立完成，也可以小组集体完成；既可以场内完成，也可以场外完成。总之，新的考核方式既能考查知识，又能考核能力。形式可以不拘一格，因教师、课程、学生制宜。教师有命题、选择考试形式和评定成绩的权利。

我在抓教育教学改革时遵循的基本路径是：

首先，教学模式改革应突破"5个局限"。教学局限于教书，教书局限于课程，课程局限于课堂，课堂局限于讲授，讲授局限于教材，这是传统的、狭隘的、封闭的、以知识传授为目的的教学模式，已经不能适应创新型人才培养的要求。我任教务处长期间，积极构建与开放式教学、自主性学习方式相适应的教学形态。开放式教学，强调教学的多元化，强调学生主体作用的发挥，强调课本知识与实践的有机结合，强调知识体系间的纵向沿革与横向联系，这无疑对激发学生的学习兴趣，培养学生的创造精神、独立精神和学生个性，提高学生分析问题、解决问题的能力，提高教学质量，有着积极的作用。自主性学习是以尊重学生的独立人格、发展学生个性为宗旨，更好地发挥学生在学习过程中的积极性和主动性，更好地学会学习（自己决定学什么、怎么学、何时学、哪里学）的一种教学思想和教学形式。"开放式"与"自主性"是两个相辅相成、相互联系的方面。自主性学习本身便是开放的，但自主性又不能完全涵盖开放的全部，开放式教学是自主性学习形成的基础。

其次，教学方式改革应从细微之处做起。管理学中有句名言，"细节决定成败"。高校的教学改革更应从细微之处着手，切实改革以自然班、大班为单元的教学组织形式；切实改革教师备教材、讲教材、考教材，学生读教材、背教材的教学定式；切实改革教师灌输式、填鸭式地教，学生竖起耳朵听的被动式学习；切实改革教师一人在课堂上"自编、自导、自演"的独角戏；切实改革教师只重视传道、授业、解惑，不关心学生"会学""乐学"的弊端。这些微观层面的教学改革是提高教学质量、人才培养质量乃至高等教育质量的关键，也是最基础、最重要的教学改革工程。教学方式不从这些细节上进行根本性的改革，创新型人才就难涌现出来。

最后，教学手段改革应非过分依赖多媒体。多媒体技术本来是作为一种辅助教学手段，但现在变成了主要的教学手段，甚至有的教师离开了多媒体就不会上课了，如果发生偶然的停电事故，计算机不能运行多媒体，教师就停课。难怪有人戏言，现在不是计算机辅助教师教学，而是教师辅助计算机教学。教学方法改革绝非简单地被认为是多媒体技术的运用，在推广教育信息技术的同时，要把握好"人"与"机"二者之间的关系，发挥二者的优势互补作用，力戒由过去的满堂"人"灌变成满堂"机"灌，照电脑宣科比照本宣科更糟糕。须不知教学的过程是师生之间思想碰撞、感情交流和教学相长的过程，尤其是那些知识渊博、激情洋溢、技艺精湛、人格高尚的教师更会在教学过程中融德育教育寓知识传授之中，真正既教书又育人。

三、我抓实习基地建设的感悟

我在担任教务处长期间，非常重视加强实习基地的建设，因为优良的实习基地是创新型人才、应用型人才培养很重要的支撑。我抓实习基地建设的工作思路是：优化结构、改善条件、深化改革、强化管理、提高质量，以培养"适应能力强、实干精神强、创新意识强"的人才为切入点，建设"校内校外结合、多种形式结合、国企与私企结合"的实习教学基地体系。

"优化结构"就是优化实习教学基地结构，构建以大型企事业单位为龙头，以行业企事业和科研单位为骨干，以学校科研基地和股份公司为基础，以民营企事业单位为延伸的，比较完善的，多专业协调发展的实习教学基地体系。重点在建材建工、交通和汽车三大行业建立稳定的实习基地。学校经济、管理、文学、法学和教育学等门类的专业，建立了包括长江海事局、广东省海事局、道博律师事务所、长江证券有限责任公司等在内的实习基地80多个，并与学校控股的南华高速船舶有限公司、港迪公司、武汉光科股份有限公司签订了长期实习合作协议。

"改善条件"就是指学校要克服各方面的困难，不断改善办学条件，加大对实习教学的投入。我负责规划建成了校内工程训练中心、航海轮机仿真训练中心、电工电子训练中心、木兰山水上训练基地、汽车驾驶训练基地、野外测量训练基地等，基本解决了相关专业实习难的问题。学校设立了校外实习基地建设与管理专项基金。专项基金主要用于双方共建项目的资助和研究成果的奖励、实习基地建设工作的表彰和研讨活动等支出。各学院也从本单位的发展资金中按一定比例用于校外实习基地建设。

"深化改革"就是指深化实习教学改革。我主张以实习教学组织模式的改革为切入点，以毕业设计（论文）实习改革为重点，以实习指导和考核改革为着力点，积极探索学生到就业单位实习，以及先在本校进行仿真实习，再到实习基地现场实习的新模式。同时，推进实践教学改革与人才培养模式改革的结合，与沈阳东软股份有限公司合作，部分学生第7、8学期直接到该公司进行专业教学和顶岗实习，联合培养工程研发型人才。

"强化管理"就是指强化实习教学管理。学校进一步完善实习教学的各项规章制度，使之符合深化改革的新形势、新机制，通过严格有效的管理，确保实习教学落到实处，不流于形式。为此，制定了《武汉理工大学教学实习工作管理办法》《武汉理工大学实习基地建设方案》，对实习大纲、实习条件、实习指导、实习安全、实习操作、实习日志、实习报告质量及评阅等方面，提出了明确要求和考核办法，确保实习教学有章可循、有规可依。

"提高质量"是人才培养的关键，也是实习教学各环节的落脚点。我校轮机工程专业学生赴海南省粤海火车轮渡公司进行航行实习时，利用所学的专业知识，结合实习单位的具体情况，提出了一套"主机晚启动以缩短备车时间"的方案，为该公司节约了成本，创造了效益，受到该公司的称赞。环境科学专业学生在实习的过程中，除了按照教学实习要求完成实习任务外，还沿丹水河徒步进行生态环境考察和宣传，社会反响良好。

四、我抓教育教学管理的感悟

我认为：基于博耶的教学学术理论，树立教学的学术观念，构建激励与约束机制，促进教师专业化发展，是提高教育教学管理科学性的必然要求。

1.树立教学学术的观念。观念是行为的先导。我每年组织开展教学学术大讨论，重新阐释学术的内涵，更新学术观念，树立教学乃学术的思想，从理论、政策以及舆论上赋予教学学术合理的地位。管理层，特别是学校领导层带头确立教学学术的理念，始终把教师的教学学术发展放在重要位置。只有当管理者从思想上认同教学学术理念，才会改变平时对教学的不关心，重视教学学术并身体力行，想方设法助力教师提高教学学术水平，营造出尊重教学、支持教学工作的良好氛围。要求教师转变学术观念，引导教师以学术视角看待教学活动，正确认识教学具有学术性，教学水平也是学术水平。只有当教师自觉地追求教学学术，把教学作为一种首要责任，而不是一种任务时，才会自觉地不断改进教学，致力于教学研究，提升教学学术水平。最重要的是要以教学学术理念指导大学内部管理制度建设，调整不利于教师教学学术发展的有关管理制度，进行制度创新，将教学学术的期望渗透到各项管理制度中，奖励在教学学术上有所建树的教师。

2.创新评价激励约束的机制。我主张扩大学术水平的评价范围，将教学学术纳入学术评价体系，在学术评价的制度和标准中充分体现教学学术，调整、充实、强化能体现教学学术的指标和权重，使得专业建设、课程建设、实验室建设、教材建设、教学改革、教学研究等工作都得到应有的承认。在教师业绩考核时，认同教学学术的价值，即学术评价中关注教师的教学态度、教学能力和教学效果，以及教学中的发现与创新。实施教学与科研等效评价，将教学业绩与科研业绩同等对待，教学工作与科研工作一视同仁、教学研究项目与科研项目一视同仁、教学成果与科研成果一视同仁、教学带头人与科研带头人一视同仁。在教师职称晋升标准上，使教学学术的评价"实"起来、"硬"起来，不只是要求教学工作量的多少，更重视考核教学质量的高低，实行教学质量低的"一票否决制"。在教师奖励政策上，加大教学工作的奖励力度，完善教学奖励体系，使教学优秀的教师一样有尊严、有地位、有回报，激励教师"以教为业""以教为乐""以教为荣"。

建立合理的教学学术激励机制，大大调动了教师的内在潜力，激发其创造性，使教师充分发挥自己的教学才能，提升教学学术水平。淡化工作量考评指标，改变过分注重数量论业绩的简单化倾向，取而代之的是注重教学质量，将量多多得调整为质优多得。

真正形成崇尚教学学术的正气，还必须依靠激励与约束的"共扼"作用。学校在以激励为主的同时，还制定了约束教授不授课、教师不认真教、只教书不育人等不良行为的制度，使教学态度不端正、教学工作不严谨、教学效果不好的教师得到应有的教育和鞭策，促使教师警醒和自律。

激励机制和约束机制二者缺一不可，只有二者互相结合、互相补充，才能使高校教师更好地履行教学学术的职责。

3.促进教师全面专业化发展。教师的专业发展既包括学科专业方面的发展，也包括教学领域方面的发展，这是由教师职业的特性及教师学术活动的完整内涵所决定的。教师全面专业化发展体现在四个方面：一要跟踪学科前沿。鼓励教师及时更新专业学术知识，掌握学科发展动态，为高质量地完成教学任务做好充分的专业准备。二要教学实践磨炼。教师通过理论和实践教学，砥砺学术素养、提升教学水平、涵养育人智慧，通过对教学工作的总结和思考，深入研究教学对象、教学内容、教学方法与教学管理，将各种感悟内化为个人有效的行动方案和教学模式。三要教给学生学会学习。教师的"教"是为了学生的"学"，教师要善于鼓励学生在课堂上提问题，参与教学活动；引导学生自主学习，激发学生的求知欲和创造力。教师教学生学会了学习，就等于培养了学生持续发展的能力，不能只教书而不问学。四要通过各种类型校内外教学学术交流活动，加强学术讨论，探求学术真理，促进学术创新。

新时代高校教务管理大家谈

下 编

论高校教务管理中的协同化

苏州大学　方　亮　曹永国　韦剑剑

【作者简介】

方亮，男，教授，2021年至今担任苏州大学教务处长，长期从事电介质等材料的制备和性质研究、高等教育管理工作。获首届全国高校教师教学创新大赛三等奖，江苏省高校教师教学创新大赛特等奖，江苏省高校微课教学比赛二等奖，苏州市教育教学成果奖二等奖（排名第一），江苏省科技进步三等奖1项、省级学科竞赛优秀指导教师4次；在国际高质量期刊发表论文100余篇，获授权发明专利3项；主持国家及江苏省自然科学基金项目等多项。

习近平总书记指出，"教育兴则国家兴，教育强则国家强"[1]。高等教育是一个国家发展水平和发展潜力的重要标志，迈入新时代以来，我国高等教育在国际上逐渐从跟跑到并跑继而领跑。作为本科教学和人才培养工作的重要服务、管理、指导和咨询机构，高校教务部门发挥着举足轻重的作用。教务管理工作本身要有强烈的"立德树人"意识，要把立德树人贯穿于教务管理工作的全过程，紧紧围绕立德树人，扎实做好为教师的服务、为学生的服务，在管理中体现服务。同时"向管理要效率""问管理要质量""管理即保障"，高校教务部门治理能力和治理体系之重要性是为关键。

协调，是新时代五大发展理念之一。高校教务协同管理、协同发展是治理能力和治理体系现代化的一大指标。面对新形势，如何做出主动而恰当的回应和改进，已成为高校教务管理组织的重要时代命题。本文就如何推进高校教务协同管理进行一些反思与探究。

一、高校教务管理的改进发展呼唤协同管理

长期以来，高校教务管理活动繁杂琐碎、面广量大，且显示度不高，改革阻力也较大，属于那种"出力不讨好""重要但不重视"和众人都爱抱怨的活。教务管理人员在工作岗位也极其容易出现"职场天花板"现象。"教务难做"绝非只是一句戏言。它不仅预示了高校教务工作自身的特征，而且也道出了高校教务工作现状。究其原因，其中之一是高校教务协同管理出了问题。

1.条块分割的整体效能降低

高校教务一般实行校院两级和科层制管理模式，遵循的是"条块结合"的原则，行政执行效率本应较高，但是由于教务管理事务不断增多，导致在校级教务管理层面不断设置新的层级。而职能条线划分过细，又使原本需要紧密衔接或高频次沟通的教务工作条线之间相互脱节，以致沟通成本高、协调难度大。例如一些高校教务部门的日常实践教学管理与创新创业、大学生课外科研实践管理两项职能相分离，专业培养方案修订与课程设置、专业建设等配置在不同科室、处室，使得源于教学一线的"有血有肉"的教改教研成果或学生实践创新成果，无法深度融合到人才培养方案制订或日常教学运行中，从而在学校层面上缺乏一体化的考虑。

条块分割还会衍生出其他一些问题。由于不同条线都会站在各自管理角度进行制度建设，这会造成文件与文件之间相互缺乏协同性。在管理手段上，则很容易演变为不同管理分支机构按照各自的工作习惯建立各自"小而全"的管理信息系统，有的高校教务管理部门可以有数十个信息系统，这些系统在研发力量、算法结构、数据接口等方面缺乏协调，产生了大量的"信息孤岛"，滋长了管理的碎片化倾向，给基层教务人员及师生增加了不必要的工作量。

其次，教学与质量保障活动不仅是教务处一家单位的工作，还涉及学校多部门，既需要整个大学治理体系多方面的联动配合与精诚合作，也需要基层学院切实承担起办学主体责任，做好师生教学活动的组织。例如教育教学工作的主体——教师与学生由各学院部负责，教育教学工作的保障——教学设备与资源属于设备和资产部门、实验与器材部门，教育教学工作的经费又由高校财务部门管理。因此，学校教务管理部门如果在自身建设上存在局限性，缺乏相应的组织协调能力，或与二级教学单位和各行政部门之间的横向配合度不高，就无法形成良好的合力和优势。

2.行政权力和学术权力的错位

高校教务管理"兼有行政管理和学术管理二重属性"[2]，这就意味着，教务管理部门要正确处理好行政权力与学术权力的关系。校级教务部门在谨慎行使管理和指挥职能时要充分尊重学术权力，发挥学术权力的价值和作用。基层教务部门则要加强服务师生的意识和行为。总体上，教务管理的科学性、人才培养体系构建的恰当性、教学运行的正确性等

都要有学术权力的共同参与和功能发挥。

然而在现实中，学术权力和行政权力经常处于脱节的状况，对于它们各自的适用范围、行使流程以及相互调适的方式，尚未形成比较一致的共识。行政权力往往处于支配和主导地位，学术自治的配套机制尚不成熟。一些高校虽然设立了教授委员会、教学委员会等教学方面的学术机构，但由于学术专家的不同学科专业背景所产生的隐性鸿沟，使得同一高校教学领域内的同行评议实际上较难实现。

除了教育行政部门或第三方机构开展的教学成果奖、重大教研教改成果鉴定、院校评估和专业认证等规模化工作之外，对于其他更为基础性的内涵材料，如教学大纲和教学内容的修订、试卷库和试题库的建设等，校院两级教务仅能按照职责进行材料汇总和形式审核，无法进行有价值的学术评价。在很多类似的学术性内涵管理事项中，教务管理组织和教学学术组织之间的权力运行存在着错位和失配现象，导致管理工作的专业性和权威性受到影响。

3.新技术与旧观念互动响应的偏差

近年来，随着数字化建设的不断深入，各种新技术给教务管理和教学带来了革新契机。但是，高校教务管理在新技术与旧观念互动响应上存在着偏差。例如旧教务管理观念和惯性，一般比较重视立项建设和新技术资源招标采购等环节，在后续长期的新技术使用和功能发挥以及评价改进方面则做得远远不够，缺乏相应的持续监控机制，"重建不重用"，造成技术与教学融合上的"耦合偏差"与"传感短路"。例如近年来，各高校在教育信息技术应用上纷纷大力投入资金，建造智慧教室、直播教室、多媒体虚拟实验室等等，但由于并未充分考虑不同技术手段所适用的专业或课程，以及师生的感受体验，在实际使用中往往存在"形式大于实质"的现象。智慧教室仅仅当成了一个条件较好的多媒体教室，课程教学中有不少"黑板搬家"式的低水平课件，高校教务管理对此缺乏有效的应对手段。又如，教务部门对新技术的使用往往局限于"引进终结论"的旧观念上，造成重复管理、重复提交，纸质文稿和电子档案双管齐下，不免增加了师生的工作量和自身的工作量。

将上述这些现象和问题串联起来，易反映出高校教务部门对教学体系的系统性认知把握不够，缺乏协同管理之理念与机制。这里面有教务系统自身内部的，有教务部门和其他部门之间的，以及教学运行各主体之间的。要解决这些问题，就需要将高校教务管理工作作为一个系统，整体把握其运行机制，进行全面综合的考虑。

二、在自组织和他组织张力平衡下的高校教务管理

正确认识和理解高校教务管理存在的问题并加以有效改进，需要建立在对高校教务管理的本质内涵和状态特征的深度探索上，这里我们从自组织理论和协同学等系统思维角度进行考察分析。

1.作为自组织的高校教务管理系统

自组织理论是对现代机械论系统的超越，强调系统内的多主体、多因素、多变量动态平衡，是一种非线性开放体系理论。自组织通过不断与外界环境交换物质、能量和信息，获得外部动力；在系统中某个参量的变化达到一定的临界阈值时，通过多样化的随机涨落，系统内各组成部分通过耦合作用，形成相互促进、制约、竞争、协同，产生内部动力。自组织理论自产生后即在社会科学和管理领域得到了良好的应用，成为分析社会文化领域复杂系统的重要视角和框架。

随着高等教育进入普及化阶段，高校教学体系结构功能日益复杂，组分数量逐渐增大，内外关系更加错综交织。"今日主导教育领域的线性的、序列性的、易于量化的秩序系统——侧重于清晰的起点和明确的终点——将让位于更为复杂的、多元的、不可预测的系统或网络。"[3] 高等教育是以活动过程的方式存在的。[4] 就教学及相关支持活动而言，不同的主体、非主体之间形成错综复杂的非线性交互关系，彼此并非相互分离的孤立实体。相应地，高校教务管理不同于固定的、标准化程序下的"流水线"，它不是封闭的内循环式行政组织系统，它具有开放包容、竞争协同、多元异质性特征，是一个动态优化和不断调整的教育生态系统，是一个自组织系统。

在与外部社会环境的开放性关系上，高校教学体系与外部社会特定因素之间"本质上是一种双向多维度的非均衡互动过程"[5]。当前，新一轮产业革命与技术变革深深改变着社会发展模式，加之世界百年未有之大变局，高校教务管理系统面临着更加复杂、更加不确定的环境变化，内外关系上的交互性、非线性、非均衡性特征更为显著。

2."自组织"与"他组织"的协同效应

自组织并不意味着是一个封闭的系统，相反，自组织意味着和其环境系统的有机关系。教务管理系统要发挥好自组织的作用，很重要的一点就是保障"自组织"和"他组织"的良好协同。自组织过程需要他组织作用的调适参与。凡进化出专门负责调节控制的子系统的系统，这种子系统对其他子系统就有他组织作用[6]。

实现自组织和他组织的协同效应，在教务管理工作中就不能把自己局限于"管理者"角色定位，而应摒弃二元对立和管理规诫思维，淡化行政组织的等级性特征，改进平行并列的行政管理模式，主动融入开放、多元、动态的教学体系建构发展中。在教务管理组织的牵引带动下，教学体系各子系统、要素，产生竞争、协作、聚合、分化等多元非线性作用，实现目标和向更高层次有序态地"转型升级"。

其次，自组织和他组织协同意味着动态平衡的张力。高校教务体系有其运行的特殊性，他组织有自身的法则。协同是多元式的，离开了多元就不存在协同。因此，协同效应就要求保持自身的独立性，反对同质化和千篇一律。这意味教务系统要留有空间，要给他组织以自我发展的机会，甚至需要培育各个自组织发展自己的积极性。教务部门必须超越狭隘的自我观念，只有在他组织良好发展的情况下，教务管理效果才能优良。

协同效应因此要求高校教务部门应致力于学院和组织的完善，以更好的服务实现自身的优化和转型。教务管理绝对不能将学院视为一个执行者，要发挥他们的主动性、积极性和智慧，在成就他人中成就自身。

三、从文化、制度、实践多维度协同推进高校教务管理

作为高校系统中的子系统，教务管理具有文化、制度、实践之功效和任务。事实上，文化建设、制度构建、实践发展是衡量高校教学体系的重要系统参数和状态变量。推进高校教务协同管理，必须从建设三者入手，统筹灵活运用、协同推进。

1.建设优良的教务管理文化

教务部门不仅是管理部门，同时也是文化部门。建设涵养育人氛围的优良教务管理文化是高校教务管理的重要责任和内在要求。校院两级教务管理人员都是文化建设主体。"教务管理工作人员必须具有良好的政治素质、业务知识和处理问题的能力。"[7]长久以来，我国高校一代代"教务人"默默耕耘、甘做教务事业的螺丝钉，这构成了教务文化建设的深厚历史传统。在高等教育国际化、复杂化、多样化日益深化的当下，更需要在系统把握教务管理文化的动态历史积累基础上坚定文化自信，将高校"教务人"的时代使命与担当有机融入教务管理文化的创新发展过程中。

教务管理组织要主动融入大学文化的建构中，建设属于自己的独特组织文化和"精神系统"。教务管理文化的生成发展需要与其他组织文化不断进行碰撞、交融与对话，通过良好行政风气（会风、文风、工作作风等）的辐射示范，充分凝聚立德树人共识、引导优良教风学风培育，并在更大范围、更高层面上加强与兄弟高校之间的相互学习借鉴，切实开拓管理视野，优化教务管理文化理念。

2.建立规范完善的教务管理制度

教务管理制度的发展是教务管理文化发展的自然产物。制度规范是文化和实践之间的桥梁，良好的制度既是工作效率的保证，也是调节剂和平衡器，可以对实践的开展加以规范引导。

教务管理制度构建需要系统化的整体设计，既要包含对教学体系的组织框架、运行机制、支持保障等基本标准的规定，又需包括对各类教学及管理活动过程、结果质量标准与要求的规范，还应对各类主体在实践活动中的责任、权利与义务做出界定。制度的修订需要统筹协调好如下几个方面：一是保障在基本面上有章可循、有据可依、有序运行，使教师、学生、教务管理人员在制度的框架内各尽其职、各得其所；二是保障制度的灵活性与稳定性的张力，以师生为中心，在刚性文件和弹性执行间寻找到平衡点；三是保障制度不能太细、太泛；四是保障制度本身的科学性和动态优化；五是保障制度制定得开放、公开和公正。

3.拓展扎根一线的教务管理

文化的"软实力"和制度的"约束力"需要通过实践的"行动力"才能落地生根。文化、制度最终要落实在教务管理实践和教育教学活动中。

教务管理部门人员要深入一线、扎根一线，要有来自一线教学方面的经验。教务人员不能只坐在办公室里，不要只期望师生来找自己，而要主动收集意见，下沉到师生之中。通过建立纵向到底、横向到边的管理体系，形成"学校教务部门—学院教务办公室—教研室等基层教学组织、学生班团组织"全链条、全覆盖的信息收集、处理、反馈与改进闭环质量机制。如苏州大学教务处在处长、科长中制定了"三个一制度"，即每个月至少走访一所学院，开一次师生座谈会，听一次课，同时探索了处长（科长）联系学院月报告制度、首问负责制、精细化教务管理问卷调查等工作。另外，要着眼教务管理队伍的可持续发展，为校院两级教务人员提供个性化的多样培育成长途径，让更多学校教务部门同志成为懂得教学发展规律的"教育家"，让更多二级学院管理人员从"教务秘书"转变为"教学秘书"，促进大家干一行、爱一行，钻一行、精一行。

在具体教务工作中，教务人员不应将师生和教学活动仅当作学籍、师资、教务数据库中的一条条冰冷记录，而应视为能够实际体验到的生动主体与实践。教务部门要尊重人才成长的长周期生成性特征，摒弃对其他领域中诸如"跨越式""上项目""建工程"等不当发展模式的生硬套用，远离浮于表面的模式化形式变换（如教务系统中院系、专业、课程的代码，各类平台模块、类别性质的名称等）。教务部门还要主动参与基层教学单位的一些教学工作，如教学大纲、教学内容修订和课程考核方式改进等更为贴近一线的建设工作。

总而言之，高校教务管理牵涉面广，牵扯到学校教育教学的方方面面，只有协同配合、不断优化，才能提升管理效能，避免各自为政。协同管理是一个目标，亦是一个持久改革和完善的过程，其任重而道远，不可能一蹴而就，也不应一成不变。

参考文献

[1]人民网.习近平谈教育发展:教育兴则国家兴,教育强则国家强[EB/OL].(2018-09-10).http://cpc.people.com.cn/n1/2018/0910/c164113-30282062.html.

[2]金宝明.高等学校教学管理指南[M].呼和浩特:内蒙古人民出版社,2004:1.

[3]〔美〕小威廉姆·E.多尔.后现代课程观[M].北京:教育科学出版社,2000:5.

[4]胡建华等.高等教育学习新论[M].南京:江苏教育出版社,2005:376.

[5]潘懋元.多学科观点的高等教育研究[M].上海:上海教育出版社,2001:221.

[6]杨风禄,徐超丽.社会系统的"自组织"和"他组织"辨[J].山东大学学报(哲学社会科学版),2011(2):86-91.

[7]闾金童.高校教务管理导论[M].桂林:广西师范大学出版社,1988:21.

新时代地方高校专创融合人才培养模式的构建

常州大学　薛　冰

【作者简介】

薛冰，男，教授，2020年7月至2023年9月任常州大学教务处长、创新创业教育办公室主任，现任常州大学党委常委、党委宣传部部长，长期从事化工过程安全研究、绿色化工工艺开发和高等教育管理等工作。获江苏省教学名师、江苏省优秀教育工作者、江苏省本科高校榜样教务处长、江苏省"青蓝工程"优秀教学团队带头人等荣誉称号；主讲课程入选江苏省首批产教融合示范课程，主编江苏省重点教材2部，获省部级教学成果奖4项；主持国家自然科学基金面上项目等课题10余项；在国内外重要期刊发表研究论文70余篇。

2021年《国务院办公厅关于进一步支持大学生创新创业的指导意见》[1]指出要将创新创业教育贯穿人才培养全过程。专创融合是将专业教育和创新教育融合在一起，包括人才培养的理念、目标、课程体系、途径方法、实践平台、考核评价等方面，以实现新时代人才培养目标。专创融合教育改革对促进教育链、人才链与产业链、创新链有机衔接，提升人才培养质量具有重要意义[2]。当前高校迫切需要改革建设与现代社会需求、行业产业需求发展相适应的人才培养新体系。如何将专业学科与创新创业相结合，是学校未来规划的重点方向，是高校课程建设、专业建设、学科建设的指导方向。

一、孤立还是融合？新时代专创融合人才培养的必要性

1.专创融合是新时代创新驱动发展战略的必然要求

专创融合是新时代人才培养的必然要求，是新时代国家创新驱动发展战略的必然要求。专创融合教育伴随着新时代创新驱动发展战略深入推进而愈加迫切。服务建设创新型国家战略，需要打造专业集群，共建实训场所，需要从人才培养源头出发，完善教学内容、实训体系、培养模式、就业与创业体系，需要将行业企业人才标准构架在教学与人才培养环节，培养新时代需要的急缺人才。

2.专创融合是高等教育综合改革的发展要求

专业教育是创新创业教育实施的载体，双创教育必须建立在牢固掌握专业知识的基础上，方可彰显创新创业教育的价值。当前专业人才培养与社会（行业、产业）需求还存在不相适应问题，人才培养理念还存在计划经济、精英化教育的烙印，人才培养目标方面存在类型缺失、忽视学生学习和成长主体性开发等问题。高等教育要适应新时代社会产业发展需求，就必须要深化高等教育改革，在专业教育过程中，应重视创新与创业技能的培养，专创融合教育改革可以有效促进专业教育质量提升。高等教育改革之"四新"建设正在如火如荼进行中，尤其是"新工科"建设。"新工科"教育主要是培养未来工程师的创造能力和解决现实复杂问题的能力，工科优势高校要对工程科技创新和产业创新发挥主体作用，"新工科"教育必将视野聚焦到双创教育与专业教育融合之中。

3.专创融合是双创教育的内在需求

专创融合是推进双创教育深化改革的内在需要，因为双创教育已经开展多年，需要进一步延伸和落地，不与专业结合的双创教育，如无源之水。双创教育本质是素质教育，是高校人才培养体系的重要组成部分，其归根结底还是服务于专业或学科人才的培养，所以需要树立融合教育的理念，这也构成了专创融合的现实基础。通过前沿的专业教育可以近距离了解全球产业发展趋势及痛点，这为创新创业教育指明方向，与专业教育相结合，提出方案以更好地满足经济社会发展需求。创新创业能力反映在多个方面，要培养具有知识复合、学科融合、实践能力强、精通市场、具有国际视野的复合型人才，就必须要学科交叉、专创融合。通过专创融合教育，学生在接受专业教育过程中，提高了创新创业能力。

二、观望还是改革？当前专创融合人才培养模式的主要问题

1.认识不足，体制机构不够健全

在实际教育管理和改革工作中，地方高校针对专创融合教育统筹管理认识不足，执行机构定位不明确，没有做好管理机制的建设工作，导致专创教育难以形成合力，呈现出多头管理、职责不清等状态。不少高校双创教育由创新创业学院等部门进行管理，而专业教育由教务处、二级教学学院作为管理单位和实施主体，这容易导致专创融合教育管理部门归口不一、管理脱节；此外在课堂教学方面，专业教育传授专业理论与专业技能，这是教

育教学的主力，而专职创新创业教育教师讲授创新创业基础理论及实践，人数比较少，且对相关专业不熟悉，导致两部分教师各自为营，暂时缺少促进专创融合的有效机制。

2.专业、课程体系不完善

专业、课程体系方面主要存在以下几个方面的问题：一是大部分双创课程为通识类课程，难以发挥指导实践作用；大部分课程没有根据学生需求、结合专业开设，而是与专业课程分开独立设置，导致难以与专业课程相结合，跨学科的专业、课程互动没有形成。二是现有专业课程的规范性、专业性较强，用创新创业知识创造性解决专业实际问题的能力不足。三是促进师生共创、创学结合和学生自我建构学习的专创融合型专业课程尚未形成。四是专创融合层次、程度与效率不高[3]，没有充分考虑年级高低及专业差异等问题[4]。五是专业培养方案方面课程设置和内容滞后产业现实，教学形式单一，评价体系仍然以知识掌握为中心，忽视学生学习和成长主体性开发问题，难以满足人才培养目标由就业从业向创新创业转型的需要。

3.专创融合支撑载体资源有限

专创融合教学实践平台不够齐全。当前高校整合利用社会资源还不充分[5]。缺乏数字化创新创业教育平台，无法实现优质教育资源共享。师资力量还比较薄弱，当前高校专业师资队伍仍然存在诸多问题。一是部分具有丰富专业知识的专业教师对"专创融合"理解有偏差，认识不足，创新意识淡薄，认为是两种对立的教育，在专业教学过程中往往轻视创新创业教育，致使专创融合流于形式。二是专业教师对社会现实场景了解不够，创业经历不足，缺少创造性解决社会实际问题的能力。三是从企业或创客基地聘请的双创导师大多缺少专业学习背景，教学的理论性、系统性和连续性明显不足，对基于专创融合的教育教学活动往往难以胜任。四是实践教学内容偏少。专创融合教育应包括理论教学与实践教学，目前大部分高校是面向大多数学生开展理论教学，实践教学内容很少，缺乏针对不同专业开展创新创业与专业相融合的深入研究和实践，使专创教育融合更多还是停留在学校通识课程的建设层面上。

三、规划与改革——常州大学专创融合教育体系的经验分享

常州大学根据办学定位，立足实际，通过建设专创融合组织体系，创新创业教育示范专业、专创深度融合示范课程、资源保障体系及竞赛体系等，构建了"五位一体"的专创融合人才培养体系，将创新创业教育贯穿人才培养全过程。

1.建立健全专创融合组织体系

建立组织机构，推进专创融合工作。专创融合核心在于双创教育与专业教学各要素需要持续调适、相互联动，获得最佳育人效果，需要有效开展创新创业教育，并提供配套的机制作为坚实保障。常州大学加强顶层设计，将创新创业教育确定为学校三大办学特色之一，充分调研并结合实际成立了创新创业教育办公室（以下简称"双创办"）。双创办为

正处级建制，统筹全校各部门各学院协同推进创新创业教育工作、专创融合工作，具体负责全校双创课程建设、平台建设、基地建设、师资建设、竞赛管理、学分认定以及教育研究工作等。双创办挂靠在教务处，由教务处长兼任主任，双创办常务副主任兼任教务处副处长，确保了创新创业教育工作与全校教育教学工作的深度融合、协调统一。明确高校的双创教育、专创融合的落脚点是人才培养，明确专创融合的主体是各专业学院。教务处及双创办指导管理各二级学院以学院为基础，建立专业人才培养与创新创业教育相互融合的长效机制，以实现系统化规划专创融合为目标，为专创融合教育工作提供共生平台和发展空间。

制定政策文件，保障专创融合工作。学校相继出台了《常州大学深化创新创业教育改革实施方案》《常州大学关于进一步推进创新创业教育工作的实施意见》，深化改革、做好规划，在制度、经费、基础设施各方面，为创新创业教育教学和实践训练提供了有力保障，将双创教育融入人才培养全过程。学校将教师指导创新创业活动纳入学院教学评价体系，完善双创激励措施，加大双创奖励力度，逐步固化了"现金重奖+工作量补贴+视同教学成果奖"三重奖励政策，大大激发了学院以及教师的主动性和积极性。

2.建设创新创业教育示范专业

修订专业培养方案。专创融合教育改革不仅需要高层次创新创业型人才培养模式改革，还需要微观视角的教学模式实践探索，专业课程是人才培养的基础，是教学模式的基本单元，是专创融合教育关键要素。在创新创业教育中忽视专业教育是没有意义的，不仅不利于提升学生的创新素质和创业技能，还可能降低专业教育的质量。学校从2018年起，发布专业培养方案修订意见，要求各专业培养方案要将双创教育与专业教育深度融合，将双创教育提升到专业教育高度，渗透到专业课程教学中，树立先进教育理念，面向全体、结合专业、强化实践，真正提升学生创新能力，促进学生全面发展。要求各专业健全创新创业基础通识性和拔高强化性的课程体系。

建设创新创业教育示范专业。学校发布了《关于印发常州大学推进创新创业教育专业建设实施方案的通知》，从2018年起，面向全校遴选培育校级创新创业教育示范专业建设工作，明确要求申报专业要挖掘和充实专业各课程中创新创业教育资源，将专业知识传授与创新创业能力训练有机融合，促进专业教育自我革新，截至目前已经培育创新创业教育示范专业31门。每个示范专业开展"五个一"工程：建立一个专业建设指导委员会，聘请行业企业相关人员作为专业建设委员会委员；同一批企业开展深度合作，拓宽创新创业教育渠道，共享共建实验室等[6]；聘任一批产业教授，学校加强与科技、产业、金融界的广泛联系，聘请了一大批行业优秀人才担任产业教授和创业导师，并建立了人才资源库，为学生提供创新创业实践载体和精准帮扶；创设一个创新创业教育体验空间，依托学校大学生科技与艺术创新中心和校内各学院创新实验室，为学生提供实践创新的优质条件保障和空间体验。学校对创新创业专业建设实施动态监督与结果管理，将创新创业教育示范专业建设情况纳入年度学院教学工作评估、校内认证式专业评估指标体系中予以考核。

3.建设专创深度融合示范课程

学校遴选建设了一批校级专创深度融合示范课程。学校对示范课程建设提出了明确的选拔与建设要求。专创融合示范课程要紧密结合学校专业特色，将创新创业分层嵌入课程之中。在教学设计方面，要从理论和实践两方面出发，通过创新课程设计、改革教学模式，切实把创新创业教育融入专业教育，提升学生的专业研发兴趣和能力。在教学内容方面，要求示范课程在完成专业教育同时强化对学生创新思维训练、创业素养及企业家精神的培养等。在教学资源方面，因为目前专创融合教学资源有限，示范课程鼓励不同学科、专业教师组建团队共同编写专创融合课程教学大纲、教案以及高质量示范性教学设计，创建、充实专创融合案例库、文献资料库等教学素材，挖掘并丰富教学资源。在教学模式及实施方面，注重实践，以学生为中心混合式教学。在学生学习方面，采用小组探讨、课堂问答、课外调研等方式，促进学生自主性学习、过程性学习和体验式学习，充分体现创新创业人才培养特色。在教学评价方面，注重多元化和过程化评价，"知识+能力+素质"多重内容评价，答案非标准化。在教学团队建设方面，除了校内优秀师资以外，同时挖掘专业领域资深创业管理专家或优秀企业家作为校外师资共同参与教学活动，提升学生的专业研发兴趣和能力。经个人申报、学院审核、学校组织专家评审，目前已经立项建设校级专创融合特色示范课程20门。同时，学校面向全体学生开设必修课程创新创业理论与实践，分两个学期开展教学。第一学期为线上线下混合，侧重双创理论学习，由校内、校外创业导师组建联合教学团队，考核方式为线上测试。第二学期由专业教师、行业专家组建各专业联合指导团队，建立专业创新创业项目训练库，项目化教学，过程性评价与结果性评价相结合。此外还建设跨专业创业课程，包括企业管理类、营销类、法律法规类、财经类等20余门，专业领域创新课程100余门。

4.建设专创融合资源保障体系

递阶式专创教育实践平台建设。通过实践平台锻炼，巩固专业知识、增长智慧才干、提升创新创业能力。双创办通过整合不同部门、不同资源，互相协同、联动搭建专创融合教育实践平台。校内建设了省级大学生创新创业实践教育中心，以学校大学生科技与艺术创新中心为主导，辐射各学院创新创业实验室或主题创新区以及包含成果展示、创客空间、路演大厅、培训教室等的"1+X+N"校内创新创业实践教育公共实体平台。中心面积共计5000平方米，为各专业学生开展创新创业实践活动、项目培育搭建交流平台和提供全方位的服务。中心积极与当地政府、企业、科研机构等合作，共同参与搭建平台，助推学生双创能力的提升，拓宽创新创业教育渠道，特别是与常州科教城（国家自主创新示范区核心创新园区）等一批创新高地和产业集聚地开展紧密合作，不断提升服务经济社会发展的能力和成效。先后与常州市创业孵化协会、科教城大学生创新创业园、中以常州创新园、武进科创服务中心、江苏中关村科技产业园、慧科教育科技集团有限公司、南京先极科技有限公司等开展创新创业合作共建，签订了共同发展框架协议，充分整合众创空间、创业园等外部资源，建设一批校外创新创业实践教育基地，形成了完整的创新创业教育一体化链条。

体系化专创融合师资建设。创新创业教育离不开一支知识丰富、业务精湛、能力突出、甘于奉献的教师队伍。学校重点打造4个层次的师资队伍，一是双创管理教师：现有从事创新创业教育管理教师27人，除了创新创业教育办公室、校团委等部门的专职人员外，每个学院均配备1名教师专门负责创新创业教育与实践工作，并纳入学院年度教学工作评估考核内容。二是双创通识课程教师：现有创新创业教育基础理论教师11人，主要来自财务管理、市场营销、人力资源管理等专业方向，主要负责创新创业教育通识课教学、双创教材编写以及双创课题研究。三是专创融合专业教学教师：结合创新创业教育示范专业建设以及专创融合示范课程建设，为专业教师分批次开展培训，提升专创融合教育教学能力，开展专场融合教育教学活动，同时挑选能力强、业务精、热衷双创的教师深入指导学生双创实践活动。四是校外双创导师。现有校外创新创业兼职导师155名，建有创新创业导师库，并制定相应管理规范，实行动态调整。此外学校定期开展专创融合教学培训。学校作为江苏省高校教学管理研究会创新创业教育工作委员会双创师资培训专委会牵头单位，积极开展省内高校教师创新创业暨专创融合教育教学能力培训活动。

5.建设专创融合竞赛体系

统筹管理大学生竞赛，引导全员参与比赛。学校持续修订《常州大学大学生竞赛组织管理办法》，规范竞赛管理，学校重点发展一批权威性强、影响力大、覆盖面广且对学生培养确实有很大作用的高质量、高级别学生竞赛，共设立了56个校Ⅰ级竞赛，每个竞赛由专人负责，各个竞赛每年制订竞赛项目建设计划书，按计划完成年度工作任务，年终统一核算竞赛工作量、竞赛奖励。实施"一院一基金"工程：每个学院设立一个专项基金，用于各类创新创业竞赛、训练活动。实施"一专一赛、一院一品"工程：每个学院结合自身实际重点建设1项品牌竞赛。引导学生参加高水平创新创业大赛，参加以"互联网+""创青春"等为龙头的创新创业顶级赛事，让学生得到高峰体验，努力实现以赛促教、以赛促学、以赛促创。

四、结语

常州大学历来重视人才培养和科学研究，深入推进大学生创新创业教育改革。学校将创新创业教育确定为学校三大办学特色之一，以服务石油石化产业与地方为培养目标，以大工程观为培养理念，健全专创融合的人才培养模式。通过开展建设"校内中心+校外基地"一体化格局、校内外协同的双创实践教育中心，学生创新精神、创业意识和创新创业能力显著增强，取得了一批创新创业教育优秀成果。目前全校每年累计20000余人次学生参加创新创业实践活动，实现了学生全覆盖。近年来，创新创业教育教学研究成果丰富：

学校先后获得国家级教学成果奖3项；近三年学校累计获得省级及以上双创竞赛奖项1000余项；近五年，学校在中国国际大学生创新大赛（原"互联网+"大赛）中荣获国赛金奖6项、银奖5项、铜奖11项；在"挑战杯"全国大学生课外学术科技作品竞赛中荣获国赛特等奖1项、一等奖3项、二等奖5项、三等奖8项；在"挑战杯"中国大学生创业计划竞赛中荣获国赛金奖2项、银奖4项、铜奖4项，并于2020年、2023年捧得"优胜杯"。

参考文献

[1]国务院办公厅关于进一步支持大学生创新创业的指导意见（国办发〔2021〕35号）[EB/OL]. http://www.gov.cn/zhengce/content/2021-10/12/content_5642037.htm.

[2]卢卓,吴春尚.专创融合改革的理论逻辑、现实困境及突围路径[J].教育与职业,2020(19):74-78.

[3]张应强.从政策到行动:建设一流本科教育需要面对的关键性问题[J].江苏高教,2019(9):1-7.

[4]彭华涛,朱滔."双一流"建设背景下专创深度融合模式及路径研究[J].高等工程教育研究,2021(1):169-175.

[5]袁慧,赵四化.众创空间下地方高校双创系统运行效率分析与发展研究[J].成都工业学院学报,2018,21(4):67-70.

[6]蒋伟中.以"双创"实验室助力创新创业教育发展[J].实验技术与管理,2019,36(7):15-19.

从信息化管理到数字化治理的教学管理改革

温州大学　赵　燕

【作者简介】

赵燕，女，教育博士，副研究员，2015年至今担任温州大学教务处副处长，长期从事高等教育管理与研究工作。曾获国家级教学成果一等奖（排名第八）、浙江省教学成果一等奖（排名第二）等诸多奖项，主持和参与省部级以上课题10余项，发表学术论文10余篇。

2010年，《国家中长期教育改革和发展规划纲要（2010—2020年）》明确提出"加快教育信息化进程"的战略部署[1]，我国高校教育信息化开始迈入快速发展阶段。作为高校教育信息化的重要部分，高校教学管理信息化建设始终走在前列。在过去的十年时间里，高校教学管理在数字化操作、系统化运行、平台化管理等方面取得了较大进展，积累了丰富的实践经验。2021年，国家"十四五"规划和2035年远景目标纲要进而提出"加快数字化发展，建设数字中国"，要求"迎接数字时代，激活数据要素潜能，推进网络强国建设，加快建设数字经济、数字社会、数字政府，以数字化转型整体驱动生产方式、生活方式和治理方式变革"。[2] 从信息化管理到数字化治理，虽然只有几字之差，却对新时期高校教学管理提出了新的更高要求。立足新形势新要求，笔者结合温州大学工作实践，对数字化背景下高校教学管理改革谈一些粗浅的认识和思考，供大家批评指正。

一、信息化管理与数字化治理

何为信息化管理？信息化管理是以信息技术应用为方向，通过系统化的工具将人工对接的流程改为系统化对接的管理方法[3]。这些系统相对独立且具有一定专业性，都是为了解决某个领域的问题而产生的。随着互联网技术、机器人技术、人工智能、通信技术等的发展，信息化的应用越来越广泛，这种应用也在主导着管理效率的提升。信息化管理强调的是效率，注重以最佳的资源配置实现战略目标。

何为数字化治理？数字化治理是信息化管理的进阶，指在云计算、大数据、人工智能、移动互联网、物联网、区块链等新一代信息技术的支持下，整个社会运行和组织的形式，包括对经济和社会资源的综合治理[4]。数字化治理强调的是对组织内部"赋权"和对外部公众"赋能"，注重拓展和打通管理主体的边界，提高前端的响应能力，促使政府实现由碎片化走向整体，由管理转向治理，最终实现善治的过程。

具体来说，信息化管理与数字化治理的区别主要体现在：信息化管理主要是单个部门的应用，较少有跨部门的整合与集成。信息化也能产生大量数据，但数据一般分散在不同的系统里，较少打通和交换，未能真正发挥出数据的价值；而数字化治理则是对多个业务流程进行数据打通，破除部门墙、数据墙，实现跨部门的系统互通、数据互联，全线打通数据融合，为业务赋能，为决策提供精准支撑。从思维模式上看，信息化管理体现的是一种管理思维，并没过多地考虑用户需求的便利化，所以是建立在管理思维环境下设计的管理信息系统，缺乏有效解决用户效率的思想；而数字化治理体现的是一种服务思维，其核心是解决用户诉求、提高服务效率。新一代信息技术的发展，使得业务流程更加注重用户导向，海量数据和智能分析能提供更具前瞻性的决策支持，更加精准地满足用户的个性需求。

二、高校教学管理数字化改革探索

在新一代信息技术引领的产业革命背景下，高校教学管理面临着从信息化管理向数字化治理转型的新挑战。近期发布的《关于加强新时代教育管理信息化工作的通知》，明确要求以数据为驱动力，利用新一代信息技术提升教育管理数字化、网络化、智能化水平，以信息化支撑教育治理体系和治理能力现代化[5]。作为高校治理的重要组成部分，高校教学管理也需要以数据为牵引，通过结构重组、流程再造、数据融通，打造教育教学治理新生态，完成从管理向治理的新跨越。近年来，温州大学积极推进教学管理数字化建设，以全域性数字化建设为总牵引，以构建新型教育教学治理生态为目标，做了一些改革和尝试。

1.思路与路径

温州大学教学管理数字化治理的总体思路是：基于数字化思维，突出"整体智治"理念，统筹运用数字化技术，推动教学管理各项业务向综合化、一体化、智能化、精准化发展。

教学管理数字化治理的具体目标是：打造教学管理公共集成的智治平台，让师生办事方式从"找部门"转变为"上平台"，让管理服务方式从"碎片化"转变为"一体化"，同时让内部运行实现跨部门的数据共享、流程再造和业务协同。通过统一化门户构建、场景化功能服务和多样化资源共享，最终形成即时感知、主动服务、高效运行、智能监控的新型教育教学治理生态。

教学管理数字化治理的实施路径是：以业务的数据化和数据的标准化为核心，将数字化综合治理的"V"字模型（如图1）贯穿数字化改革全过程。该模型由两条路径组成，业务协同路径为确定核心业务—拆解业务模块—明确协同关系—梳理数据共享需求清单。数据集成路径为系统联调上线—业务模块集成—功能实现集成—数据接口对接。通过两条路径的实施，从根本上解决内外融合、上下贯通等难题，从根本上解决各部门信息不对称、政策回应慢等难题。

图1 数字化综合治理"V"字模型

2.方法与举措

（1）建设数据平台，形成数字化转型的支撑体系

为推动教学管理的数字化转型，打破数据孤岛和业务壁垒，温州大学建立了一个平台（一体化架构、分级管理、协同共享的公共数据平台）、两个体系（教学管理数字化标准体系、本科生管理数字化标准体系）、四个数据库（学生学业发展数据库、学生培养成长数据库、教师教学发展数据库、课程教学资源数据库），基本实现了各部门、各学院的信息交互和数据共享，为教学管理的数字化转型提供了系统性的有效支撑。

为教学管理数字化标准体系，在这个标准化体系中，学校将核心业务逐一分解成业务流程，将每个流程都用数据表示出来，实现流程的数字化，最后通过建立术语标准体系把这一条条数据标准化，实现各个数据在不同的业务系统通用。

（2）改革管理模式，开发协同互助的智能管理应用

学校推动教学管理大数据融合和新技术集成应用创新，在传统管理模式的基础上以数字化智能化推动教学管理模式改革迭代。教务处和相关部门先后开发了学业导航治理系统、学生管理协同系统、教学项目全生命周期管理平台等多个协同互助的智能管理应用。

图2为学业导航治理系统，该系统集学业信息推送、学业指导订阅和学业成果展示于一体，围绕"学业"和"成长"两个关键内容，以人才培养方案为基础，以学生学业为主线，结合学生的个性化发展需求，基于大数据和智能算法，协同教务处、学生处、招就处等部门建立个性化学生学业路径模型。通过信息订阅和主动推送的方式，让学生及时掌握与自己密切相关的入学、课程、考试、成绩、交流、实践、毕业、就业等重要环节的导航信息，助力学生高效及时完成大学学业。

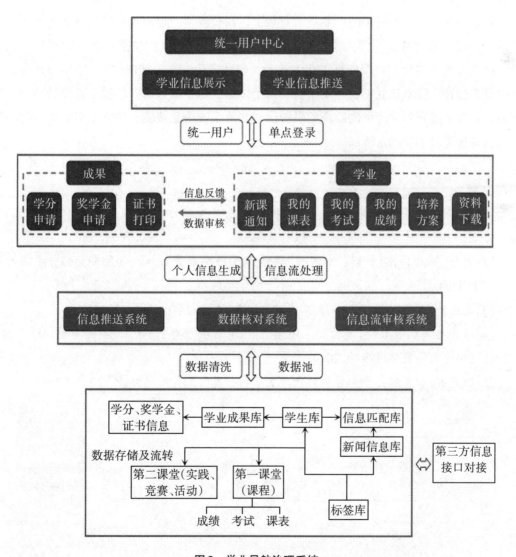

图2　学业导航治理系统

（3）构建治理生态，建立深度融合的部门协同机制

为了从机制上保障教学管理数字化改革的有效实施，温州大学专门制定了《教学管理数字化改革方案》，成立了由教务处、学生处、招就处和信息中心组成的教学管理数字化治理工作专班，组建教学大数据发展管理办公室，形成横向协同、纵向联动的组织领导体系和运行推进机制。同时，还建立了包括政策、制度、工作规范以及数据标准等的数字化制度规范体系和包括网络安全、系统安全、数据安全等的数字化安全防护体系，以支撑和推动学校教学管理数字化改革的协同开展。通过跨部门的资源协同、跨系统的信息流转，以及"基于数据、基于场景"的应用管理场景创新设计，建立多元参与的治理生态，实现系统集成、协同高效的教学管理新格局。

三、结语

在新一代信息技术引领的产业革命背景下，高校教学管理面临着从信息化管理向数字化治理转型的新挑战。温州大学坚持问题导向、需求引领，积极推进教学管理数字化建设，以业务的数据化和数据的标准化为核心，将数字化综合治理的"V"字模型贯穿数字化改革全过程，探索建立了"一个平台、两个体系、四个数据库"的教学管理数字化治理体系，实现了教育教学管理的跨部门资源协同和跨系统信息流转，建立了多元参与的治理生态，构建了教学管理新格局。

参考文献

[1]中华人民共和国国务院.国家中长期教育改革和发展规划纲要（2010—2020）[Z].2010.

[2]安蓓,陈炜伟,谢希瑶."十四五"规划和2035年远景目标纲要编制记[J].中国新时代,2021(5):4.

[3]范玉顺.信息化管理战略与方法[M].北京:清华大学出版社,2008.

[4]珍妮特·V.登哈特,罗伯特·B.登哈特.新公共服务:服务,而不是掌舵[M].丁煌,译.北京:中国人民大学出版社,2014.

[5]教育部.教育部关于加强新时代教育管理信息化工作的通知[Z].2021-03-15.

大学选修课教与学的异化与回归

南京审计大学 陈 婕

【作者简介】

　　陈婕，女，博士，研究员，2016年至2023年担任南京审计大学教务处副处长，现任教师发展与教学评估处负责人，从事本科教育教学研究。

　　选修课是指学生可以自主选修并进行学习的课程，该课程已经成为高校人才培养方案中重要组成部分，对满足学生的兴趣与需要、鼓励学生的个性发展、促进大学贴近社会需求发挥了重要作用。然而选修课面临着两难的境地。一方面学者们普遍建议要推动选课制，增设选修课，以提升学生学习的积极性、主动性。教育主管部门也对选修课寄予厚望，在制度文件中屡屡提及要"扩大学生学习自主权、选择权，……允许学生自主选择专业和课程"。[1]另一方面，选课修在实践层面发展缓慢，遇冷遇阻。相比较于必修课，大学、教师、学生不重视选修课，不少选修课饱受"水课"的非议，选修课没有发挥应有的功能。全面审视选修课的问题、回归选修课原本的功能与意义，是一流本科建设、一流专业建设、一流课程建设需要深入探究的命题。

一、选修课的教育功能

　　自从20世纪80年代清华大学、南京大学、武汉大学等高校在必修课中引入选修，把选课机制引入整个教学过程以来，选修课因其所具有的课程开放性、学生自选性、教师自主性等特性，逐渐生发出强大的功能。

　　1.选修课能够促进教与学的匹配。学会选择或者学会不选择都是青年大学生应该具有，至少是需要具备的能力。选修课给学生提供了选择的机会，有助于学生寻找到合适自己的课程，这个寻找的过程也是学生探索自己内在兴趣、潜能、优势的过程，这必然极大地提高学生兴趣，以及与课程、教师发生智慧碰撞的可能性。"选修制可以满足学生的不同兴趣，把他们的学习动机从'外铄'转化为'内发'，从而能够最大可能地提高学习质量，使每一个学生都能得到自由发展。"[2]对于教师来说，学生的选择也是为合适的课程找到了合适的学生，这无疑有助于教师找到或提升教学成就感，这就是教学相长、教育生成的理想状态。选修课由于选择机制的存在优化了教育教学的过程，特别是提升了教师"教"与学生"学"的匹配性，完成"激发内生动力—教与学匹配—再激发内生动力"的学习生发、教育生发过程的构建。正是在这个维度，学者们对选修课报以较高的期待，"强调本科生在学习中的自主权，逐步扩大学生的选择权，成为高校教学改革的必然趋势，其中最能够体现学生学习的自主性和选择性的教学制度应该是选修制"。[3]

2.选修课推动知识的创新、传承。选修制推行之初，就显现出对学术发展的推动作用。艾略特在哈佛大学推行选修制后，自然科学以及其他新兴学科进入大学课堂。选修课对学科平等、学科发展起到了重要的推动作用。现在学科平等是我们的共识，选修制对于学科平等的意义已经成为历史，但是学术新知识、新领域进入大学课堂的主要应对机制，还是灵活丰富的选修课，许多"新设的实验性、探索性的课程，往往先以完全自由选修课的形式出现"。[4]对于具体教师的某一门选修课程来说，需要有足够的吸引力，才有源源不断的学生选择。这就要求教师不断地进行学术探索，为课程提供学术支撑、学术活力。这样，以选修课为载体，师生之间以知识为媒介，形成了"知识创新—课程转化—知识传承"的大学学术活动链条。一些高校要求选修课教师在相应的领域要有学术创新的成果，作为选修课开设的基本条件。

3.有利于建立教学质量持续改进机制。选修课暗含着一种评价机制，其特有的选择环节使课程、教师等进入竞争序列而实现更新改进。不同的选修课程面对相同的学生、相同的选修课程面对不同的学生，通过学生的选择完成了课程竞争。要想在竞争中胜出就要求教师不断地改进课程质量，优化课程内容，调整教学方法，提升课程的针对性。任何竞争有胜出也必然有淘汰，正是淘汰机制的建立可以促进每一门选修课程不断更新，也能够加速学校整个课程体系不断升级，使得课程更能满足学生需求、贴近社会发展、反映学术前沿。美国比较教育专家阿特巴赫曾评价道："课程的扩展是美国大学能在最近几十年对社会发挥重要作用的关键因素。相当灵活的管理结构、全体教师领悟并适应社会需求的传统、学生团体中强劲的职业教育论因素、政府和公众对大学的压力，所有这一切结合在一起，使大学的课程能够做出迅速反应。"[5]

二、选修课教与学的功能异化

由于选修课具有重要的功能，20世纪80年代以来我国大学选修课得以快速发展：其一，课程比重越来越大。选修课在课程中所占比例以及选修课门数不断增加，人才培养方案普遍要求选修课学分占总学分的30%以上，增加选修课成为许多大学促进学生自主选择、主动学习的重要措施。其二，课程选择形式越来越丰富。随着学生个性化教育不断加强，从选修单门课程拓展为选修一组课程，学生修完一组课程就可以获得辅修学位、双学位。这契合了跨学科、跨专业交叉复合人才培养的趋势。其三，课程类型多样化。相比于必修课，选修课具有更大的灵活性、自主性，为新课程的开发提供了合适的舞台，如新生研讨课、荣誉课程、跨学科课程、劳动课、顶峰体验课等。其四，课程功能多元化。早期的选修课要么是传递新兴的知识，要么是传授新的工具方法，而新出现的选修课类型不再局限于知识技能教学的单一功能，更加强调学生能力素质的培养，着重培养学生的批判性思维、研究创新能力。然而伴随着选修课快速发展，在实施过程中也出现了一些选修课功能扭曲的现象。

1.扭曲学术自由精神

相比于必修课，选修课特殊的规则就是相对自由的选择，洪堡的学术自由的思想为选修制提供了存在的理由，学生有学习自由的权利，即"选择学什么的自由，决定什么时间学和怎样学的自由，以及形成自己思想的自由"[6]；教师则可以更大限度地利用学术控制权，自主决定讲授什么课、如何教，以及如何考核。学术自由是选修课生成与发展的依据，选修课又体现和促进了学术自由，其特有的选择机制，意在鼓励教师的学术自由与创新，尊重学生的主体性，促进学生的个性发展，但现实中却出现了大学、教师、学生对学术自由的误用。

就大学而言，计划经济时代，大学的课程实施统一由政府指令，教学计划统一、教学大纲统一、教科书统一，大学基本没有课程设置自主权。20世纪80年代以后，课程权力逐渐由国家下移至大学。相对于必修课，大学对于选修课拥有更大的自主权、自治权，可以决定选择哪些合适的知识进入选修课，形成课程供给。然而，许多大学并没有给予选修课以足够的重视，甚至在选修课课程建设中以政治的逻辑、市场的逻辑代替了学术的逻辑，只是将开设选修课作为课程门数达标的手段，而不是为了满足学生的个性需求及全面发展，导致选修课成为"懒惰的巨人"，既没有编制专门的选修课课程规划，选修课的开设与审查制度也基本处于缺失状态，且选修课的课程管理考核比较随意。有学者通过比较选修课与必修课在授课时间、考核方式、考核结果使用等方面的异同，说明大学对选修课的管理无形中会给教师和学生传达一个信息，即选修课程不及专业课程重要。[7]

就教师而言，教师有滥开课、降低学业要求标准、"讨好学生"的现象。当前选修课程管理存在盲区，高校对选修课开设的要求普遍较低。"将课程开发权交给教师，教师对课程内容的选取具有很大的权力与自由，甚至有时仅凭一点兴趣与爱好就开设一门选修课，自己开课自己监督，随意性较强。"[8]选修课成绩普遍较高，这似乎已经成为师生潜在的文化心理和共识，以至于一些大学把学生的学分绩点分为两类，一类是不包括选修课的学分绩点，另一类是包括选修课的学分绩点。前者较低，供学校内部评优、保研等使用；后者较高，供学生外部使用，例如求职、留学申请。

就学生而言，有不少学生把选修课看作是凑学分的途径，出现了"选课的技艺"，学生选课存在着显见的计算心理，而不是兴趣所致，"在大众化高等教育的背景下，在学习者自由选择的消费逻辑下，'艰苦的训练'与'刻苦的努力'易被回避，主导选择的与其说是'兴趣'，毋宁说是极易与兴趣混淆的'有趣'或'诱惑'。"[9]学生选课不再是学习自由的体现，出现非理性选课行为，进行"性价比"的选课评估，力图花费最少的时间精力成本获取更好的分数回报。

2.偏离高深学问

作为国家教育体系的顶端，大学通过传授高深学问把教育者与学习者联系起来。这意味着，"高深知识"是高等教育的核心，而不是"普通教育中的普通知识"。如果大学背离了高深知识的逻辑，就模糊了高等教育与普通教育的边界，亦失去了其存在和发展的意义。选修课作为大学课程体系中的正式课程，它理应是传授、探讨、研究高深知识的场域。这就要求选修课中的教育者、学习者须根据高深知识的准则组织教育教学活动，考虑"什么应该包含在内，什么应该排斥在外，并且随时要考虑谁有权进入的问题，这些都有着无须明言的原则和公之于世的规定，有着各种内在的规律性"[10]。

"具有报纸、电视那样的适切性并不是大学的职责"[11]，当下选修课时有肤浅的知识、浅层次的课堂体验，缺乏基本的学术性，甚至使人不禁生出"何以为课"的疑问。一是琳琅满目的选修课中出现了"爬树课""烘焙课"等日常技能的课程。"目前有些选修课从虚构的作品中找依据，从故事中找灵感，一味迎合新潮与新奇，长此以往，会造成学风浮躁，改变做学问的严谨态度，导致对学术敬畏感的逐步丧失。"[12]如果要学习这些技艺，学生社团应该是合适的场所。二是通选课"易被诟病为通俗课——用浅显的方式向非专业学生讲授一些有趣的问题以及学科里的非科学的故事和史话，或通论课——泛泛地讲授本学科的整体概念、结构与方法，点到为止"。[13]也就是说，选修课的内容并不是教师科研成果的转化。三是许多大学对开设选修课的教师条件要求普遍较低，出现了低学历、低职称行政人员、辅导员大量开设选修课的现象。四是由于选修课程的开设门槛较低加剧了开课随意性，一些课程缺乏持续性，导致大学课程库中有一批"沉睡"课程。

3. 弱化师生关联度

大学最有意义的莫过于师生的"教育关系"。教育发生在关系中、互动中，在于师生的互动，也在于朋辈的互动。但选修课中各类互动都较少。在选课环节，学生选择某一门课程主要依据其是否容易获得学分，而学生一旦选定教师，教师通常再没有选择学生的权利。在教学环节，由于选修课规模较大，课程教学往往以讲授为主，师生之间难以互动，学生之间互动也少。而且选修课作业较少、考核容易通过，学生也没有与教师进行课后互动的诉求。此外，选修课的意义还在于使不同学院、不同专业的学生可以在同一个课堂学习，促进跨专业的交流。但实际情况却是在一起学习后，学生并没有扩大互动、交往范围的机会和冲动。在选修课中，师生关系功利性较强，学生意在获得学分，而教育性较弱，师生之间、同学之间联系松散。弱关联能够满足学生获得高分的诉求。同时，学生对教师的教学评价也会予以高分，这就带来了教师评分和学生评分的教学相"涨"。

三、选修课的功能回归

如何推进选修课良性发展，其关键在于反映学生的兴趣与需要，确立真正体现"学生为中心"的选修制。

1. 构建制度群，完善选修规则

选修课有效运行，需要一套制度保证。选修制是一组制度群，由选修课学习的激发性制度、指导性制度、选择性制度、约束性制度构成。学生的自由选择，旨在激发学生学习的内生力。而导师制意在指导学生有针对性、科学地选课，而我们更要关注与选修制并存的约束制度。"有限度的学习自由，才是一种更'合理'的自由，无限度的学习自由不符合教育发展和人才培养的规律。"[14] 选课制在给予选择权的同时，还应采用严格的过程淘汰制，同时规定学生对选定的课程考核不合格需要重修该任课教师下一轮授课。

对于大学的选修课制度建设，教育主管部门或行业组织要出台选修课管理的指导意见，自上而下指导大学选修课建设。就大学而言，要出台选修课管理办法，建立全流程选修课管理办法，包括课程规划、课程设置、课程审核、课程教学、课程考核等各个环节，要求与必修课同等重视、同等学术水准、同等考核标准。就开设选修课的院系而言，要预先提供完整的课程介绍、课程目标、教学进度安排及要求、评分标准以及授课教师的学术水平与教学评估情况，供学生在选课时参考。

2. 优化选择机制，形塑主体行为

选修课的选择机制存在三种形态，即大学选择、教师选择、学生选择，三者之间互动关联。大学选择是教师选择的前提，教师选择是学生选择的前提，学生选择促进大学选择、教师选择的优化。其一，大学选择。大学在回应科技进步、社会需求时，需要选择合适的知识进入或成为选修课。大学要制定选修课准入退出的标准，遴选优质选修课、淘汰

低质选修课。其二，教师选择。教师在选修课中拥有较大的教学自主权，面临如何使用自主权的选择。某一门选修课在一所大学中经常是独立的存在，在建设过程中面临许多困难，教师没有团队支持、没有参照标准，主要靠个体摸索。大学可以分类建设选修课，根据选修课性质成立课程组，以团队方式促进课程建设的组织化程度，帮助教师有效使用教学自主权。其三，学生选择。学生被赋予选课权时，面临如何选课、如何学习选修课的决策。学校应提供充分的信息，引导学生理性选课，理解学分、分数作为"符号资本"背后的意义，正确使用学习自由权。优化选择机制，重在发挥学生理性选择的功能，促进教师不断改进课程，实现选修课优胜劣汰。

3.基于学习本原，遵循运行逻辑

选修课充分体现了以学习者为中心的理念，代表着课程建设发展的方向。由于实施过程中生发的异化现象，消解了教与学之间的张力，在"不教"与"不学"之间达成了和解，而这恰恰引起了选修课合法性存在的质疑。为了回归选修课教与学的本原，必然要求遵循选修课的运行逻辑。选修课的逻辑起点和逻辑终点在于学生学习，教师的"教"是为了指导、引起学生的"学"，为学生提供有差异的教学供给，即"教学供给—学生获得"，从有效实现学生获得的角度回溯、反推教学供给的不断优化。教学供给至少应包括三重要素：制度供给、课程供给、课堂供给，制度供给和课程供给是课堂有效供给的保障，课堂供给是教学供给最直接的体现。基于"教学供给—学生获得"框架，选修课有着特有的大学选择、教师选择、学生选择所形成的三种选择形态，这三种选择机制调节着"教学供给—学生获得"二者的关系。因此，从学生视角出发，选修课建设应该遵循"供给—选择—获得"的运行逻辑。

参考文献

[1]教育部关于加快建设高水平本科教育　全面提高人才培养能力的意见[EB/OL].（2018-10-8）www.moe.gov.cn/srcsite/A08/s7056/201810/t20181017_351887.html.

[2]徐志强.哈佛大学课程改革时期培养目标的历史演进[J].现代大学教育,2016(4):55-63.

[3]胡建华等.我国高等学校教学改革30年[J].教育研究,2008(10):11-20.

[4]张红霞,吕林海,孙志凤.大学课程与教学:原理与问题[M].北京:教育科学出版社,2015:221,221.

[5]菲利普·G.阿特巴赫.比较高等教育:知识、大学与发展[M].教育室,译.北京:人民教育出版社,2001:90.

[6]蔡先金.大学学分制的生成逻辑[J].高等教育研究,2006,(6):8-18.

[7]马凤岐.建设"金课"是提高通识教育质量的关键[J].高校教育管理,2019(4):57-63.

[8]纪德奎,姚军.从"潮课"现象看高校选修课程开发的困惑与抉择[J].高等教育研究,

2013(7):65-69.

[9]刘云杉.自由选择与制度选拔:打造高等教育时代的精英培养[J].北京大学教育评论,2017(4):38-74.

[10]皮埃尔·布迪厄,华康德.实践与反思——反思社会学导引[M].李猛,李康,译.北京:中央编译出版社,2004:134.

[11]约翰·S.布鲁贝克.高等教育哲学[M].王承绪,郑继伟,张维平,徐辉,张民选,译.杭州:浙江教育出版社,2001:58,104.

[12]陈向明.从北京大学元培计划看通识教育与专业教育的关系[J].北京大学教育评论,2006(3):71-85.

[13]同上.

[14]蔡先金.大学学会制的生成逻辑[J].高等教育研究,2006,(6):8-18.

(本文系2023年度全国教育科学规划教育部重点课题"理性选择制度主义视域下我国大学选修制实施困境研究"(DIA230440)资助项目成果。)

恪守本科教学的规矩与底线

兰州交通大学　张友鹏

【作者简介】

　　张友鹏，男，教授，2014年至2024年担任兰州交通大学教务处长，2017年兼任本科生培养质量委员会主任；甘肃领军人才（教育领域，第一层次）、国家一流专业建设点负责人、教育部虚拟教研室建设试点负责人、教育部本科教学审核评估及专业认证（评估）专家。主持完成国家自然科学基金2项、国家铁路集团科技项目及子课题6项；作为主要完成人荣获国家教学成果（本科）二等奖1项（排名第三），甘肃省教学成果一等奖1项、二等奖3项，甘肃省科技进步二等奖1项、三等奖3项。

　　兰州交通大学（原兰州铁道学院），创建于1958年，由北京铁道学院（现北京交通大学）、唐山铁道学院（现西南交通大学）主干系科成建制迁兰组建而成，为我国第三所铁路本科高校。学校长期依托行业办学，被誉为"铁路工程师的摇篮"，新时期服务交通强国战略，致力培养铁路及轨道交通建设人才。本人曾于2003—2006年担任学校教务处副处长，2006年6月起担任自动化与电气工程学院院长，2014年12月重返教务处履行教务处长职责。深感人才培养责任重大，尽心尽力履职不敢懈怠，仅就恪守本科教学规矩与底线，谈谈个人之见。

一、赓续"严要求"的百年交大传统

　　"严要求"是中国交通大学的优良传统，也是本科教学管理的鲜明特色。"严要求"的核心要义就是教学规范，要求严格，教学规章制度详细完备，师生共同遵守，教学管理讲规矩不讲情面，这是学校办学的一种沉淀，更是一种文化，体现了以课程教学质量为重、学生学习成效为先的教育理念，渗透着对学生的关爱和期许。学校初建时，来自京、唐两校的一批老教授学富才高，居室简陋，严格执教，承传"严要求"风范，对学校教育教学产生了直接而深刻的影响，由此立下了本科教育教学的规矩，开启了严谨治学的风气。学校在60多年办学过程中承扬老交大的优良教育教学传统，逐步形成了"严谨治学、严格要求、严格训练"的教学特色，培养了大量的轨道交通人才，赢得了良好的社会声誉。

新时期党和国家对高校人才培养提出了新的更高要求，高校教学管理面临挑战与机遇并存、希望与困难同在的局面。为保证人才培养目标有效达成，需要建立更加完备的教学质量保障体系和闭环质量监控体系，强化规矩意识和底线思维，这既是老话题，也是新课题。从近年来参加本校本科教学审核评估和省内外高校调研考察的情况来看，本科教育得到了普遍重视和加强，但制度建设和规矩底线方面尚有短板。存在的相关突出问题：一是教学管理制度还不够健全，特别是适应新时代人才培养要求的新"规矩"还没有完全立起来，即便是写在文件里的一些制度标准也缺乏有效的执行，尚需进一步"落细、落小、落实"。二是混学、混教、混管现象依然存在，个别教师红线底线意识不强，课堂教学方法方式创新不足；执行"规矩"不够严肃认真，导致教学事故时有发生；教学过程实证文档抄袭造假，在师生中造成不良影响。三是存在违背教育教学规律与常识的现象，如课堂教学只强调知识传授疏于课程思政的"失责"行为、教学活动随意降低标准偷工减料的"放水"行为、取悦学生考试毫无底线送分的"媚俗"行为等。

欲知平直，则必准绳；欲知方圆，则必规矩。规矩标准是教学活动的基本准则，具有普遍约束力。规矩标准不是一成不变的，需要根据人才培养的新要求不断地调整完善。这项工作我们过去在做，现在和将来还要去做。新时代面向国家交通强国战略需求，培养更多更好的轨道交通人才，关键在于严把教学质量关，握紧规矩"标尺"和底线"戒尺"，唯有如此，才能面对高等教育发展的新形势和新要求，始终保持教务管理定力，牢牢守住人才培养质量的办学生命线，保证学生严进严出，成长成才。

二、严守教学规矩与严把质量标准

当下高校教学组织管理面临的一项重要任务，就是贯彻落实习近平总书记关于教育的重要论述，依据全国教育大会、全国高校思想政治会议、新时代全国高校本科教育工作会议精神和《教育部关于加快建设高水平本科教育　全面提高人才培养能力的意见》《高等学校课程思政建设指导纲要》，遵循教育教学规律，遵循学生成长成才规律，遵守教育教学常识和公序良俗，把教学规矩全面立起来，让制度标准更加严起来，为落实立德树人根本任务、提高人才培养质量提供有力保障。

1. 坚守教书育人不可逾越的底线

学校在全体教师中开展"立德树人"系列主题教育活动，严格执行教育部《新时代高校教师职业行为十项准则》，教师考核评价"破五唯"，重看教育教学实绩，实行师德失范一票否决制。针对教学检查发现的一些不规范行为和随意现象，明确提出"不违规、不造假、不偷工、不放水、不抱怨"的教学底线要求，学校本科教育工作会议上再次明确重申了"学术研究无禁区，课堂讲授有纪律，公共言论守规矩"的教师职业工作要求，坚守"课比天大、课堂神圣"的课程教学理念，营造了热爱教学、敬畏教学、潜心教学、良心教学的良好风尚和教育教学生态环境。引领广大教师恪守初心使命，遵从公序良俗，知敬畏，存戒尺，守底线，以高尚的品格、精湛的教学和严格的要求教育影响学生。

2. 严把本科教育质量标准

近年来，学校贯彻学生中心、产出导向、持续改进理念，对标教育部"新时代高教40条""质量22条"，以"严、细、实、高"为原则，重新设计构建涵盖本科教学各环节的质量标准体系。一是全面研制和修订专业建设质量、教学管理质量、课堂教学质量、课程考试质量、本科生毕业质量的基本标准与规范，附以标准细则和规范示例，增强可执行性和可操作性；二是制定实施《兰州交通大学课程思政建设工作方案》，要求将思政元素有机融入教学章节、模块、知识点和学业评价等教育教学全过程各环节，规定各级教学名师、教学团队负责人等必须主持一门次课程思政示范课，所有任课教师都要主动成为课程思政改革的承担者和实施者；三是重塑教学规范与流程，重点修订教学工作规范、教师教学各环节的基本要求、教学过程文档（资料）管理办法等，置入教育部新的规范、标准与要求；四是新制定或完善本科教学主讲教师资格审批、新开课与开新课、跨校选课、调（停）课、重修管理、学业预警、指导帮扶、本科生毕业及学位授予、教学事故认定与处理等教学管理制度，共有40多项；五是建立包括各级领导干部听（看）课、系（教研室）主任听（看）课、督导员评价、学生评价以及毕业生座谈反馈、教学评价信息反馈的本科教学监控分析与持续改进机制。新修订的《本科生学业指导手册》汇编成册，印发执行，并从2020年起向全体新生发放。我们的思路是：把"规矩"挺在前面，把"标准"亮在明处，制度不立，无有所依，规矩不全，依有所缺，必要的教学管理制定规定虽繁而不省。依靠教师提高本科教学质量，激励性政策和约束性制度同等重要，不可偏废。

3. 强化专业人才培养方案与课程大纲刚性指导

专业人才培养方案是组织一切专业教学活动和从事教学管理的主要依据，对本科教育教学全过程具有刚性指导作用。2020年全面启动2021版本科人才培养方案修订工作，各教学单位依据本科专业类教学质量国家标准，按照教育部新工科新文科建设要求，在深入研讨、论证、分析2017版的基础上，优化了各专业的培养目标和毕业要求，制定了《毕业要求对培养目标的支撑关系矩阵》和《各类课程与毕业要求的支撑关系矩阵》，明确了每门课程的教学目标及具体的教学内容、教学组织方式及课程目标达成评价方法和持续改进机制。

基于对专业人才培养方案与课程大纲关系的分析研究，提出将课程大纲修订作为人才培养方案修订的重要组成部分，力促两项工作同时展开，相互支撑，一体推进，并由教务处负责人担任学校课程大纲主审。在具体操作上，首先梳理列出旧版课程大纲存在的课程目标表述不合理、教学内容与课程目标关系不清晰、对学生学习效果关注不够、任课教师指导责任不明确等八个方面问题，就课程大纲修订原则与注意事项下发了系列文件和补充说明。接着组织召开了课程负责人、大纲撰写人、各学院教学院长三次课程大纲修订培训研讨会，明确了课程目标内容、教学方法、考核评价各部分修订的规范要求。经过反复研讨修改，分层、分类型推出校级、院级、系级（教研室）百余门课程大纲示范模板，带动全校任课教师（3000多门课程）开展覆盖全程全新的课程大纲修订。

此项工作历时一年仍在进行，后续尚有大量工作要做，教师参与面之广，投入精力之大，实为一项费事磨人的大工程，有一些不理解的怨言在所难免。我们以为，课程大纲修订是全体教师对先进教学理念领悟和提升的过程，也是正本清源、修规立标、守正创新的过程，为了固基，为了学生，今天的努力和付出都是值得的。

三、探索教学过程管理的有效途径

标准为先，使用为要。立标准很重要，但不能只将其写在文件里或挂在墙上，更重要的是要让规矩标准使用起来，成为广大师生的共同价值追求和自觉行动。近几年探索创新教学管理模式，重点推进以下工作，作为教学过程管理的有效抓手和实现途径。

1.在省属高校率先开展课程教学全过程实证性评价

自2015年开始实施新修订的《兰州交通大学课程教学质量评价办法及实施细则》。新的质量评价指标由课堂教学质量评价、课程教学全过程实证性质量评价和学生评价三部分构成，更加注重对教师课堂教学及其教学设计、课程大纲、教学过程记录、学生作业、课程设计、考试试卷和成绩评定及课程目标达成分析的全面评价，对教学各环节的规范要求逐一分解细化，设定各子项的权重系数和定性定量评价指标，做到评价过程全程可追溯和评价结果全校公示，引导广大教师关注细节、注重过程、全面提质。五年来累计对学校729名教师课程教学进行了综合评价，教师参评率达到51.34%，优良率为54.87%。学校对获评优良的教师兑现课时津贴系数政策，引导广大教师潜心教学和追求高质量。

2.实行更加严格的考试管理制度

继承交大考风正、考纪严的优良传统，按照"预防为主、教惩结合"的思路，制定出台关于规范期末（期中）结课考试补考的相关要求，进一步规范考试管理，细化考试须知。要求各班级考前召开诚信考试主题班会，各学院和教师规范考试命题、阅卷和成绩评定，严格试卷印刷与管理，全面整顿校内复印点，严格执行学院巡查、督导巡视、监考教师违规通报、学生违纪作弊认定处理等制度，维护考试的严肃性、权威性和公正性。严格的考试管理本身就是对学生的一种教育，强化了学生公平竞争、守诺践约和注重过程学习，学生考试违纪作弊率逐年下降，连续多年四、六级英语考试学生"零作弊"。来校现场考查的工程教育水利水电专业认证专家组评价认为"学校考试严如高考，这是一种好的做法，也得到大多数学生认可"。

3.严把本科生毕业设计（论文）质量关

坚持毕业设计（论文）查重和三级公开答辩制度，2018年在省属高校先行探索开展本科毕业设计（论文）盲审工作，确保《本科毕业设计（论文）工作管理规定》落到实处。近年来，学校在规范指导教师资格认定、选题、开题、日常指导、中期检查、论文撰写、评阅、答辩和成绩记载等方面工作基础上，对毕业设计（论文）全面查重，五年累计有71名学生因查重不合格取消答辩资格。参加校院两级公开答辩的学生每年保持在45%以上，公开答辩要求学生全部到场，现场随机抽取答辩学生，现场评定成绩，对答辩不及格的学生按结业处理。2020年随机抽取722本毕业设计（论文）的盲审通过率为98.75%，2021年继续提高毕业设计送外审比例。上述举措使毕业设计（论文）质量得到保证。

4.坚持新任教师主讲教师资格认定制度

要求青年教师申请本科教学主讲教师资格，先要认真完成一个学期的助课辅导任务，包括随堂听课、答疑辅导、作业批改、试题试做、试卷批改、填写《课程教学过程记录册》等教学环节。再由学校组织教学督导对新任教师助课辅导的过程形成实证记录及对拟讲授课程的教材、教案（教学设计）和讲稿进行评审，评审合格者参加试讲考核。试讲考核由说课和课堂讲授两部分组成，讲授内容从5个教学节段中随机抽取，由省级教学名师组成的评审组打分排序认定结果。在最近的一次57名教师资格认定中，有14位教师认定为不通过。由于学校专业教师数量不足，生师比偏高，主讲教师资格从严认定给教务处造成了很大压力，但作为课堂教学准入的关键环节，必须坚持原则、执行标准。坚持这样做的结果是，主讲教师资格认定为不通过的比例逐次降低，青年教师站在本科教学讲台上的起点越来越高。

5.强化学生学业状态监控

严格执行本科生学业预警、指导帮扶与学籍处理制度，其作为一种教务管理手段，有利于及时掌握学生学习状况，教育督促问题学生，使教务管理人员和辅导员、班主任能够有针对性地开展帮扶工作。为此，编制了学校第一版《本科生学业指导手册》，制作学习困难学生与家长通讯录，与学生家长联动施教，共同帮助学生"找原因，改习惯，重学业"，取得了较好效果。

四、效果及展望

契合新时代高等教育发展要求，学校建立起"质量目标与标准、资源保障、过程保证、监控分析与持续改进"四位一体的本科教学质量保障体系，制度规范更趋完备，广大师生自觉遵守，从而保持了严谨教风和淳朴学风。三年间全校学生考试作弊违纪率从0.2%、0.17%下降至0.11%，受学业警示的学生人数减少30%。据对130个教学班、7200多名学生的问卷调查，96.2%的学生对教师的教学和学习效果表示满意，3.8%的学生表示基本满意。本科教学质量稳中加固，稳步向好，生源质量和专业招生提档线逐年提高。

学校专业人才培养质量得到用人单位的广泛认可，用人单位对人才培养质量的满意度达98.7%。近年来，国家铁路集团有限公司、中国中铁、中国中车等行业企业来校现场招录毕业生，土木工程、交通运输、车辆工程、电气工程、轨道交通信号等铁路特色专业毕业生供不应求。其中，学校每年与中国铁路总公司签约的毕业生保持在1500人左右，占学校每年就业人数的1/4左右，也占该公司每年全国高校招聘计划的1/4左右，成为我国在铁路系统毕业生就业人数最多和比例最高的高校，新时期学校轨道交通人才培养的不可替代性更加凸显。

对一所以本科教育为主的高校来说，规矩与底线是教学活动和师生行为的准绳与边界，必须持之以恒地坚守。我们的工作还有很多不足，如何赋予老交大教学传统新的时代内涵，形成自觉、自省、自律、自纠的教育质量文化，仍需认真思考，努力探索。在依靠广大教师治教治学中，还有待进一步处理好规矩与空间、激励与约束、规定动作与自选动作的关系，守正创新，不懈努力，真正使严格的教学管理成为外界认知学校的符号和窗口，体现学校的内劲和形象，赢得社会的认可和尊重。

高质量发展视域下本科教学管理"三论"

台州学院　金凌虹

【作者简介】

金凌虹，女，副研究员，2020年至今担任台州学院教务处（教师教学发展中心、招生办、师范教育管理办）处长（主任），长期从事高等教育管理工作。主持浙江省高等教育教学改革项目、教育部高教司产学合作协同育人项目等多项，主持或参与教育教学改革项目17项；发表教学改革与研究论文近20篇；作为主要成员获省级教学成果二等奖1项，校级教学成果一等奖2项、二等奖1项。

质量是高等教育的生命线。党的十九届五中全会提出"以推动高质量发展为主题"，强调"建设高质量教育体系"。这是以习近平同志为核心的党中央对教育提出的新定位、新论断、新要求，也是我们在新的历史条件下发展教育的总纲领、总方针、总遵循[1]。作为地方高校，要在把握高等教育内外形势的基础上，坚持应用型办学定位，扎实推动学校高质量、内涵式发展，是时代的要求也是历史的责任。教学管理业务部门需要在理念上与时俱进，在方法上科学理性，在实践中大胆探索。现基于本人的管理经验，谈一下如何推进应用型本科教育教学改革。

一、高质量发展的时代内涵

1.新发展理念引领新发展格局

创新、协调、绿色、开放、共享的新发展理念，深刻揭示了实现更高质量、更有效率、更加公平、更可持续发展的必由之路。新发展理念引领着高等教育的新发展，"双一流"建设如火如荼，卓越拔尖人才培养计划2.0落地实施，"双万计划"全面展开，新一轮的本科教育教学审核评方案已试点，教育评价改革综合施策等。

2.高等教育进入新时代

当前我国高等教育已进入普及化阶段，高校需要面对世界百年未有之大变局和中华民族伟大复兴战略全局，要适应新时代社会主要矛盾变化，在国家需求中找方位开天地，实现内涵式发展[2]。《中国教育现代化2035》明确教育现代化的基本原则之一是坚持统筹推进，并将提升一流人才培养与创新能力作为十大战略任务之一，提出要分类建设一批世界一流高等学校，建立完善的高等学校分类发展政策体系，引导高等学校科学定位、特色发展。

3.更加注重教育改革的系统性与协同性

习近平总书记指出，"全面深化改革，全面者，就是要统筹推进各领域改革"。要用系统思维、全局意识和全球视野认识改革，用普遍联系观点设计改革，用统筹兼顾办法推进改革，进一步增强改革的系统性、整体性、协同性[3]。教育教学改革势在必行，教育教学改革需要顶层设计，教育教学改革需要关联性研判，教育教学改革需要渐进与突破相促进。

二、高质量发展的寻位与定位

1.寻位：应用型

《国家中长期教育改革和发展规划纲要（2010—2020年）》提出高等教育应优化结构，建立高校分类体系，实行分类管理，以促进高校在不同层次、不同地域办出特色。以史秋衡教授为首席专家的教育部哲学社会科学研究重大课题攻关项目"高等学校分类体系及其设置标准研究"认为，按学术科研水平可分为知识创新的研究型高校、知识应用的应用型高校，此分类受到学者和管理实践者的推崇[4]。应用型高校作为一个类别逐渐在高等教育界形成共识。2015年4月16日，浙江省教育厅、浙江省发展和改革委员会和浙江省财政厅联合下发《关于积极促进更多本科高校加强应用型建设的指导意见》，强调"以立德树人为根本，以深化改革为动力，以强化学校特色发展为重点，以服务地方创新发展和毕业生就业创业为导向，以培养产业转型升级和公共服务发展急需的高素质应用型人才为目标，试点先行、示范推动，推动更多本科高校加强应用型建设，加快推进高等教育人才培养与经济社会转型升级、创新发展深度对接，努力构建定位准确、结构合理、分类发展、相互衔接、特色鲜明的现代高等教育体系，为我省经济社会发展提供强有力的人才支持和科技支撑"。同年，42所省内高校申报省应用型建设试点示范高校，首批10所获批试点。

2017年，教育部《关于"十三五"时期高等学校设置工作的意见》提出，"以人才培养定位为基础，我国高等教育总体上可分为研究型、应用型和职业技能型三大类型。应用型高等学校主要从事服务经济社会发展的本科以上层次应用型人才培养，并从事社会发展与科技应用等方面的研究"。2018年8月，中共浙江省委、浙江省人民政府《关于全面实施高等教育强省战略的意见》明确提出"加快示范性应用型大学建设"。2019年1月，浙江省第二批应用型建设试点示范高校公布，台州学院列为应用型建设试点示范高校。

2.定位：地方型、应用型

明确历史方位，是谋求发展的前提。教育部2020年教育统计数据显示，全国现有普通高等学校2738所，1270所本科院校中地方本科院校1156所，占91%，教育部门公办的地方本科院校有640所，占比50.4%，台州学院是这半壁江山中的一员。地方本科院校大多定位在应用型，台州学院也不例外，明确将"地方型、应用型"作为核心办学定位。潘懋元团队研究认为"地方本科院校不同于研究型、职业型院校的'本质规定性'在于：它结合学科和行业分设专业，培养面向社会一线的应用型高级专门人才。其以'区域或行业'为主导，以'专业'为主线，以'应用'为主体，以'教学'为中心，以'实践'为载体[5]"。高水平应用型大学以培养应用型人才为己任。据统计，发达国家人才的需求结构比例为：从事科学研究的拔尖人才约占5%，从事设计研发的专业人才约占30%，从事生产、管理、服务等基层一线工作的专业人才约占65%[6]。1981年，联合国教科文组织出版《工程技术人员命名和分类的几个问题》，提出一个描述工业领域人才类型结构及各类人才对理论知识和实践操作能力要求的相对结构图，被称为"职业带理论"。根据这一理论，按知识和技能结构的不同，人才可分为技术工人系列、技术人员（技术师）系列和工程师系列。我国工程师的类型多种多样，可以分为服务工程师、生产工程师、设计工程师和研发工程师四种类型。应用型高校以培养设计、生产、服务工程师为主要目标[7]。

理念及认识上，理性清醒地看待学校的办学定位与历史方位，坚定走内涵式、高质量、特色化发展道路，这是作为教学管理者教育教学理念在新时代的观照下的与时俱进。

三、高质量发展的实践构想

1.方法论："三一思维"

在教育教学理念清晰坚定的前提下，坚持战略导向、目标导向、成果导向和问题意识，即"三导向一意识"，简称"三一思维"，并以此来指导与开展应用型大学的教育教学改革与实践，这是笔者坚信并信奉的管理思路与管理方法。

（1）坚持战略导向。战略导向要求人才培养工作有全局思维、系统观念，从国家层面来看，有科教兴国战略、教育现代化战略；从浙江省层面来看，正推进实施高等教育强省战略，努力成为新时代全面展示中国特色社会主义制度优越性的"重要窗口"；从台州市层面来看，正在全力打造"工业4.0标杆城市"，加快建设新时代民营经济高质量发展强市，争创共同富裕示范区先行市。这些战略是地方高校推进教育教学改革的指南针，地方高校必须紧紧落实、贯彻与体现这些战略。台州学院在第三次党代会上明确提出了特色立校、人才强校、开放兴校、文化铸校四大战略，明确了"申硕升格创一流"三步走发展战略，推进教育教学改革与实践必须融入学校的发展战略中，也是发展战略的内涵所在。

（2）坚持目标导向。目标是行动的方向，要构建层次清晰、依次递进、互为支撑的目标体系，高校有办学目标、学院有发展目标、专业有培养目标、课程有课程目标、课堂有教学目标，这五个目标是依次递进、互为支撑的，上一级目标可分解为若干个下一级目标，且需要下一级目标来落实与体现，下一级目标则支撑与检测上一级目标，只有下一级目标达成了，上一级目标才有实现的可能。台州学院的办学目标是创建国内一流、国际上有良好声誉的高水平应用型大学，着力培养高素质、创新性的应用型人才，下设的53个本科专业均围绕这一办学目标与培养目标，确定专业培养目标、构建课程体系，每门课程均落实与支撑培养要求、落实与支撑培养目标，而每一堂课、每一项活动的教学目标，则是课程目标的分解与落实，同时支撑课程目标。

（3）坚持成果导向。高校办学水平体现在取得系列的标志性成果上，坚持成果导向就是要求注重教育教学改革、教育教学研究与实践，注重成果培育、凝练与积累。标志性的教育教学成果一般指省部级及以上的成果，如教学成果奖、一流专业、一流课程、优秀或规划教材、示范性产业学院、产教融合基地、产学研用共享实践教学基地、重点实验室、国家级学生科技竞赛、大学生创新创业竞赛、教学改革与研究项目、产学合作项目等等。当然，学生高质量就业创业是最直接、最重要的教育教学成果，包括毕业生继续深造率、优秀或杰出毕业生的涌现机制等。

（4）坚持问题意识。问题是时代的声音。高校办学及人才培养一定要有问题意识，坚持从问题出发，善于辨别教育教学中的"真问题"，注意厘清"问题域"的边界，创新解决问题的思路和方法，着力解决教育教学及管理工作中的真问题、复杂问题、疑难问题。

2.实践论："43-321"推进构想

刘献君认为"高校是理念组织、学术组织，是高层次人才的集聚地[8]"。有学者认为，"往往，看不见、摸不着的东西决定事物的本质和命运"。关于第一生产力的理论，已经由科学技术是第一生产力，发展为制度是第一生产力，因为制度高于技术，现在学界则认为理念是第一生产力，因为制度是理念的物化状态，理念高于制度。任何实践都是在实践主体的理念指导、支配下开展的活动，所以理念是最具体的实践。

作为教学管理部门负责人，更需及时更新教育教学理念，在"三一思维"指引下，主动设计并积极推进教育教学改革，"迈小步不停步""步稳蹄疾"，稳步提升教育教学水平和应用型人才培养质量。具体的教育教学管理实践中，则从工作推动的角度践行"43-321"，即"四新三大-三路径两重点一中心"，推动地方本科高校的人才培养走向高质量发展。

（1）"四新"指新工科、新文科、新医科和新商科建设

"四新"的"新"不是新旧的"新"，而是创新的"新"。"新"要体现在专业人才培养

理念的更新上，体现在专业培养模式的个性化和适切性上，体现在培养方案的重构与共建上，体现在课程内容的整合与更新上，体现在教学评价的科学性与合理性上，体现在人才培养利益相关者的协同育人合力上。为什么把商科从文科中单列？因为台州是国家小微金融改革示范区，学校开设有金融学、国际经济与贸易、工商管理、市场营销等专业，商科专业发展有着较为肥沃的土壤。

推进"四新"建设中，坚持在"新木桶理论"的框架下开展教育教学改革。"新木桶理论"是一种基于核心专长的发展新理论，强调扬长避短，重在经营优势，打优点、打一点。而不是"木桶理论"所强调的填平补齐，重在经营劣势，把薄弱环节搞上去，打缺点、打多点。各学院、各专业要重在经营特色、打造品牌，发挥所长、特色发展。

（2）"三大"指大通识、大实践和大质量

"三大"的"大"不是大小的"大"，而是博大的"大"。"大"既是育人视野的更宽广，更是跨界整合校内外、政府与行业的资源，用系统思维去重构通识教育体系、重构实践育人体系、重构质量保障体系。学校正修订完善并拟出台通识教育改革方案、实践教学综合改革方案和质量标准与实践监控体系管理办法。如通识教育改革方案，我们聚焦学生的综合素质培养，融合课内外、校内外及国内外的资源，将除第一课堂外的教育教学活动统筹规划，提出"和美精进"的通识理念，构建五育并举、六方融合的通识教育体系，从运行管理、激励机制上加以保障。

（3）"三路径"指以课程思政、产教融合、专业认证为改革路径

路径一：课程思政。课程思政就是通过课程达到育人的目的，要做到思想政治教育与专业教育同向同行，使得课程"门门有思政"，这是落实立德树人根本任务的必然要求。学校制订并实施课程思政建设工作方案，搭建"1+6"课程思政教学研究中心，即校级层面建立课程思政教学研究中心，依托各二级学院分设了文史类、经管类、教育类、理工类、医学类、艺术类课程思政教学研究分中心，充分发挥研究中心的作用，争创省级课程思政示范校。

路径二：产教融合。产教融合是培养应用型人才的重要途径。推进产教深度融合就是要推进协同育人、开放育人，充分利用产业行业优势与资源，发挥行业产业的育人主体作用。台州学院扎跟地方主导产业和新兴产业，自2019年开始布局产业学院建设，已陆续成立台州湾生物医药产业学院（头门港产业学院）、奇安信网络空间安全产业学院、杰克学院、台州小微金融学院、浙江省建筑业台州现代产业学院等14个产教融合型产业学院，在校企共建共育共享上走出了一条具有自身培养特色的建设之路。

路径三：专业认证。"专业为王"的时代，专业认证是人才培养质量获得国内及国际实质等效的主要途径，是提升专业建设水平和人才培养质量的有力抓手。我国已经建立起合格—优秀—卓越三级专业认证体系，并已在工程教育认证、师范专业认证、医学专业认证等方面打下良好扎实的工作基础。地方高校要促使"学生中心、产出导向、持续改进"

理念深入人心，争取有更多的专业通过专业认证。

（4）"两重点"指重点抓课程和教师

高校教育教学改革改到深处是课程，改到难处是教师。一流的应用型大学需要一流的本科教育，一流的本科教育需要一流的课程、一流的师资。如果把大学比喻作经营餐馆，那么培养方案就是"菜单"，课程就是各式各样的"菜"，教师是掌勺的"厨师"。菜品的好坏优劣主要取决于厨师的料理与烹饪水平。其重要性不言而喻！"课大于天"，而"教师是大学的主体"。

要以一流课程建设为指向加强"金课"建设，建立分类分层分级的课程培育机制、立项建设机制和认定机制。教师是高校的第一资源，是人才培养的核心要素，要高度重视教师的教学能力、专业发展与终身学习。管理过程中要充分尊重教师的主体地位，尊重教师的教育教学自主权，以事业留人，以情感聚人，以制度保障与激发教师从事教育教学的积极性和主动性。

（5）"一中心"指坚持以学生为中心

1998年10月，联合国教科文组织在巴黎举行的世界高等教育大会发表的《"21世纪的高等教育：展望与行动"世界宣言》，明确提出以学生为中心的理念。《宣言》指出，"在当今这个日新月异的世界，高等教育显然需要有以学生为中心的新的视角和新的模式"，要求"国家和高等院校的决策者应把学生及其需要作为关心的重点，并应将他们视为高等教育改革的主要的和负责的参与者。这应包括学生参与有关高等教育问题的讨论、参与评估，参与课程和教学法的改革，并在现行机制范围内，参与制定政策和院校的管理工作"。蔡克勇认为，以学生发展为本，就是要使学生对教育享有"参与性"和"选择性"[9]。

教育教学的中心应该从教师、教学、教材的"三中心"转变为学生的学习体验、学习成效、全面发展的"新三中心"。围绕学生的成长成才，以学生的学习体验为中心、以学生的学习成效为中心、以学生的全面发展为中心。以学生为中心不能停留在口号上、停留在文件里，而是要体现到学校的制度设计、专业设置、课程教学、教学评价中，体现到校园环境设计、后勤保障与服务中，体现在教职员工的一言一行中。

四、结语

地方本科院校人才培养工作纵向上讲，需要学校、学院（或专业）、教师（或课程）三个层面形成理念与压力的贯彻与传导机制，学校层面的工作在于明确办学定位、培养理念和培养框架，核心是培养理念；学院（或专业）层面的工作在于明确培养模式、培养方案、平台搭建，核心是培养方案；教师（或课程）层面的工作在于明确教学目标（或课程目标）、教学模式、教学资源建设（含教材），核心是教学模式。在理念与执行之间，制度是中介、是桥梁、是载体。

横向上讲，需要各个部门均增强人才培养是学校的基础工作，本科教育是学校的中心工作，各部门要形成育人合力，共同服务、支撑与保障人才培养工作。要充分信任与发挥二级学院的育人主体作用。正如教育部部长怀进鹏所言，要"善于从政治中看教育，善于从民生上抓教育"。大至国家、小至一所高校教学管理部门，莫不如是。

参考文献

[1]谢树华.建设高质量教育体系中地方高校发展的战略思考与路径选择[J].中国高等教育,2021(12):22-24.

[2]马陆亭.推动"十四五"时期高等教育的高质量发展[J].中国高等教育,2020(23):1.

[3]《习近平总书记教育重要论述讲义》编写组.习近平总书记教育重要论述讲义[M].北京:高等教育出版社,2020.

[4]史秋衡.国家高校分类体系及其设置标准实证研究[M].北京:科学出版社,2016.

[5]潘懋元领衔的课题组.做强地方本科院校——地方本科院校的定位与特征研究[J].中国高教研究,2009(12):15-19.

[6]张大良.把握"学校主体、地方主责"工作定位　积极引导部分地方本科高校转型发展[J].中国高等教育,2015(10):23-29.

[7]阙明坤,史秋衡.应用型高校设置框架与制度保障[J].中国高等教育,2018(6):55-57.

[8]刘献君.高校决策的若干特点及其应对方略[J].大学教育科学,2021(2):4-10.

[9]蔡克勇.以学生全面发展为本——一个重要的教育理念及教育改革[J].高等教育研究,2000(5):11-16.

把深度思考、系统实践与成果凝练统一起来

巢湖学院　丁俊苗

【作者简介】

丁俊苗，男，教授，曾于2018—2022年任巢湖学院教务处长，现任巢湖学院党委委员、副院长，长期从事文学典籍注释与高等教育管理工作。已发表文学典籍注释研究类文章10余篇，出版专著1部。主持安徽省重大教育教学改革研究项目3项，获"以能力为导向的人才培养模式改革""全面融入、系统推进——巢湖学院'一轴两翼四驱'创新创业教育体系实践与研究"等省级教学成果奖一等奖多项。

当前国家正由高等教育大国向高等教育强国迈进，"十四五"期间要建设高质量教育体系，高等教育改革发展的任务越来越艰巨，要求也是越来越高。教务处是高等学校教育教学管理的职能部门，落实国家政策，不断提高立德树人成效是其职责和使命。如何做好教育教学管理工作，切实提高立德树人成效，是每一位教务处长需要时时思考的理论和努力实践的重大问题。在长时间的教育教学管理过程中，对教学管理认识不断深化，认为应努力把结合实际深度思考、抓住主线系统实践与总结反思凝练成果贯穿统一起来，纵深推进、螺旋上升，不断提升教育教学管理水平。下面结合工作实际，简要阐述，以与同行交流分享，共同提升教育教学管理能力和立德树人成效。

一、结合实际深度思考

中国高等教育发展的整体情况是沿着规模扩大到质量提升的路径发展的，规模不断扩

大，以解决上大学难的问题，质量不断提高，以解决上好大学难的问题。在这一快速发展过程中，国家不断提出新的发展目标，出台新的政策。但高校的类型多，情况复杂多样，对于每一所高校来说，如何紧跟形势、准确把握国家政策就是一个重要而迫切的问题。如果对国家政策认识不到位、不深刻，把握不全面、不准确，就势必会影响到实践的进程和成效。

1.结合实际理解政策

笔者所在高校是一所地方高校，创建于1977年，前身是师范专科学校。2002年4月，经教育部批准，升格为本科院校。2013年6月，顺利通过教育部本科教学工作合格评估。2018年12月，参与教育部本科教学工作审核评估，获好评。地方高校一般建校时间不长，基础较为薄弱，如何建设和发展，是地方高校急需破解和回答的理论和实践问题。在实践中，诸多地方高校都提出应用型办学定位，立足地方，以服务区域经济社会发展为导向，以培养高素质应用型人才为目标。一批新建的地方本科高校主动成立联盟，每年举行会议，研究探讨地方应用型高校的建设和发展问题①。2015年，教育部、国家发展和改革委员会、财政部印发《关于引导部分地方普通本科高校向应用型转变的指导意见》（教发〔2015〕7号），引导部分地方本科高校向应用型高校转型发展，"推动转型发展高校把办学思路真正转到服务地方经济社会发展上来，转到产教融合校企合作上来，转到培养应用型技术技能型人才上来，转到增强学生就业创业能力上来，全面提高学校服务区域经济社会发展和创新驱动发展的能力"。[1]

有了一定应用型办学经验的积累，也有了国家文件的明确指导，按常理，地方本科高校向应用型高校转型发展就是一件轻松的事了。但由于思想认识、办学传统等诸方面原因，就地方高校具体情况来看，实际上转型发展是一件非常困难的事，深度转型更是难上加难。因此，作为教育教学管理者，一方面要认真学习领会国家政策出台的背景、提出的目标以及工作任务等；另一方面，更重要的是要结合实际，认真思考在落实国家政策中存在的困难、顾虑，明确问题症结之所在，不能简单套用上位文件，不加深度思考。经过深入分析，笔者认为地方本科高校的转型发展可以归结为五个基本问题，并撰文论述[2]。这五个基本问题是：为什么要转型发展、朝什么方向转型发展、怎样实现转型发展、能不能实现转型发展、不转型发展会怎样。与此五个基本问题对应，地方本科高校在转型发展中也有五个方面的顾虑：担忧丧失大学的独立性、担忧丧失大学的学术性、担忧丧失大学的自主性、担忧丧失大学的人文性、担忧丧失大学的多样性。在转型发展过程中，这五个方面的担忧如果理论上不能做出令人信服的解释，实践中不能妥善地处理好，不但会延缓转型的步伐，更会危及转型的成功，甚而至于现代高等教育体系的建立。但有了这样的思考和分析，就能有针对性地在理论和实践方面有效破解。

---

① 截至2020年，全国新建本科院校联席会议暨工作研讨会已召开二十次。2020年全国新建本科院校联席会议暨第二十次工作研讨会在山东潍坊学院举行。

2.深度思考关键问题

政策和理论上都认为应用型高校是一种高校类型，但什么是应用型高校，什么是"应用"，必须从外延和内涵方面进行深度分析，廓清界限，明确内涵。

应用型高校既然是一种高校类型，那其与其他类型高校的区别究竟在什么地方，就必须就要思考清楚（或至少有一个相对明晰的边界）。笔者认为，高校有类型、层次的不同，研究型大学以培养学术型人才为主，应用型高校以培养应用型人才为主，而高职高专以培养技术技能型人才为主。以培养学术型人才为目标的研究性大学，重点应以理论创新和发明创造为目标，努力把教育教学和学术研究紧密结合起来；以培养应用型人才为目标的应用型高校，应以知识应用和技术研发为目标，努力把教育教学和解决社会、生产中的实际问题结合起来；以培养技术技能型人才为目标的高校，应以技术改良和工艺优化为目标，以解决生产实践中所在岗位遇到的问题为切入点，努力把教育教学与技术技能训练结合起来。不同类型、层次高校的特点及其人才培养目标结构如下：

表1　不同类型、层次高校人才培养目标

学校类型与层次		人才培养类型	人才培养目标
研究型	重点大学	学术型人才	理论创新与发明创造
应用型	一般本科	应用型人才	知识应用与技术研发
	高职高专	技术技能型人才	技术改良与工艺优化

应用型高校，其关键词是"应用"，尽管从外延方面，国家政策或有关文献对"应用"有所描述，但应用型高校的"应用"内涵究竟是什么，其与有用、实用等的区别是什么，则语焉不详，如果理论层面对"应用"的内涵不甚了了，那就必然影响应用型人才的培养乃至评价。何为"应用"？首先要澄清与之相关的"有用""实用"几个概念之间的关系。"有用"，就是有用途、有价值，一般意义上讲，任何事物都是有用的、有价值的，一草一木，甚至垃圾，只不过用途有现在和长远、价值有大和小之分。具体到高校的学科、专业、课程，无论是理工、经管，还是文史类的，都是有用的。"实用"，是指有实际的用途，这种用途一般具有当下性和现实性，也就是运用之后，会产生直接的或立竿见影的效果。而"应用"，则是指把学到的知识，通过一定的方式和途径，去解决现实生活或未来发展中的问题。辨析起来，有用的东西不一定实用，如长线的文史一类学科专业，其有用性是不容置疑的，但其实用性就可能比不上工科和经管类专业。但不管是有用还是实用，则都可以是应用的，都能服务社会，造福人类。应用型办学，必须深入分析"有用""实用"和"应用"之间的关系，一方面不能简单地把"应用"等同于"实用"，在学科专业调整中，生硬地把文史一类长线专业削弱甚至停办，而大力发展实用性强的工科、经管类

专业，以为这就是在向应用型办学转型；另一方面，也不能过分强调学生操作能力或技术的培养，把学生送到企业一线实践或顶岗实习，而削弱知识的学习和科学、人文精神的培养，以为这就是在培养应用型人才。

应用型人才应该具备哪些能力，潘懋元指出，"通过实践性教学的系统严格训练，加强与工作体系、工作过程的对接性，以提高人才的专业应用能力、开发设计能力、技术创新能力和综合职业素养，切实增强人才培养的专业应用性核心竞争力"。[3] 潘先生指出应用型人才的三种能力："专业应用能力""开发设计能力"和"技术创新能力"。为进一步明确应用型人才的能力内涵，潘先生又将应用型人才的能力区分为"专业应用能力"和"关键能力"两类。"专业应用能力包括专业基本技能和专业核心应用能力两部分。专业基本技能是指完成专业工作应具备或掌握的基础性的专门技术技能。专业核心应用能力是指综合运用专业知识，完成专业工作任务所特有的最主要的综合能力。"关键能力"即有效参与正在出现的工作形式及工作组织所必需的能力。关键能力是一般的，所强调的并不是某种具体的专业或职业技能，而是对不同职业的适应能力，即使职业发生变更，劳动者的这些能力依然起作用"。[4] 这些关于应用型人才能力结构的论述，深化了对应用型人才能力的理解。但实际执行起来，依然困难，如"专业应用能力""开发设计能力""技术创新能力"相互之间有重叠和交叉，"专业基本技能"和"专业核心能力"又包括哪些能力。

"应用"是指运用知识去解决问题，并在过程中获得能力。"应用"至少包含三个要素，即知识、能力和问题，其中知识是前提，能力是在实践中获得的，是知识与人的素质的化合，而问题解决是目标，是运用的方向，在解决问题的过程中，又反过来促进知识的学习和创造，三者之间的关系如下图所示：

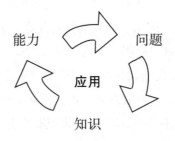

图1　应用三要素——知识、能力、问题关系图

应用型人才培养所要努力的，正是要加强学生运用知识去解决问题的应用能力的培养，而不能仅停留在知识学习的层面，不关注问题，不解决问题。解决问题的应用能力，至少包括递进的三个层面的转化：知识转化为作品、作品转化为产品、产品转化为商品，如下图所示：

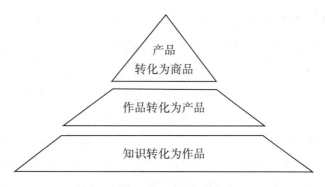

图2 解决问题的应用能力转化图

应用型人才的培养，要着力培养学生将知识转化为作品的技术技能、作品转化为产品的创新能力、产品转化为商品的创业能力，评价应用型人才的质量，也应该从这几方面进行测量，而且越是高质量的应用型人才，其作品转化为产品、产品转化为商品的创新创业能力就越强。反之，如果仅停留在知识转化为作品的模拟阶段，甚至连作品都没有的实践教学，那是算不上真正意义上的应用的。从应用的三个转化来看，不仅要求动手实践，跨学科合作，更要求知识、技术、创新和市场思维，要求是非常高的，因此应用型高校绝不是低端，应用型高校是有理由成为特色鲜明的一类高校的。[5]

二、抓住主线系统实践

理论上认识清楚是实践的前提和先导，但政策、理论如何落实到实践中，同样需要认真思考。教育教学和人才培养是一个系统工程，要落实国家政策特别是带有全局性的政策，需要思路清晰，抓住主线系统实践。

1.明确主线整体设计

对应用型高校转型发展问题有了较为全面和深刻的认识后，接下来就要结合实际落实推进。应用型高校转型发展是一个新的问题，涉及教育教学的方方面面，从思想理念、目标任务到具体措施等都需要转型，可谓头绪纷繁。作为教育教学管理者，就需要在头绪纷繁中，抽丝剥茧，结合学校实际，明确主线整体设计，以收到纲举目张的效果。对于一个在师专基础上升格的以师范教育为主的高校来说，其向应用型办学转型发展，首先需要着力的就是要优化学科专业结构，让专业紧密对接区域经济社会发展；其次就是要创新人才培养模式，对应行业企业甚至岗位，培养学生的实际应用能力；再次就是要开门办学，走校企合作之路，通过产教融合，在真实生产服务环境中培养应用型人才。经过深入思考和广泛讨论，学校最后确定"专业牵动、能力驱动、校企联动"的"三动"转型发展路线，专业优化是引擎、能力培养是核心、校企合作是保障。如专业牵动方面，学校重点从三方面着力，一是积极申报与经济社会发展紧密对接的应用型专业，如网络工程、软件工程、大数据科学与技术等专业；二是对有的传统专业进行综合改造，增强其实用性；三是部分专业实行停招或间隔招生，近些年来有10余个专业先后停招或间隔招生。经过多年持续努力，现在学校以应用型学科专业建设为重点，较好形成了紧密对接区域产业链的信息工程、机电工程、化工与材料、经济与管理、教师教育五类应用型专业集群。

2.抓住关键系统实践

"专业牵动、能力驱动、校企联动"的"三动"转型发展路线中，核心和关键是对学生能力的培养。为此，学校广泛调研、深入分析，最后确立"以能力为导向的人才培养模式"。2013年，学校系统重构人才培养方案，面向社会需求和就业，对应职业能力，以能力为导向，反向设计人才培养方案，按照"基本能力、专业能力、发展能力"三层递进式结构，设计课程体系，大幅度提高实践教学课程学分比重。同时，为使以能力为导向的人才培养模式改革落到实处，学校着力构建"三层次六模块"实践教学体系，并着力强化学科和技能竞赛、创新创业教育。经过多年努力，学生实践创新能力明显增强，如在中国高教学会公布的2021年普通高校大学生竞赛分析报告中，我校在"2017—2021年全国新建本科院校大学生竞赛榜单"前100名中排名第44位。

三、总结反思凝练成果

教育教学改革是一个不断探索实践和总结提高的过程，因此作为教育教学管理者，不能停留在完成任务或淹没在繁杂的具体事务中，要十分重视不断总结反思和凝练固化成果，既不断完善工作，又提升学校办学层次和社会影响力。

1.注重调研反思

富有实践经验的教育教学管理者都深刻体会到，教育教学如果没有广大教师的认同、实践，任何改革其成效都是要打折扣的，因此，作为教育教学管理者，就要经常深入到教师中了解情况，分析存在的问题。前述我校构建的以能力为导向的应用型人才培养模式，重点是强化实践教学和创新创业教育，但在教学运行中我们发现，因为教师成长的背景多是从高校到高校，因此不少教师实践教学能力缺乏或不足，对企业真实的生产服务环境更是陌生，这要完成高质量的实践教学、实现"应用"的三个转化是比较困难的。为此学校出台了青年教师实践锻炼管理办法，每年安排一定数量的教师到企事业单位进行专业实践锻炼，既提供相应的条件和保障，也把教师的实践锻炼经历和成效与教师职称晋升等挂钩，较好促进了教师实践教学和创新创业教育能力的提升，增强了教师服务经济社会发展的意识和能力。

2.注重成果凝练

作为教育教学管理者，需要特别重视的是对教育教学改革成果进行凝练与升华，一方面化为学校的共识，另一方面在固化成果的基础上再出发、再提高，这样不断累积，才能不断提高办学层次。近些年来，结合理论思考和实践探索，一方面撰写文章发表，如前文提到的《地方本科高校转型发展的五个基本问题及顾虑》《以应用为中枢的一体化创新创业教育模式——应用型高校创新创业教育的历史选择》等，2015年，学校全面总结，校长撰写长文《深化以能力为导向的人才培养模式改革》[5]发表。另一方面，学校积极凝练成果，申报教学成果奖。2015年，学校基于以能力导向的应用型人才培养模式改革理论与实践探索，以"以能力为导向的人才培养模式改革"为题申报省教学成果奖，获得省级教学成果奖一等奖；2019年，以"应用"为核心，围绕"应用"的三个转化，以"全面融入、系统推进——巢湖学院'一轴两翼四驱'创新创业教育体系实践与研究"为题，申报省教学成果奖，获得2019年省教学成果奖一等奖。

四、结语

以上基于多年的实践，按照理论—实践—理论不断深化的基本思路，重点从结合实际深度思考、抓住主线系统实践和总结反思凝练成果三方面，谈了个人作为一个教育教学管理者的思考、实践和工作中取得的一些成效。教务处工作涉及面广，千头万绪，加之高等教育发展的形势变化非常之快，因此教务处长从事教育教学管理，很容易陷入不深度思考照搬照套文件、急于全面落实不得要领、来不及凝练升华成果的仓促与困境之中，本文所述把结合实际深度思考、抓住主线系统实践与总结反思凝练成果贯穿统一起来，希望能起到一点有价值的提醒作用。

当前由于高校仍然存在的重科研轻教学以及教师教学质量评价难等问题，因此实际上要真正实现"四个回归"是比较困难的，教育教学管理可谓是滚石上山，任重道阻。因此，作为一个教育教学管理者，要想真正把教育教学工作管理好，不断提高人才培养质量和立德树人成效，除了要在"术"的层面思考实践外，更重要的还要在"道"的层面，对教育教学和人才培养充满深厚的情怀和强烈的责任心，有足够的信心、耐心、热心和韧性，方能久久为功，把职责履行好。

参考文献

[1]教育部,国家发展和改革委员会,财政部.关于引导部分地方普通本科高校向应用型转变的指导意见（教发〔2015〕7号）[EB/OL].(2015-10-23)[2020-10-01].http://www.moe.gov.cn/srcsite/A03/moe_1892/moe_630/201511/t20151113_218942.html.

[2]丁俊苗.地方本科高校转型发展的五个基本问题及顾虑[J].巢湖学院学报,2015（1）:18-22.

[3]潘懋元.应用型人才培养的理论与实践[M].厦门:厦门大学出版社,2011:27-28,51.

[4]丁俊苗.以应用为中枢的一体化创新创业教育模式——应用型高校创新创业教育的历史选择[J].创新与创业教育,2016(3):97-101.

[5]祝家贵.深化以能力为导向的人才培养模式改革[J].中国高等教育,2015(12):35-37.

高校教务处长能力研究课题
研究报告

一、课题研究背景和意义

（一）研究背景

教育部2021年教育统计数据显示，我国有普通高等学校2756所，其中本科院校1238所，普通本专科在校生3496.1万人，占所有本专科生（含成人本专科生、网络本专科生）的67.2%；其中普通本科生1893.1万人，占所有本科生（含成人本科生、网络本科生）的70.2%。如此庞大的高等学校和在校本专科生群体，组成了极其复杂的高等教育系统，如何保障高等学校人才培养工作高效开展，如何保障高等学校树牢立德树人根本任务，构建怎么样的德智体美劳全面发展的育人体系，如何保障人才培养质量等一系列问题是高校教务处必须面对、解决的难题。教务处作为高校主管本科教育教学重要的职能部门，在构建人才培养体系、提升人才培养能力等方面发挥着极其重要的作用，而教务处长更是教务处的CEO（chief executive officer，首席执行官）、CFO（chief financial officer，首席财务官）、CTO（chief technology officer，首席技术官）、COO（chief operation officer，首席运营官）等，对其应具备的综合能力要素进行分析研究，对加快形成中国特色社会主义一流大学、建设教育强国、科技强国和人才强国具有重要的理论价值、实践意义。

在CNKI中国学术总库中检索教务处长相关文献资源，发现对于高校教务处长能力研究的文献资料数量少、维度小，研究的深度不够，很少具有普遍意义的参考价值。而对教务管理人员或教务管理方面的研究内容相对较为多样和多元，研究的视角、研究的内容、研究的类型较为全面，但仍存在研究传统意义上的教务管理内容多，结合高等教育普及化、建设高等教育强国、建设一流大学等视角的研究内容偏少的情况。教务处作为全面负责本科教育教学各项工作的职能部门，在推进"双一流"建设和落实"以本为本"、加快构建现代职业教育体系等工作中发挥着至关重要的主导作用。教务处长的管理能力对于高校教学管理效能、本科教育质量和全面振兴本科教育、职业教育体系有着直接推动和持续提升的作用。但是，针对教务处长自身能力建设的研究非常少，严重制约了构建高等教育本科人才培养新发展格局，建设高质量教育体系，更新教育教学管理理念，提升本科教育教学的科学化、规范化管理水平。综上所述，针对高校教务处长综合能力研究势在必行，且具有重要意义。

（二）研究意义

习近平总书记在党的二十大报告中，将"实施科教兴国战略，强化现代化建设人才支撑"列为专章进行整体论述、做出整体部署，并指出"教育、科技、人才是全面建设社会主义现代化国家的基础性、战略性支撑"，彰显了党中央对于教育、科技和人才事业的高度重视。高等教育在社会主义现代化强国建设中肩负着不可替代的责任和使命。本次研究立足我国高等教育现状，充分考虑不同类型高校的特点，深入分析各类高校教务处长应具备的能力素质，挖掘职务所需承担的义务，找出能力差距，进而有针对性地开展教务处长专项能力提升培训，打造一批既有宽广国际视野又对中国发展有深刻理解的高等教育的思想者、研究者、管理者、实施者、行动者，形成精诚厚重的研究力、开拓力、向心力，助力中国高等教育高质量内涵发展。通过对高校教务处长政治素养、基本能力等开展共性研究，对综合类、人文社科类、理工类、农林医药类、职业院校等教务处长进行分类研究，以及对国内外高校教务处职责进行对比研究等，使其对构建新时代中国特色社会主义高校教务处长能力体系具有高度的参考价值和指导意义，对形成中国特色的高校教务处长能力体系理论范式、研究模式具有很好的促进作用，有利于加快形成中国高等教育的教务处长能力体系的理论基础，有利于提升教务管理队伍的综合素质、业务能力、管理水平、服务能力，为造就一批全面提升人才自主培养质量的一流的专业化教务专家队伍贡献智慧和力量。

习近平总书记在考察清华大学时指出："我国高等教育要立足中华民族伟大复兴战略全局和世界百年未有之大变局，心怀'国之大者'，把握大势，敢于担当，善于作为，为服务国家富强、民族复兴、人民幸福贡献力量。"这既是总书记对高等教育的殷切期望和嘱托，也是中国高等教育的战略选择和时代使命。当前，中国高等教育改革已进入深水区、攻坚期，新的理论范式必须要建起来、新的研究模式必须要创起来、新的话语形式必须要立起来、新的研究队伍必须要抓起来、新的管理队伍必须要强起来，这是建设高等教育强国的基本支撑，也是建设中国特色社会主义世界一流大学的必由之路。

本研究以习近平新时代中国特色社会主义思想，特别是习近平总书记关于教育的重要论述为指导，深入调查研究我国高校教务处长能力现状，总结现阶段教务处长应具备的能力素养，有针对性地引导高校教务处长胸怀"两个大局"，为党育人、为国育才，构建新时代高等教育学科体系、教学体系、教材体系、管理体系，对推动我国高等教育事业发展、实现我国从教育大国到教育强国有着非常重要的现实意义。

二、课题研究内容和思路

（一）研究内容

本课题以"总课题+8个子课题"为研究框架，总课题主要负责规划、设计、总体研究、统筹指导和协调子课题研究框架等工作，子课题按照总课题对其确定的研究框架、研究内容开展研究，子课题的研究内容是总课题的基础性工作、是总课题研究内容的重要组成部分，总课题根据8个子课题的研究成果，结合教务处长培训报告文本、问卷调查等，归纳、提炼、总结形成高校教务处长能力研究的最终成果。各子课题对其研究领域的教务处长能力现状、发展目标、存在的能力短板、培训和提升途径等分不同层面、不同方向展开研究。各子课题的研究内容主要是教务处长须具备的核心能力、重要能力、一般能力等，包含但不限于领导风格、管理能力、执行能力、创新能力、研究能力、教育理念、教育远景、工作激情等能力要素。

8个子课题分别是：高校教务处长政治素养研究、高校教务处长基本能力研究、综合类高校教务处长能力特点研究、人文社科类高校教务处长能力特点研究、理工类高校教务处长能力特点研究、农林医药类高校教务处长能力特点研究、职业院校教务处长能力特点研究、国内外高校教务处职责对比研究。

子课题研究内容框架：

一是高校教务处长政治素养研究。主要研究高校教务处长应有的必备的政治素养、重要的政治素养、一般的政治素养。必备的政治素养是坚持立德树人根本任务、为党育人、为国育才的基本要素，重要的政治素养是其高质量、高效构建德智体美劳全面发展的育人体系的必然要求，一般的政治素养是其全面发展、提升个人素质的奋斗目标。研究的对象具有一定的高校类型、地域等覆盖面。

二是高校教务处长基本能力研究。主要研究高校教务处长应有的必备的能力要素、重要的能力要素、一般的能力要素。必备的能力要素是推动实现全面提高人才自主培养质量的基本能力，重要的能力要素是其高质量、高效构建高水平人才培养体系的必然要求，一般的能力要素是其全面发展、提升个人能力的奋斗目标。研究的对象具有一定的高校类型、地域等覆盖面。

三是综合类高校、人文社科类高校、理工类高校、农林医药类高校、职业院校等子课题是基于政治素养、基本能力研究内容之外，基于校本研究，进一步深化、细化研究特定领域高校教务处长还应具备的特征能力要素，研究内容和领域突出特色，是对本研究领域的深度挖掘，具有较强的针对性和特殊性，是对该类型高校教务处长能力要素的"自画像"。能力要素应分为必备的特征能力要素、重要的特征能力要素、一般的特征能力要素。必备的特征能力要素是其正常履职的基本条件，重要的特征能力要素是其有效推进工作的重要支撑，一般的特征能力要素是其全面发展、提升个人能力的奋斗目标。

四是从国内外高校教务处职责角度进行对比研究。选取不同类型、层次的典型高校群体，进行国内外教务处职责对比研究。同时，再聚焦不同类型、层次的典型高校，进行一对一的职责对比研究。

（二）研究思路

以问题为导向。聚焦当前国际高等教育发展状况、国内高等教育发展水平，以当前国内高等教育本科教育教学存在的突出问题以及急切需要破解的难题为根本出发点，分析研究教务处长驾驭复杂局面、应对复杂问题、构建高水平人才培养体系等方面的能力要素。准确定位教务处长应该担负的历史使命和任务，找准能力要求与现实状况的差距，明确提出需要提升的能力要素，给出提升能力的建议、途径和举措。

以目标为导向。对标对表教育强国战略、全面提升人才自主培养质量的战略部署，体系化构建立德树人落实机制，聚焦培养全面发展社会主义建设者和接班人这一核心任务，系统性分析研究教务处长的能力要素。

课题重点回答以下四个问题：一是在实现中华民族伟大复兴战略全局的历史进程中，教务处长应该具备什么样的能力素养；二是在世界百年未有之大变局背景下，科技革命和产业变革迅猛发展，教务处长应该具备什么样的能力素养；三是教务处长能力现状与新时代、新要求的差距是什么；四是面对这些能力差距，提升的途径是什么。

政治素养、基本能力是教务处长胜任岗位职责的必备条件、基本要求，研究的内容具有普适性；综合类高校、人文社科类高校、理工类高校、农林医药类高校、职业院校等子课题是基于政治素养、基本能力研究内容之外，研究特定领域高校教务处长还应具备的特征能力要素，是对本研究领域的深度挖掘，具有较强的针对性和特殊性。综合类高校、人文社科类高校、理工类高校、农林医药类高校以世界一流大学建设高校、世界一流学科建设高校、地方（含国家部委所属）高校等为研究内容的横向维度，职业院校以国家示范性高职和其他高职等为研究内容的横向维度。8个子课题构建成横向与纵向相交叉的研究要素点和网状研究点，形成总课题的研究框架（见下图）。

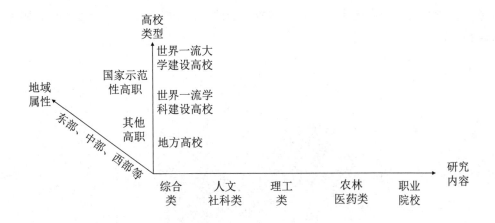

图2.2.1　高校教务处长能力研究网状逻辑图

按照不同的高校类型维度，分析每个维度下高校教务处长应具备的核心能力、重要能力、一般能力，最后对比研究国内外教务处长职责及可借鉴之处，形成以8个子课题的研究内容为经度、以不同层次高校为纬度的网状研究逻辑图，以教务处长能力要素为基础，构建多元化的研究结合点，既保证了能力要素的全面性，亦保证了不同办学目标、不同类型高校的覆盖面，确保了研究范围的丰富性，使得各子课题在统一的指导思想和科学模式下并行研究，"分类不分家"。子课题之间形成研究合力，体系化地构建高校教务处长能力要素量表或图谱，并提出不同类型高校、不同办学定位的高校教务处长还应具备个性化能力要素的观点。最后总课题将形成一套指导性强、科学性强、实用性强、系统性强的研究成果。

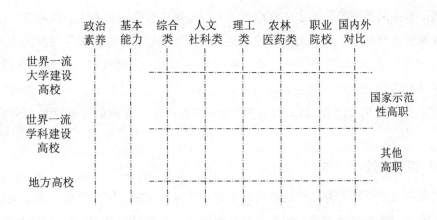

图2.2.2　高校教务处长多维度网状研究逻辑图

通过8个子课题的研究，对比、归类教务处长应具备的通用能力要素和不同层次、不同类型、不同地域的高校教务处长还应具备的特征能力要素，根据研究结论，提出实现高校教务处长能力要素的实施途径，重点从能力培训、自我学习提升等维度提出解决方案。示意图如下：

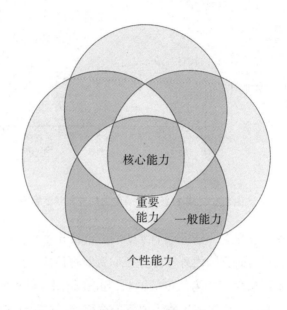

图2.2.3　高校教务处长能力特征示意图

研究过程建立经常性的交流机制，落实工作进度，推进工作进展，交流研究中遇到的共性问题，讨论分析研究中的个性问题，完善研究方法、手段，保障研究质量。定期开展子课题研究进展、阶段性研究成果交流与讨论，研判各子课题研究内容的预期成效、研究方法的可行性等，并对需要修正的子课题进行必要的指导，提出优化研究工作的意见和建议。课题汇聚不同类型经验丰富的管理者、一线专家、教育研究专家、高等教育宏观管理者等组成课题组开展研究。课题主要的研究对象为教务处长，调查研究的群体主要为教务处长（含副处长）、高校校级领导、高校中层管理人员、高校教师、高等教育研究专家、其他相关社会机构和人员（包含省级教育行政部门）。研究过程中，一是确保面向群体的覆盖面广、代表性强，二是确保面向群体的参与度高，以保障研究目标和面向群体的科学性。

（三）创新之处

目前国内关于高校教务处长能力研究不论是从维度（能力要素维度、高校类型维度），还是从宽度、广度或深度方面，相关文献资料不多，本课题的研究具有很强的创新性、示范性、引领性。

　　本课题对高校教务处长能力开展系统研究，尤其是进行体系化的理论研究、实践印证，以及开展问卷调查的覆盖面、参与度之高等均属首次（基于文献资料判断）。

　　本课题研究立足我国高等教育现状，考虑不同类型学校的特色，分析各类高校教务处长应具备的能力素质，挖掘职务所赋予的责任，找出短板弱项或需要重点提升的能力要素，进而有针对性地开展教务处长专项能力提升培训，打造一支既有宽广国际视野又对中国发展有深刻把握的高等教育的管理者、实施者、思想者、研究者、行动者，形成精诚厚重的研究力、开拓力、向心力，这是课题的核心创新之处。

三、高校教务处长胜任特征模型构建

（一）主流的领导力和胜任力研究理论和模型

课题本着科学、系统和全面的原则，基于主流的领导力和胜任力研究理论和模型，采用学校领导、教务处长、教务相关人员、教师以及利益相关者访谈和标准化问卷的方式，采用文本分析、结构化分析、预期和实际比对分析等方法获得一手数据，构建教务处长的能力模型，并归纳总结不同层次、不同类型、不同地域的高校教务处长还应具备的特征能力要素。

基于主流的最新研究进展，本课题的理论研究模型如下：

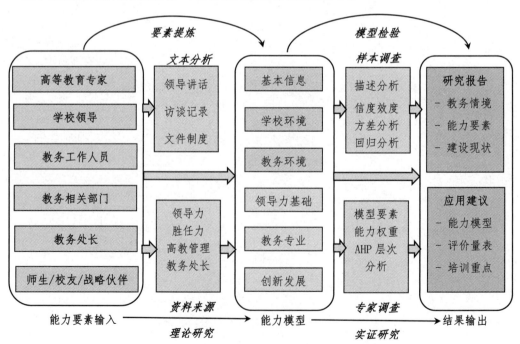

图3.1.1 高校教务处长能力研究思路及框架图

（二）高校教务处长能力的要素构成

本课题所调研的高校教务处长履职担责能力并没有成熟的量表，课题组先梳理教务处长能力的基础构念，然后基于现有的教务处长业务素养与能力提升班讲话稿进行内容分析和编码，提炼出关键的教务处长能力要素，之后依据建立内容类别的三个原则，将提炼出的要素划分为几大能力维度，提出初步的教务处长能力的理论框架。

1.基础构念

在相关的研究中，一般认为教务处长作为特殊类型的管理者，可以从领导力和胜任力两个方面来理解其基本构念。

领导力（leadership）在领导系统中是一个根本性、战略性的范畴，是领导者凭借其个人素质的综合作用在一定条件下对特定个人或组织所产生的人格凝聚力和感召力，是保持组织成长和可持续发展的重要驱动力。鉴于领导力对组织产生的巨大影响力，经历了几十年的演进，组织行为学家、心理学家从不同角度，对领导问题进行了大量研究，而且已经由一般的领导形态学、领导生态学发展为领导动态学研究，形成了领导理论的三个方面，即领导特性理论、领导行为理论和领导权变理论。目前主流的研究中，因为领导行为与领导的有效性之间的关系显然依赖于任务结构、领导成员关系、领导权威、下属的主导性需求等情境因素，领导权变理论提出领导的有效性依赖于情境因素，并且情境因素可以被分离出来。

胜任力（competence model）是针对特定职位表现优异的要求组合起来的胜任力结构，是一系列人力资源管理与开发实践的重要基础。"胜任力"这个概念最早由哈佛大学教授戴维·麦克利兰提出，是指能将某一工作中有卓越成就者与普通者区分开来的个人的深层次特征，它可以是动机、特质、自我形象、态度或价值观、某领域知识、认知或行为技能等任何可以被可靠测量或计数并且能显著区分优秀与一般绩效的个体特征。基于胜任力的研究是以胜任力为基本框架，通过对优秀管理者的关键特征和组织环境与组织变量的两方面分析来确定岗位胜任要求和组织的胜任力。按照主流的胜任力研究，一般可以将影响管理者的胜任力分为个体特征、行为特征和情境特征三种因素，胜任力分为通用胜任力、核心胜任力以及专业胜任力三类。

2.内容分析

内容分析所使用的数据来源于2021年5月高等教育司主办的高校教务处长业务素养与能力提升培训班，此次培训班邀请了北京大学、清华大学、西安交通大学等众多知名高校的教务处长，各高校教务处长或副处长就如何提升教务处长业务素养和能力做了专题报告。

课题组对文本资料进行尝试性编码，在初始阶段，两个编码人员会用不同的术语定义同一个含义的能力要素。因此，实际编码过程中两位编码人员要不断反复分析和讨论文本中的关键态度、看法和行为，每一个能力要素的编码是依据相应的态度、看法和行为确定的。尝试性编码的操作方法如表3.2.1所示。

表3.2.1 内容分析编码示例

部分报告正文	编码
推动这些工作，我经常觉得这是一种最高的荣耀，就是老师们会说，感谢你对学校本科教学这么多年的不懈的努力。就一般的老师，他先不认识你，最后一听你就是教务处长，然后大家都说这些年你非常努力在做人才培养的推动工作，因为学校本科教学的这种提升，在外面感受到的是一种被赞许，就让大家又增加了一种做好本科教学的动力。	
所以在教师教学学术能力提升这些方面，我们一开展活动，老师们都会主动参加，很多学校说他们指标用不完老师不愿意参加，好像我们学校这两年以来，尤其是2018年以来就有很大的改变。我觉得这样的一个氛围，崇尚教学、热爱教学、投身教学，这种气氛是很正常的一种状态。所以老师上课都不是问题了，我现在面临的问题就是要出更多的金课、好课，这是我们要做的。	JXWH
所以包括去年一年，我还觉得是我当教务处长最轻松的一年，因为有前期的智慧教室的建设，所以线上课从全面开启到平稳运行到现在高质量的追求，使线上线下平稳转换，这已经成了一种习惯。每一门课老师们都会用线上线下混合教学。所以这一点我觉得我们怎么样去改	XXH
革去创新，遇到情况化危为机，那么这样来讲的话，这么多年，我说一定要去做拓荒牛，就是要去思考这些问题，而且要针对随时出现的问题去想办法再解决。	JXGG
比如说线上教学出现的问题，我们开展这种问卷调查，然后把这些情况拿来进行分析，再进行调整，最后进行优化，都是很自然的转换。甚至于我感动的是没有一个老师会抵触，不接受这种任务的安排，即使是原来不会用的老师，也没有说他不能干不会用，大家都是有组织地自发地在开展各种各样的及时的扫盲补课。所以我觉得去年实际上我们线上线下的结合做得很好。	DYFX
还有一点，我觉得我们还要勤练本领，要埋头苦干。对于我自己而言，我觉得我很庆幸的就是这么多年，当教务处长当的时间也长，但是我没有停过一年的本科教学。当时让我当教务处长，我的一个要求就是我一定要上本科生的课，现在我觉得这是正确的，我能够长期在一线，我知道教学过程当中会出现一些什么情况，而且你比如说我给老师们布置，让他们做一流专业、做一流课程的时候，我自己也会去做，我做的过程当中，就会感受到老师会需要些什么条件、学院会遇到哪些问题。	ZYJN
我就希望教务处的同事们，你们要把这些保障措施做在前面，不能让老师又要全身心投入课堂，又要为一些后勤的问题去奔走、去劳碌，然后还不一定有很好的效果。所以在这个方面，我觉得自己走在前列，自己就能够知道很多的事情。当然我也清楚，我们大家在教务处工作，我一直坚持底线思维，不能出事，保证运行，所以我最重视的还是运行科，我觉得运行是底线，运行中各种问题都不能出现。所以工作要开展，就要打造一支富有战斗力的管理团队，我很庆幸我的团队非常团结，而且个个都有战斗力。	HWSK
	FWJS
	KZLC
我说看到你们就看到了一个召之即来、来之能战、战之必胜的这样一支队伍。我说，是这么多年，我觉得带了一支好的团队，那么大家有一个很好这种胜任力，而且大家也能够根据形势的变化还有自身的素质要求来实现我们未来教学、未来教育管理中更高的要求。所以做了这么多事情，我觉得也有很多的收获。在学校得到了各级学院还有学校、老师的认可，教务处十年考评都是优秀，能够拿学校的一等奖。所有老师包括教务处的同事们也非常高兴。我个人也得到了大家的一种厚爱。我觉得这些都体现了组织上对我们学校的本科教学和对我本人工作的一种肯定，那么也是我自己前进的一种动力。所以回顾自己走过的路，面向未来的话，我觉得我的这些工作，还有很多的不足，但是我们为了本科人才的培养，要永远奋进在路上。我自己也一直坚信，功成不必在我，功成必定有我，那么这就是我给大家做的一些分享，谢谢。	TDJS
	ZYQH

部分报告正文				编码
JXWH	教学文化	XXH	信息化	
JXGG	教学改革	DYFX	调研分析	
ZYJN	职业技能	HWSK	换位思考	
FWJS	服务教师	KZLC	控制流程	
TDJS	团队建设	ZYQH	职业情怀	

通过对15位教务处长或副处长报告文本的内容分析，编码人员提炼出关键的教务处长能力要素共计58项。

（三）高校教务处长能力的模型架构

1.高校教务处长能力要素的维度聚合

根据建立内容类别的相关性、互斥性和准则唯一性原则，同时参考经典的领导力和胜任力框架，课题组将影响教务处长能力的58项要素归纳总结为九大维度，分别为政治素养、领导能力、沟通协调、教学管理、质量控制、创新变革、服务意识、成长发展和职业精神。九大维度及其次一级能力要素概览如表3.3.1所示。

表3.3.1 高校教务处长能力维度及其次一级能力要素概览表

九大维度	次一级能力要素
政治素养	党性觉悟、价值观、政策理论、政治心理、政治能力
领导能力	科学决策、国际视野、知人善用、贯彻落实、鼓励引导、资源整合、危机应对
沟通协调	团队建设、跨部门协作、二级教学单位协作、校际合作、国际合作、政企学研协作
教学管理	教学规划、教学组织、教学建设、教学文化、教学管理、教学运行、教学改革
质量控制	调研分析、制度建设、质量标准、控制流程、绩效评价、效果评估、质量文化建设
创新变革	创新意识、变革管理、守正创新、前沿趋势、激励制度、教学改革
服务意识	以学生为中心、服务教师、服务学院、满意度提升、倾听反馈、利益相关者互动
成长发展	职业规划、压力调节、终身学习、开发心态、时间管理、信息化
职业精神	职业规划、职业态度、职业责任、职业技能、职业纪律、职业情怀、职业信誉和作风

2.高校教务处长能力的研究模型

在依据内容分析所得到的58项能力元素聚合而成的九大维度基础之上，课题组基于主干维度的若干维度之间存在相似的特征，比如政治素养、成长发展与职业精神都存在个人导向，领导能力、沟通协调和服务意识则都存在团队导向，对九大维度进一步凝练，概括出了个人素养、团队精神和教务管理三个主维度，并搭建了高校教务处长能力模型。

图3.3.1　高校教务处长能力模型

3.高校教务处长能力的指标体系

依据领导力和胜任力的基础构念，结合前面内容分析所得到的58项能力元素，形成了下面的高校教务处长能力研究的指标体系，见表3.3.2。其中，第一部分为基本信息，调研高校教务处长的人口统计学、职务职级和学历学科等方面基本信息。第二部分基于高校类型、规模、战略等方面研究高校教务处长的工作情境。第三部分基于九个维度调研高校教务处长的胜任力情况。

表3.3.2　高校教务处长能力研究的指标体系概览表

一级指标	二级指标	三级指标
基本信息	人口统计学	年龄、性别、民族
	职务职级	职务、职级
	学历学科	学历、学位、学科
	工作年限	工作、教学、教务年限
	工作经历	学科、海外、驻村、从军、科研
	个人资历	政治面貌、人才称号、奖励
工作情境	高校类型	部属、综合、科研
	高校规模	教职工学生数、二级单位、预算
	学校战略	科研、本科、服务、四新建设
	教务环境	二级单位、师生数、专业数
	教务处环境	人员数、结构、经费、软硬件
	教务处长工作强度	工作时长、加班、会议

一级指标	二级指标	三级指标	
能力模型	领导力基础	政治素养	科学发展观、党性觉悟、立德树人、大局观念、国际视野、政策理论
		领导力	科学决策、坚忍不拔、知人善用、资源整合、危机应对
		沟通协调	上级意图、教务团队、部门合作、校际合作、政企学研协作
	教务专业能力	教务组织	教学规划、教学组织、硬件建设、下级激励、教育文化、课程思政、思政课程
		质量控制	调研分析、制度建设、教学运行、质量标准、绩效评价、经验推广
		创新变革	四新认知、创新意识、变革管理、前沿趋势、鼓励创新、流程再造、教改项目
	可持续发展能力	师生导向	以学生为中心、服务教师、服务学院、满意度提升、意见反馈、利益相关者互动
		成长发展	职业规划、压力调节、终身学习、开放心态、时间管理、教育网络
		职业精神	坚持原则、遵规守纪、爱岗敬业、廉洁自律、诚实守信、以身作则、公平公正
分类能力	高校类型	综合性、理工类、农林医药类等	
	高校层次	中央部属高校、地方高校、民办高校等	
	高校地域	东部、中部、西部	

（四）高校教务处长能力研究预调研

预调研在文本分析的基础上，根据提炼出的高校教务处长九大能力维度与能力模型编制试行的调查问卷量表。通过发放预调研问卷和对问卷结果进行分析，探索和验证高校教务处长能力的内在结构，并修改和完善预调研问卷以形成最终的正式版问卷。

1.研究调查问卷设计

预调研问卷由三部分组成：第一部分为填答者的个人信息，包括性别、年龄、身份、所在高校类型和高校所在区域等；第二部分为教务处长个人特征和工作环境对能力影响的重要性；第三部分为教务处长九大能力维度对能力影响的重要性。对于每个题项，填答者根据该题项对提升教务处长能力的重要程度做出选择，1代表此题项很不重要，2代表此题项不太重要，3代表此题项一般重要，4代表此题项比较重要，5代表此题项特别重要。

2.样本选择与描述性统计

预调研的问卷主要在线上发放，依据方便取样原则，问卷向课题组研究高校及兄弟院校发放，回收问卷125份，在剔除掉填答时间过短（填答时间小于5分钟）的5份问卷、全部题项得分相同的15份问卷后，共得有效问卷105份，有效问卷率为84%。参与预调研的人员有21位教务处长或副处长，38位教务部门管理人员，6位其他部门管理人员，28位二级教学单位管理人员，12位教师。预调研人口统计学特征分布见图3.4.1。

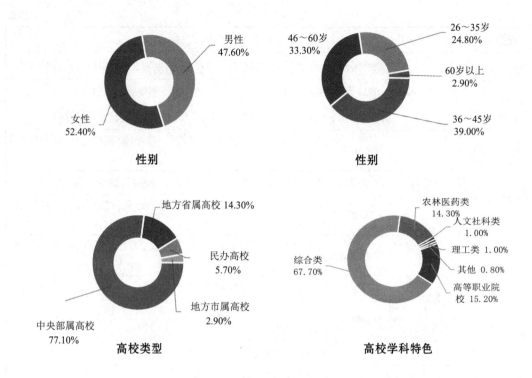

图3.4.1　预调研人口统计学特征分布图

3.探索性因子分析

本次调研使用SPSS21.0对问卷数据进行分析。

首先对问卷数据进行KMO抽样适当性检验和Bartlett球形检验，分析结果如表3.4.1所示，KMO值为0.828，表明问卷各个项目间的相关程度无太大差异，适合做因子分析；Bartlett球形检验达到极其显著的水平，球形假设被拒绝，表明问卷项目间并非独立，取值有效。两个指标的结果都说明数据取样适当，适合进行因子分析。

表3.4.1　KMO检验和Bartlett球形检验

KMO值		0.828
Bartlett球形检验	近似卡方	6213.492
	自由度	1653
	Sig.	0.000

然后对数据进行因子分析，采取主成分分析法，选用方差极大正交旋转，提取的标准为特征值大于1，因子提取数量不限定。在删除题项时，根据因子分析结果，删除因子载荷较小（低于0.4）的项目，或在两个要素上均大于0.4的项目多次重复这个过程，累积剔除5个题项，剩余53个题项，最终提取出9个因子。

4.信度分析

本次调研在进行探索性因子分析后，对9个测量量表进行内部一致性检测，结果如表3.4.2所示。总量表与分维度Cronbach's α系数均在0.8以上，表明量表的信度较为理想。

表3.4.2 信度分析

维度	题项数	Cronbach's α 系数
政治素养	5	0.924
领导能力	6	0.852
沟通协调	6	0.850
教学管理	6	0.936
质量控制	4	0.900
创新变革	6	0.893
服务意识	6	0.916
成长发展	6	0.907
职业精神	8	0.945
总量表	53	0.974

5.预调研结果与问卷修改

依据因子分析结果，删除了贯彻落实、教学改革、绩效评价、效果评估和质量文化建设题项。课题组联合高等教育专家多次讨论，最终设计了针对高校相关人员和教育行政部门相关人员的两版调查问卷。

四、高校教务处长胜任特征模型分析

为保证全面系统地研究高校教务处长胜任特征，客观地掌握现任教务处长基本情况，有效绘制优秀教务处长画像，探索教务处长能力提升途径，构建中国高等学校教务处长能力体系的理论基础，本课题组在前期资料查阅、优秀教务处长报告分析、能力模型构建及模型预调研的基础上，最终制定了面向高校和面向教育行政部门的两版调查问卷。问卷旨在深入分析各类高校教务处长应具备的能力素质，得出高校教务处长应具备的核心能力、通用能力、专业能力，从而对照现任教务处长情况有针对性地提出能力提升的有效途径。

（一）多维度验证教务处长胜任特征模型

两版问卷均从多维度变量开展调查，以期获得更客观的分析结果。

高校版问卷，以高校所在地区（西南、华中、华北、西北、华东、东北、华南）和高校办学层次（世界一流大学建设高校、世界一流学科建设高校、地方高校、国家双高计划高职学校、其他高职学校）等为分层变量，对高校教务处长、教务处职员、学校相关职能部门、院系中层干部、一线教师、高校领导等高校相关人员进行问卷调查。问卷研究变量框架如表4.1.1所示。

表4.1.1　高校版问卷研究变量说明

一级指标	二级指标	三级指标
基本信息	人口统计学	年龄、性别、政治面貌
	职务职级	职务、职级
	学历学科	学历、学位、学科
	工作年限	工作、教学、教务年限
	工作经历	跨学科、国际交流、教学、科研、行业背景
	个人资历	政治面貌、人才称号、奖励
院校类型	专业类型	综合性、理工类、农林医药类等
	高校层次	双一流、地方高校、高职等
	高校地域	华北、东北、华中等

一级指标	二级指标	三级指标
工作情境	高校类型	部属、综合、科研等
	高校规模	教职工学生数、二级单位、预算等
	学校战略	科研、本科教育、四新建设等
	教务环境	二级单位、师生数、专业数等
	教务处环境	人员数、结构、经费、软硬件等
	教务处长工作强度	工作时长、加班、会议
能力模型	政治素养	政治大局、政治领悟力、政治心理、政治执行力、政治生态等
	教务规划	国际视野、知人善用、鼓励引导、资源整合、危机应对等
	沟通协调	跨部门协作、二级教学单位协作、校际合作、国际合作、政企学研协作等
	教学组织	教学组织、教学建设、教学秩序、教务文化、教学生态等
	质量控制	制度建设、教学运行、质量标准、控制流程、绩效评价等
	创新变革	前沿趋势、改革意识、制度创新、教学改革、变革管理等
	服务意识	服务教师、服务二级教学单位、满意度导向、换位思考、利益相关者互动等
	成长发展	压力调节、终身学习、开放心态、时间管理、信息化等
	职业精神	爱岗敬业、担当作为、遵规守纪、严谨求实、作风过硬等

教育行政部门版问卷，以所在部门类别（地方教育行政部门、中央教育行政部门）和所在部门区域（西南、华中、华北、西北、华东）为分层变量，对各级（乡科级、县处级、省部级、其他）教育行政部门相关人员进行问卷调查。教育行政部门问卷研究变量框架如表4.1.2所示。

表4.1.2　教育行政部门版研究变量说明

一级指标	二级指标
工作环境	高校类型
	高校规模
	学校战略
影响因素	政治领悟力
	政治执行力
	国际视野
	政企学研协作
	制度建设
	守正创新
	前沿趋势
	改革意识

（二）高校版教务处长能力研究问卷分析

为保障问卷面向各区域、各层级、各类型高校发放，中国高教学会协助课题组面向全国各高校发放了问卷，最终回收2486份有效问卷，满足统计分析需要。

1.描述性分析

（1）问卷总体情况

样本的人口统计具体信息如表4.2.1所示。

表4.2.1　人口统计学特征（N=2486）

特征	分类	频数	百分比
性别	男	1151	46.3%
	女	1335	53.7%
年龄	25岁以下	95	3.8%
	26～35岁	749	30.1%
	36～45岁	957	38.5%
	46～60岁	652	26.2%
	60岁以上	33	1.4%
身份	学校领导	7	0.3%
	教务处长或副处长	192	7.7%
	教务部门管理人员	184	7.4%
	其他部门管理人员	28	1.1%
	二级教学单位管理人员	363	14.6%
	教师	1597	64.2%
	其他	115	4.7%
高校所在区域	华北	440	17.7%
	东北	182	7.3%
	华东	230	9.3%
	华中	520	20.9%
	华南	50	2.0%
	西南	674	27.1%
	西北	390	15.7%
高校类型	世界一流大学建设高校	351	14.1%
	世界一流学科建设高校	232	9.3%

特征	分类	频数	百分比
	地方高校	1574	63.3%
	国家双高计划高职学校	60	2.4%
	其他高职学校	144	5.8%
	其他	125	5.1%
高校学科特色	人文社科类	509	20.5%
	理工类	868	34.9%
	农林医药类	170	6.8%
	综合类	681	27.4%
	职业教育类	123	4.9%
	其他	135	5.5%

（2）分类情况

参与调研的人员中46%为男性，54%为女性，男女所占比重大致相同。参与调研的人员有4%处于25岁以下年龄段，30%处于26～35岁年龄段，39%处于36～45岁年龄段，26%处于46～60岁年龄段，1%处于60岁以上年龄段。

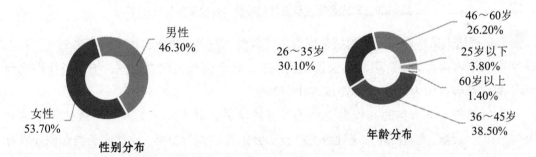

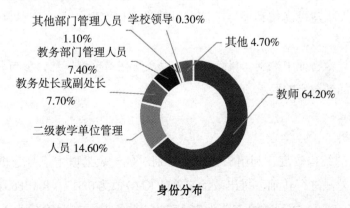

图4.2.1　正式调研人口统计学特征（个人信息）分布图

参与调研的绝大多数人员的职业背景与教务工作相关，其中0.3%属于学校领导，8%属于教务处长或副处长，7%属于教务部门管理人员，14.6%属于二级教学单位管理人员，64.2%属于教师，仅有1%属于其他部门管理人员。

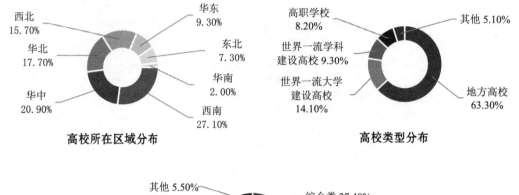

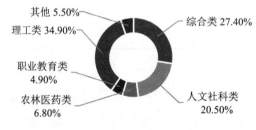

高校学科特色布

图4.2.2　正式调研人口统计学特征（高校信息）分布图

参与调研人员所在高校的地域跨度为全国范围，西南高校所占比重最高为27%，其次是华中高校占比为21%，华北高校占比为18%，西北高校占比为16%，华东高校占比为9%，东北高校占比为7%，华南高校占比为2%。

参与调研人员所在的高校类型涵盖了各种学科，其中理工类高校所占比重最高为35%，其次是综合类高校和人文社科类高校，分别为27%与21%，农林医药类和职业教育类高校最少，分别为7%与5%。参与调研人员所在高校大部分属于地方高校，占比为63%，世界一流大学建设高校和世界一流学科建设高校次之，占比分别为14%和9%，高职院校占比为8%。

综合人口统计学特征中性别、年龄、职业以及所在高校等信息，参与调研人员的背景较为全面，满足问卷调研的要求。

2.信效度检验

（1）效度分析

为验证量表的结构效度，利用SPSS21.0分别对各量表采取主成分分析法进行因子抽取，选择最大方差法进行转轴，得出政治素养的KMO值为0.817，Bartlett球形检验卡方值为7420.608（p<0.001），解释的总方差为76.187%。教务规划的KMO值为0.803，球形检验

卡方值为3869.475（p<0.001），解释的总方差为65.015%。沟通协调的KMO值为0.803，球形检验卡方值4230.907（p<0.001），解释的总方差为66.501%。教学组织的KMO值为0.783，球形检验卡方值为4730.546（p<0.001），解释的总方差为69.116%。质量控制的KMO值为0.814，球形检验卡方值为3794.052（p<0.001），解释的总方差为48.175%。创新变革的KMO值为0.828，球形检验卡方值为4588.978（p<0.001），解释的总方差为51.871%。服务意识的KMO值为0.787，球形检验卡方值3662.033（p<0.001），解释的总方差为64.055%。成长发展的KMO值为0.808，球形检验卡方值3489.204（p<0.001），解释的总方差为47.064%。职业精神的KMO值为0.812，球形检验卡方值4483.028（p<0.001），解释的总方差为67.239%。

表4.2.2　KMO与球形检验

变量	KMO	Bartlett球形检验		
		近似卡方	自由度	显著性
政治素养	0.817	7420.608	15	0.000
教务规划	0.803	3869.475	15	0.000
沟通协调	0.803	4230.907	15	0.000
教学组织	0.783	4730.546	15	0.000
质量控制	0.814	3794.052	15	0.000
创新变革	0.828	4588.978	15	0.000
服务意识	0.787	3662.033	15	0.000
成长发展	0.808	3489.204	15	0.000
职业精神	0.812	4483.028	15	0.000

综合各变量的KMO值和总体Bartlett球形检验卡方值可以得出，除教学组织和服务意识维度的KMO值略低于0.8之外，其他7个维度的KMO值均在0.8之上，适合做因子分析。

（2）信度分析

信度，又叫可靠性，是指问卷的可信程度。它主要表现为检验结果的一贯性、一致性、再现性和稳定性。目前最常用的是Alpha信度系数法，不同能力维度量表的内部一致性信度和总量表的内部一致性信度采用Cronbach's α系数作为指标。

本次调研在进行效度分析后，对政治素养、教务规划、沟通协调等共计9个测量量表进行内部一致性检测，结果如表4.2.3所示。一般来说，Cronbach's α系数达到0.7以上，就说明问卷的信度较好。

表4.2.3　信度分析

变量	题项数	Cronbach's α 系数
政治素养	6	0.840
教务规划	6	0.769
沟通协调	6	0.785
教学组织	6	0.778
质量控制	6	0.778
创新变革	6	0.811
服务意识	6	0.762
成长发展	6	0.771
职业精神	6	0.780
总量表	54	0.969

（三）教育行政版教务处长能力研究问卷分析

同时，中国高教学会协助课题组面向全国各地教育行政部门发放了问卷，最终回收71份有效问卷。

问卷同样采用李克特五级评分，从"1"到"5"得分越大，说明调研人员认为此题项对提升教务处长履职担责的能力越重要。教育行政问卷的第一部分人口统计学特征如表4.3.1所示。

表4.3.1　人口统计学特征（N=71）

特征	分类	频数	百分比
部门类别	中央教育行政部门	2	2.8%
	地方教育行政部门	69	97.2%
部门所在区域	华北	15	21.1%
	东北	0	0%
	华东	18	25.4%
	华中	9	12.7%
	华南	0	0%
	西南	24	33.8%
	西北	5	7%
职务类型	省部级	3	4.2%
	厅局级	0	0%
	县处级	33	46.5%
	乡科级	3	4.2%
	其他	32	45.1%

第二部分调研了教育行政部门人员对影响教务处长能力的若干环境因素的重要性，各个环境因素的均值与维度均值见表4.3.2。为了更直观地与高校调研相比较，部分高校调研数据在括号中标注。

表4.3.2　高校类型维度各因素统计量

维度	因素	均值	标准差	偏度		峰度		维度均值
				统计量	标准误	统计量	标准误	
高校类型	高校归口	4.00(3.78)	1.028	−1.136		1.240		3.8310 (3.7397)
	高校类型Ⅰ	3.49(3.63)	1.182	−0.464	0.285	−0.555	0.563	
	高校类型Ⅱ	4.00(3.81)	1.056	−1.200		1.154		

通过对高校类型维度的数据观察可知，教育行政部门人员对高校类型维度下的三个影响教务处长能力发挥因素的重要程度顺位看法与学校调研大致相同，即高校归口与高校类型Ⅱ重要程度相似，高校类型Ⅰ最不重要。

表4.3.3　高校规模维度各因素统计量

维度	因素	均值	标准差	偏度		峰度		维度均值
				统计量	标准误	统计量	标准误	
高校规模	教职工总数	3.75(3.90)	0.996	−0.536		0.068		3.8732 (3.9457)
	在校学生总数	3.83(3.95)	0.985	−0.756		0.450		
	二级行政单位数	3.66(3.81)	0.940	−0.539	0.285	0.400	0.563	
	在校本科生数	3.77(3.90)	0.944	−0.681		0.621		
	财务预算情况	4.35(4.17)	0.812	−1.067		0.381		

通过对高校规模维度的数据观察可知，教育行政部门人员对高校规模维度下的五个影响教务处长能力发挥因素的重要程度顺位看法与高校调研完全相同，即按重要程度排序分别为财务预算情况、在校学生总数、在校本科生数、教职工总数、二级行政单位数。

表4.3.4　学校战略维度各因素统计量

维度	因素	均值	标准差	偏度		峰度		维度均值
				统计量	标准误	统计量	标准误	
学校战略	科研导向	4.04(4.16)	0.818	−0.562		−0.146		4.0113 (4.0764)
	本科教育	4.46(4.35)	0.790	−1.940		5.026		
	社会服务	3.85(4.02)	0.768	−0.115	0.285	−0.503	0.563	
	国际化	3.54(3.72)	0.825	−0.351		0.391		
	服务国家战略	4.17(4.14)	0.985	−1.641		2.983		

通过对高校战略维度的数据观察可知，教育行政部门人员对高校战略维度下的五个影响教务处长能力发挥因素的重要程度顺位看法与高校调研大致相同，即按重要程度排序分别为本科教育、服务国家战略、科研导向、社会服务、国际化。

综合分析教育行政部门版问卷，主要得出以下两点结论：

第一，对于各个因素影响教务处长能力发挥的重要程度，教育行政部门人员与高校调研人员的看法略有差别，这很大程度上是由于参与调研的人员群体数量不同导致的。

第二，对于每个维度的各个因素的重要程度顺位，教育行政部门人员与高校调研人员对各因素的重要性排序基本吻合。

五、高校现任教务处长基本情况

综合统计191名不同高校的教务处长或者副处长的相关情况，进行系统分析，描述教务处长群体的特征，分析高校教务处长性别结构、年龄结构的特征；同时邀请此教务处长群体从政治素养、教务规划、沟通协调、教学组织、质量控制、创新变革、服务意识、成长发展、职业精神等方面进行自评，得到现任教务处长的自画像，为高校选择教务处长提供参考，同时推动教务处长提升能力短板。

（一）高校教务处长基本情况

1.教务处长性别分布

表5.1.1　不同类型高校教务处长性别差异

学校类型	男	女	总计
世界一流高校	31	11	42
地方高校	70	29	99
高职院校及其他	28	22	50
总计	129	62	191

通过统计数据分析，在高校担任教务处长或副处长一职的男女比例约为2：1，其中世界一流学科建设高校和世界一流大学建设高校中教务处长或副处长男女比例约为3：1，地方高校中教务处长或副处长男女比例为2.4：1，高职院校中教务处长或副处长男女比例为1.3：1。可见，在世界一流大学的教务处长或副处长中男性比例更高。

表5.1.2　不同学科类型高校教务处长性别差异

学科类型	男	女	总计
理工类	39	12	51
农林医药类	12	4	16

续表

学科类型	男	女	总计
人文社科类	27	13	40
综合类	31	22	53
职业教育类及其他	20	11	31
总计	129	62	191

从不同学科类别高校的统计数据分析看，理工类高校教务处长或副处长中男性比例（3.25∶1）最高，其次是农林医药类（3∶1），而综合类高校教务处长或副处长中男性比例（1.4∶1）最低。

2.教务处长年龄段分布

表5.1.3　高校教务处长年龄段分布情况

特征	分类	频数	百分比
年龄	26～35岁	4	2.1%
	36～45岁	88	46.1%
	46～60岁	96	50.2%
	60岁以上	3	1.6%

从数据统计分析来看，教务处长或副处长年龄分布在46～60岁之间的比例最高，其次分布在36～45岁之间。从教务处长或副处长的年龄可见，他们都从事过多年的教学或管理工作，拥有相对丰富的教学或者管理经验。

（二）现任教务处长自画像

通过问卷调查了191位教务处长或者副处长，通过现任教务处长的自评绘制了一幅自画像。

从自评数据分析可见，"勇于担当"（第10项）、"育人情怀"（第11项）、"质量控制"（第5项）、"协同合作"（第3项）、"更新观念"（第6项）、"规划落实"（第2项）、"关注诉求"（第7项）、"理解包容"（第9项）、"统筹管理"（第4项）、"政策落实"（第1项）、"教育研究"（第8项），这11项能力与实际情况符合程度依次减弱，但都处于"比较符合"之上，表明这11项教务工作能力特征均比较符合当前高校教务处长基本能力及其履职现状。从表5.2.1数据可见，高校教务处长或者副处长在"教育研究"（第8项）方面的符合程度最低，有近30%的教务处长或者副处长自评符合或者不太符合"长年扎根于高等教育的相关研究之中"；其次在"统筹管理"（第4项）方面有近15%的教务处长或者副处长自评符合或者不太符合"能够统筹专业建设、教育教学和社会服务"；再次在"关注诉求"（第7项）方面有13%的教务处长或者副处长自评符合或者不太符合"有意识地从不同专业视角看待教务处工作，关注多方诉求"。综合对比，目前教务处长或者副处长在教育研究、统筹管理、关注诉求方面的能力有所欠缺。

表5.2.1　高校教务处长自评情况

序号	自评内容	自评情况	频数	百分比
1	我会定期组织研究如何将党和国家的方针政策落地在本校	完全符合	89	46.6%
		比较符合	81	42.4%
		符合	18	9.4%
		不太符合	3	1.6%
2	根据学校确定的工作目标,我能够做出明确的战略规划和落实举措	完全符合	87	45.5%
		比较符合	86	45%
		符合	17	9%
		不太符合	1	0.5%
3	工作中我能够与二级教学单位实现信息与资源共享,协同合作	完全符合	89	46.6%
		比较符合	85	44.5%
		符合	17	8.9%
		不太符合	0	0
4	工作中我能够统筹专业建设、教育教学和社会服务	完全符合	83	43.4%
		比较符合	80	41.9%
		符合	28	14.7%
		不太符合	0	0
5	工作中我非常重视教学质量控制	完全符合	97	50.8%
		比较符合	74	38.7%
		符合	20	10.5%
		不太符合	0	0
6	我努力在教务部门推行新的改革,不断更新管理观念	完全符合	93	48.7%
		比较符合	75	39.3%
		符合	21	11%
		不太符合	2	1%
7	我经常有意识地从不同专业视角看待教务处工作,关注多方诉求	完全符合	86	45%
		比较符合	80	41.9%
		符合	25	13.1%
		不太符合	0	0
8	我长年扎根于高等教育的相关研究之中	完全符合	62	32.5%
		比较符合	79	41.3%
		符合	41	21.5%
		不太符合	9	4.7%

续表

序号	自评内容	自评情况	频数	百分比
9	我能够理解包容与自己观念相冲突的想法和意见	完全符合	85	44.5%
		比较符合	84	44%
		符合	21	11%
		不太符合	1	0.5%
10	我对教务工作中遇到的问题,能够勇于担当	完全符合	118	61.8%
		比较符合	62	32.5%
		符合	11	5.7%
		不太符合	0	0
11	我在开展教务工作过程中会融入育人情怀	完全符合	116	60.7%
		比较符合	64	33.5%
		符合	11	5.8%
		不太符合	0	0

六、教务处长个人基本要素和教务环境分析

（一）教务处长个人基本要素

教务处长的履职担责能力会受到诸多个人要素的影响，例如学历水平、教学年限、学科背景等。这些个人基本要素可以划分为几个维度，分别是个人特征、职级奖励、教育背景、工作经验、工作经历多样性。对高校教务处长个人基本要素的分析中，可以获知参与调研的人员更为看重教务处长的何种特质或是经历，表6.1.1～表6.1.5展示了调研人员对教务处长个人基本要素评价的统计量。

表6.1.1 教务处长个人特征维度各要素统计量

维度	要素	均值	标准差	偏度		峰度		维度均值
				统计量	标准误	统计量	标准误	
个人特征	性别	2.46	1.117	0.486		−0.459		
	年龄	3.13	1.062	−0.271	0.049	−0.689	0.098	2.9879
	政治面貌	3.38	1.171	−0.414		−0.654		

通过对教务处长个人特征维度各要素均值的观察可得出结论，参与调研的人员普遍认为教务处长性别的不同并不会带来能力的差异，而年龄的增长一般意味着阅历与经验的提升，政治面貌的不同意味着对教育政策与方针的接受和理解程度的不同，因而参与调研的人员普遍认为年龄与政治面貌对教务处长的能力有一定的影响，且政治面貌的影响程度要大于年龄。

表6.1.2　教务处长职级奖励维度各要素统计量

维度	要素	均值	标准差	偏度		峰度		维度均值
				统计量	标准误	统计量	标准误	
职级奖励	职称级别	3.75	1.051	−0.818	0.049	0.196	0.098	3.6251
	职务级别	3.56	1.009	−0.622		0.014		
	人才称号	3.42	1.047	−0.458		−0.281		
	教育教学奖励	3.78	0.976	−0.863		0.613		

通过对教务处长职级奖励维度各要素均值的观察可得出结论，参与调研的人员普遍认为教务处长的职称级别对影响教务处长能力的重要性要强于职务级别，教育教学奖励对于教务处长能力的激励作用要明显强于人才称号等荣誉。

表6.1.3　教务处长教育背景维度各要素统计量

维度	要素	均值	标准差	偏度		峰度		维度均值
				统计量	标准误	统计量	标准误	
教育背景	学历水平	4.05	0.881	−1.121	0.049	1.644	0.098	3.9002
	最高学位	3.93	0.885	−0.943		1.117		
	学科方向	3.72	0.958	−0.590		0.069		

通过对教务处长教育背景维度各要素均值的观察可得出结论，参与调研的人员普遍认为教务处长的学历水平与最高学位对能力的影响是比较大的，此外，学科方向对教务处长能力也有一定的影响，但相比于学历水平和最高学位，学科方向的影响作用更弱一些。

表6.1.4　教务处长工作经验维度各要素统计量

维度	要素	均值	标准差	偏度		峰度		维度均值
				统计量	标准误	统计量	标准误	
工作经验	工作年限	3.92	0.807	−0.950	0.049	1.652	0.098	4.0129
	教学年限	4.11	0.804	−1.122		2.188		
	教务年限	4.02	0.818	−0.999		1.697		

通过对教务处长工作经验维度各要素均值的观察可得出结论，参与调研的人员对工作经验的各要素均给出了较高的分值，此外，参与调研的人员更认同教学年限的影响，这说明了参与调研的人员认为相较于本职工作的教务管理工作，教学工作更能提升教务处长履职担责能力。

表6.1.5　教务处长工作经历多样性维度各要素统计量

维度	要素	均值	标准差	偏度		峰度		维度均值
				统计量	标准误	统计量	标准误	
经历多样性	跨学科工作	3.92	0.828	−0.718	0.049	0.750	0.098	3.9682
	国际交流学习	3.78	0.899	−0.618		0.323		
	教学经历	4.26	0.748	−1.275		2.954		
	科研经历	4.01	0.822	−0.842		1.119		
	行业背景	3.87	0.875	−0.703		0.620		

通过对教务处长经历多样性维度各要素均值的观察可得出结论，参与调研的人员对教务处长的教学经历、科研经历、跨学科工作经历的评价均值较高，这说明与教学有关的工作经历对于提升教务处长能力更为重要。

综合分析教务处长个人基本要素，从五个维度的均值可见工作经验是最核心的要素，其次是经历的多样性和受教育背景，而个人特征相对是最不重要的。该分析可以为教务处长选任条件给出一定建议。

（二）教务环境

教务处长的履职担责能力不仅受教务处长个人要素的影响，还受一系列客观因素的影响，包括高校教务工作的复杂程度、总体体量、工作强度等，这些因素可以被划分为五大工作环境维度，即高校类型、高校规模、学校战略、教务工作环境、教务工作强度。对教务处长工作环境的分析可以获知教务处长能力的发挥主要受到哪些客观条件的制约，表6.2.1～表6.2.6展示了调研人员对教务处长教务工作环境评价的统计量。

表6.2.1　高校类型维度各因素统计量

维度	因素	均值	标准差	偏度		峰度		维度均值
				统计量	标准误	统计量	标准误	
高校类型	高校归口	3.78	0.964	−0.751	0.049	0.414	0.098	3.7397
	高校类型Ⅰ	3.63	0.982	−0.639		0.136		
	高校类型Ⅱ	3.81	0.924	−0.729		0.533		

通过对高校类型维度各因素均值的观察可得出结论，相较于高校类型Ⅰ（综合、理工、农林等）因素，高校归口（部属、省属、其他）和高校类型Ⅱ（研究型、教学型等）因素对教务处长能力的发挥影响更大。

表6.2.2 高校规模维度各因素统计量

维度	因素	均值	标准差	偏度		峰度		维度均值
				统计量	标准误	统计量	标准误	
高校规模	教职工总数	3.90	0.827	−0.856		1.233		
	在校学生总数	3.95	0.822	−0.721		0.777		
	二级行政单位数	3.81	0.808	−0.618	0.049	0.753	0.098	3.9457
	在校本科生数	3.90	0.818	−0.731		0.941		
	财务预算情况	4.17	0.874	−0.912		0.481		

高校规模代表了教务工作的复杂程度，通过对高校规模维度各因素均值的观察可得出结论，高校规模很大程度上会直接影响到教务处长能力的发挥，并且高校的财务预算情况所造成的影响高于其他因素的影响。

表6.2.3 学校战略维度各因素统计量

维度	因素	均值	标准差	偏度		峰度		维度均值
				统计量	标准误	统计量	标准误	
学校战略	科研导向	4.16	0.777	−0.921		1.331		
	本科教育	4.35	0.771	−1.238		1.780		
	社会服务	4.02	0.778	−0.575	0.049	0.476	0.098	4.0764
	国际化	3.72	0.854	−0.418		0.208		
	服务国家战略	4.14	0.812	−0.751		0.436		

通过对学校战略维度各因素均值的观察可得出结论，高校的本科教育、科研导向、服务国家战略均对教务处长能力的影响较大，国际化战略和社会服务的影响较小，这说明面向校内与国内的学校战略与教务工作更为契合，更能发挥教务处长的履职担责能力。

表6.2.4 教务工作环境维度各因素统计量

维度	因素	均值	标准差	偏度		峰度		维度均值
				统计量	标准误	统计量	标准误	
教务工作环境	二级教学单位数	3.90	0.806	−0.682		0.922		
	本科教学教师数	4.06	0.802	−0.761		0.859		
	本科生数	3.98	0.802	−0.651		0.679		
	本科专业数	3.98	0.810	−0.717	0.049	0.916	0.098	4.0078
	一流专业建设点数	4.12	0.823	−0.932		1.145		
	双学位辅修专业数	3.62	0.836	−0.351		0.157		
	教学经费投入力度	4.39	0.799	−1.347		1.761		

教务工作环境反映了教务工作的体量和资源支持力度，通过对教务工作环境维度各因素均值的观察可得出结论，教学经费投入力度对教务处长能力的影响最大，其次是本科生数、教师数等，最后是双学位辅修专业数，这说明教学经费的投入很大程度上制约着教务处长能力的发挥，而双学位对教务处长能力的影响最弱。

表6.2.5 教务处工作环境维度各因素统计量

维度	因素	均值	标准差	偏度		峰度		维度均值
				统计量	标准误	统计量	标准误	
教务处 工作环境	工作人员总数	3.98	0.803	−0.695	0.049	0.720	0.098	4.1116
	科室数和结构	3.98	0.829	−0.714		0.671		
	教务工作经费	4.24	0.805	−1.081		1.396		
	教务处硬件条件	4.12	0.822	−0.869		0.881		
	教务处软件条件	4.23	0.825	−1.074		1.287		

教务处工作环境反映了教务处本身的体量和资源状况，通过对教务处工作环境维度各因素均值的观察可得出结论，教务处的工作经费和软件条件对教务处长能力影响最大，这说明在教务处内部经费仍然是影响教务处长能力发挥的一大制约因素，此外，教务团队素质等软件条件也是一大影响因素。教务处科室数和结构、工作人员总数对教务处长能力的发挥相对影响弱。

表6.2.6 教务工作强度维度各因素统计量

维度	因素	均值	标准差	偏度		峰度		维度均值
				统计量	标准误	统计量	标准误	
教务 工作强度	工作时间总数	4.00	0.790	−0.685	0.049	0.782	0.098	3.7967
	会议总数时长	3.70	0.932	−0.500		0.085		
	加班次数时长	3.69	0.972	−0.538		0.055		

通过对教务工作强度维度各因素均值的观察可得出结论，教务工作时长对教务处长能力的发挥会有一定的影响，会议和加班的影响作用则明显偏弱。

综合分析教务处长教务环境各要素，从六个维度的均值可见教务处工作环境是影响教务处长能力发挥的最核心的要素，其次是学校战略和教务工作环境，而高校类型和教务工作强度相对是影响能力发挥最弱的因素。该分析可以为教务处长改善教务环境客观条件提供参考。

（三）教务处长个人基本要素和教务环境分析小结

教务处长的个人基本要素和所处的教务环境作为个人固有特征和高校教务工作的客观条件，会不可避免地长时间、多角度地影响教务处长能力及其发挥。本章节通过对个人基本要素和教务环境的分析，得出以下三点主要结论：

第一，教务处长的先天特征例如性别和年龄对能力的影响较低，职级与奖励对教务处长能力有一定的激励作用，教育背景、工作经验、经历多样性等后天因素对提升教务处长履职担责能力有很突出的作用。

第二，高校类型、教务工作强度对教务处长能力发挥的制约作用较小，工作环境、学校战略、学校规模对教务处长能力发挥的制约作用更大。

第三，充足的教务、教学的预算对教务处长能力的发挥尤其重要。

对教务处长的个人基本要素和所处的教务环境的因素分析可以为高校选拔教务处长和改善教务工作的客观条件提供一定程度的参考，为提升教务管理队伍建设提供可借鉴的建议。

七、高校教务处长能力维度整体分析

（一）能力维度整体分析

1.描述分析

在不考虑控制变量影响的条件下，依据均值，九大能力维度的重要性排序如下，职业精神、教务规划、教学组织、服务意识、政治素养、质量控制、成长发展、创新变革、沟通协调。各维度的统计量及九维度均值如表7.1.1和图7.1.1所示。

表 7.1.1 维度统计量

维度	均值	标准差	偏度		峰度		九维度均值
			统计量	标准误	统计量	标准误	
政治素养	4.2967	0.56846	−2.153		5.594		
教务规划	4.3213	0.49011	−2.180		6.275		
沟通协调	4.2032	0.51272	−1.638		3.796		
教学组织	4.3105	0.48353	−2.063		5.852		
质量控制	4.2825	0.50396	−1.986	0.049	5.395	0.098	4.2886
创新变革	4.2514	0.53841	−1.847		4.333		
服务意识	4.3016	0.48206	−2.010		5.371		
成长发展	4.2613	0.50144	−1.923		5.232		
职业精神	4.3689	0.48274	−2.557		8.709		

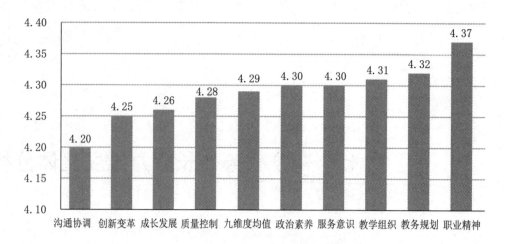

图7.1.1　维度分均值与总均值比较

2.推论分析

基于教务处长能力模型的相关和回归结果如表7.1.2和表7.1.3所示。相关性分析的结果表明，九个主要维度：政治素养、教务规划、教学组织、质量控制、创新变革、服务意识、成长发展、沟通协调、职业精神，所有皮尔森相关系数都是两颗"**"，表示在0.01水平（双侧）上显著相关，"*"表示在0.05水平（双侧）上显著相关，相关系数都在0.6～0.8的区间，表明维度之间都有非常密切的联系。

表7.1.2　相关性分析结果

	1	2	3	4	5	6	7	8	9
1.政治素养									
2.教务规划	0.709**								
3.沟通协调	0.626**	0.786**							
4.教学组织	0.661**	0.791**	0.799**						
5.质量控制	0.646**	0.758**	0.773**	0.854**					
6.创新变革	0.645**	0.730**	0.754**	0.779**	0.813**				
7.服务意识	0.620**	0.751**	0.737**	0.775**	0.771**	0.747**			
8.成长发展	0.627**	0.724**	0.747**	0.779**	0.780**	0.779**	0.801**		
9.职业精神	0.675**	0.764**	0.710**	0.778**	0.769**	0.739**	0.758**	0.790**	
均值	4.2967	4.3213	4.2032	4.3105	4.2825	4.2514	4.3016	4.2613	4.3689
标准差	0.56846	0.49011	0.51272	0.48353	0.50396	0.53841	0.48206	0.50144	0.48274

注：**表示在0.01水平（双侧）上显著相关；*表示在0.05水平（双侧）上显著相关。

表7.1.3　回归分析结果

自变量	系数	Sig.	R²	Ajusted R²	Durbin Watson	VIF
常量	0.216**	0.000				
政治素养	0.228**	0.000				
教务规划	0.311**	0.000				
沟通协调	0.042*	0.047				
教学组织	0.150**	0.000	0.709	0.707	2.006	2.010
质量控制	0.088**	0.000				
创新变革	0.045*	0.030				
服务意识	0.043	0.064				
成长发展	−0.044	0.055				
职业精神	0.098**	0.000				

注：**表示在0.01水平（双侧）上显著相关；*表示在0.05水平（双侧）上显著相关。

回归分析结果显示，回归模型的调整 R^2 达到了 0.707，这说明回归的拟合度非常高。D-W统计量非常接近于2，这说明参与调研人员之间是独立的。VIF值小于5，这说明各变量不存在严重的多重共线性问题。

同时回归结果表明，针对教务处长的能力模型，最为重要的是政治素养、教务规划、教学组织、质量控制和职业精神，显著性均为0.000。其中按照回归系数代表的影响力度来看，影响最大的是教务规划（0.311），其次是政治素养（0.228）、教学组织（0.150），靠后的是职业精神（0.098）和质量控制（0.088）。相对而言，沟通协调和创新变革的影响在0.05的水平上显著，而服务意识影响相对不显著，成长发展对教务处长的能力呈现微弱的反向影响。

（二）能力维度子构念分析

1.政治素养

政治素养是教务处长在高校行政工作中把握方向大局、辨别政治是非、保持政治定力、驾驭政治局面、防范政治风险的基本政治能力。政治素养维度由党性觉悟、政治大局、政策领悟力、政治心理、政治执行力、政治生态六个构念组成，各个构念的含义在问卷中均有解释。各个构念的统计量如表7.2.1所示。

表 7.2.1　政治素养维度各构念统计量

变量	题项	均值	标准差	偏度		峰度		维度均值
				统计量	标准误	统计量	标准误	
政治素养	党性觉悟	4.41	0.781	−1.457		2.466		
	政治大局	4.44	0.772	−1.536		2.749		
	政策领悟力	4.35	0.774	−1.307		2.157		
	政治心理	4.21	0.753	−1.020	0.049	1.828	0.098	4.2967
	政治执行力	4.22	0.758	−0.937		1.230		
	政治生态	4.15	0.735	−0.795		1.203		

政治素养的维度均值为 4.2967，党性觉悟的均值为 4.41，政治大局的均值为 4.44，政策领悟力的均值为 4.35，政治执行力的均值为 4.22，政治心理的均值为 4.21，政治生态的均值为 4.15。各构念均值与维度均值的比较如图 7.2.1 所示。

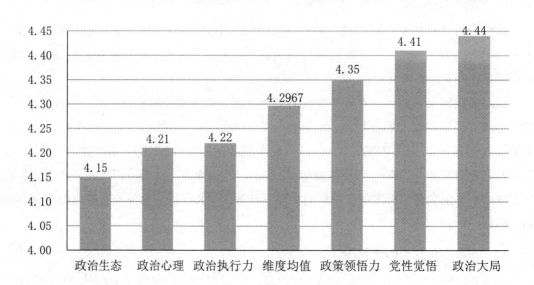

图 7.2.1　政治素养各构念均值与维度均值

政治素养维度六个构念的数据分布情况如图 7.2.2 所示。

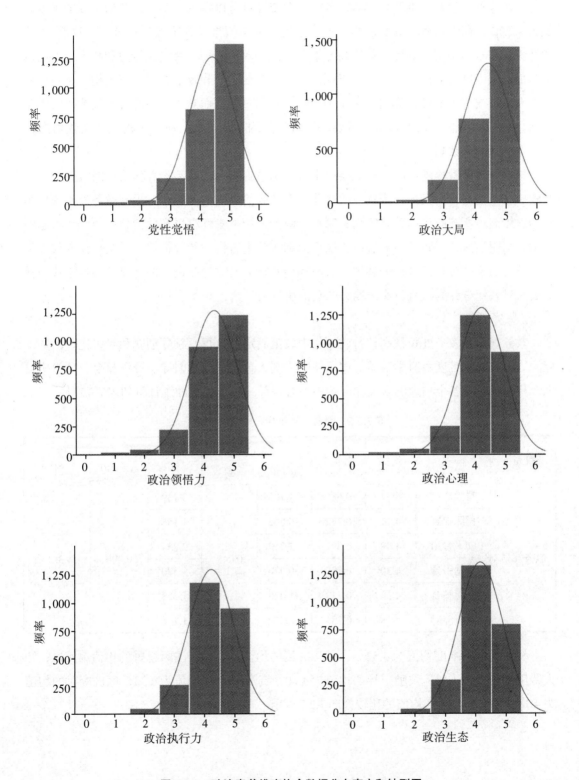

图7.2.2　政治素养维度构念数据分布直方和钟型图

通过观察政治素养维度总体以及各个构念统计量可以发现：第一，政治素养的维度均值为4.2967，在影响教务处长能力的九个维度中的均值排名为第五位；第二，政治大局、党性觉悟和政治领悟力的构念均值高于维度均值，政治心理、政治执行力和政治生态的构念均值则低于维度均值；第三，对于政治大局、党性觉悟和政治领悟力三个构念，每个构念都有多于或等于50%的调研人员认为该构念特别重要，而对于政治心理、政治执行力和政治生态三个构念，认为其特别重要的调研人员均不足40%，前三个构念的众数均为5，后三个构念的众数则均为4。

根据对政治素养维度的数据观察得出以下结论：第一，政治素养作为反映教务处长在行政工作中把握方向大局、辨别政治是非、防范政治风险的能力，对提升教务处长履职担责的总体能力所起的作用并不突出；第二，政治大局、党性觉悟和政治领悟力三个构念的数据特征明显区别于政治心理、政治执行力和政治生态构念的数据特征，这意味着代表教务处长对国家高等教育方针的理解、领悟和判断能力的政治领悟力的重要性要强于代表教务处长对教育方针的执行、实践能力的政治执行力。

2.教务规划

教务规划是教务处长在高校行政工作中政策制定和执行、领导创新和组织变革的基本能力。教务规划维度由科学决策、国际视野、知人善用、鼓励引导、资源整合、危机应对六个构念组成，各个构念的含义在问卷中均有解释。各个构念的统计量如表7.2.2所示。

表7.2.2　教务规划维度各构念统计量

变量	题项	均值	标准差	偏度		峰度		维度均值
				统计量	标准误	统计量	标准误	
教务规划	科学决策	4.54	0.685	−1.703	0.049	3.739	0.098	4.3213
	国际视野	4.11	0.772	−0.802		1.156		
	知人善用	4.48	0.691	−1.359		2.254		
	鼓励引导	4.30	0.706	−0.976		1.590		
	资源整合	4.33	0.723	−1.028		1.453		
	危机应对	4.18	0.735	−0.809		1.152		

教务规划的维度均值为4.3213，科学决策的均值为4.54，国际视野的均值为4.11，知人善用的均值为4.48，鼓励引导的均值为4.30，资源整合的均值为4.33，危机应对的均值为4.18。各构念与维度均值的比较如图7.2.3所示。

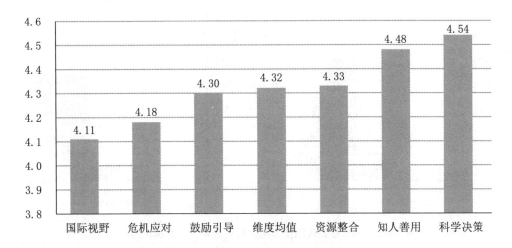

图7.2.3　教务规划各构念均值与维度均值

教务规划维度六个构念的数据分布情况如图7.2.4所示。

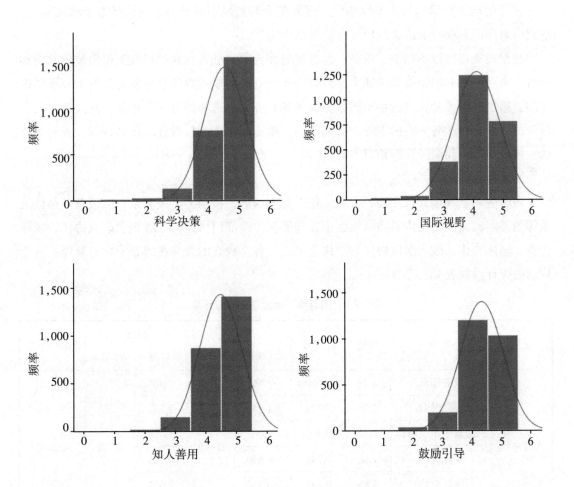

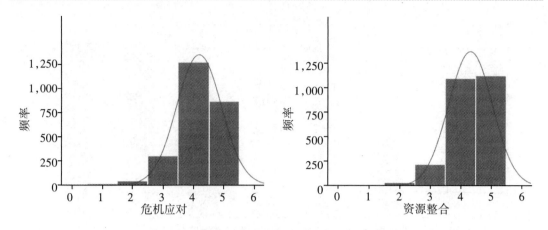

图 7.2.4　教务规划维度构念数据分布直方和钟型图

通过观察教务规划维度总体以及各个构念统计量可以发现：第一，教务规划的维度均值为4.3213，在影响教务处长能力的九个维度中的均值排名为第二位；第二，科学决策与知人善用的构念均值远高于维度均值，资源整合和鼓励引导的构念均值接近于维度均值，危机应对和国际视野的构念均值则远低于维度均值。

根据观察得出以下结论：第一，教务规划作为教务处长在高校行政工作中政策制定和执行、领导创新和组织变革的能力，对提升教务处长履职担责的总体能力起着十分重要的作用；第二，教务处长进行科学的教务决策和教务人员选拔能力尤其重要，其次是对教育资源的管理和对教务人员的引导、激励能力；第三，由于高校教务工作的特点，教务处长的危机处理能力和国际视野相对不突出。

3.沟通协调

沟通协调是教务处长在高校行政工作中与人沟通，协调上下级关系、二级教学单位关系等的基本沟通能力。沟通协调维度由教务团队、跨部门协作、二级教学单位协作、校际合作、国际合作、政企学研协作六个构念组成，各个构念的含义在问卷中均有解释。各个构念的统计量如表7.2.3所示。

表 7.2.3　沟通协调维度各构念统计量

变量	题项	均值	标准差	偏度		峰度		维度均值
				统计量	标准误	统计量	标准误	
沟通协调	教务团队	4.48	0.690	−1.461	0.049	2.905	0.098	4.2032
	跨部门协作	4.39	0.724	−1.258		2.243		
	二级教学单位协作	4.37	0.703	−1.062		1.454		
	校际合作	4.10	0.749	−0.650		0.626		
	国际合作	3.85	0.753	−0.516		0.652		
	政企学研协作	4.03	0.807	−0.626		0.363		

沟通协调的维度均值为4.2032，教务团队的均值为4.48，跨部门协作的均值为4.39，二级教学单位协作的均值为4.37，校际合作的均值为4.10，国际合作的均值为3.85，政企学研协作的均值为4.03。各构念均值与维度均值的比较如图7.2.5所示。

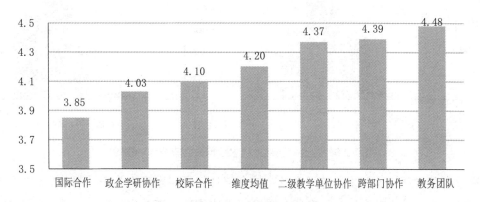

图7.2.5 沟通协调各构念均值与维度均值

沟通协调维度六个构念的数据分布情况如图7.2.6所示。

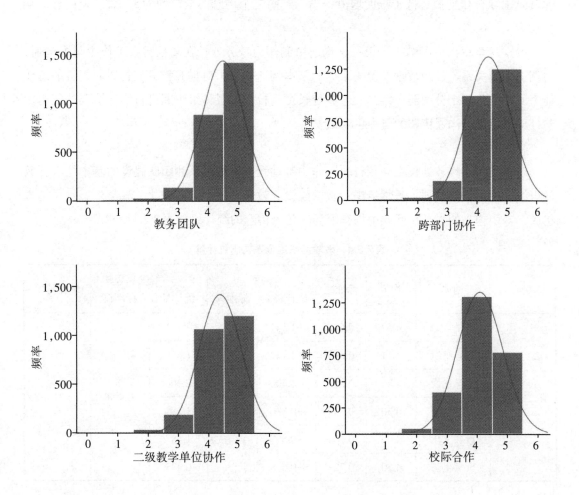

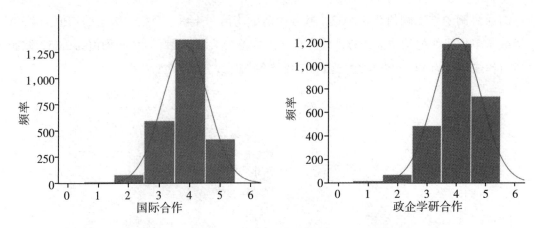

图7.2.6　沟通协调维度构念数据分布直方和钟型图

通过观察沟通协调维度总体以及各个构念统计量可以发现：第一，沟通协调的维度均值为4.2032，在影响教务处长能力的九个维度中均值排名第九位；第二，跨部门协作、二级教学单位协作，尤其是教务团队构念均值远高于维度均值，校际合作、政企学研合作，尤其是国际合作均值远低于维度均值；第三，前三个构念的众数均为5，后三个构念的众数均为4。

根据观察得出以下结论：第一，沟通协调作为教务处长在高校行政工作中与人沟通，协调上下级关系、二级教学单位关系等的基本沟通能力，对提升教务处长履职担责的总体能力所起的作用十分微弱；第二，教务处长在高校内部各种组织间进行沟通协调的能力比与外部组织进行沟通协调的能力更为重要。

4.教学组织

教学组织是教务处长在高校行政工作中推动教务管理体系和团队建设的基本能力。教学组织维度由教学规划、教学组织、教学建设、教学秩序、教务文化、教学生态六个构念组成，各个构念的含义在问卷中均有解释。各个构念的统计量如表7.2.4所示。

表7.2.4　教学组织维度各构念统计量

变量	题项	均值	标准差	偏度		峰度		维度均值
				统计量	标准误	统计量	标准误	
教学组织	教学规划	4.51	0.686	−1.541	0.049	3.101	0.098	4.3105
	教学组织	4.41	0.695	−1.147		1.680		
	教学建设	4.48	0.699	−1.400		2.300		
	教学秩序	4.30	0.703	−0.886		1.181		
	教务文化	4.06	0.704	−0.697		1.487		
	教学生态	4.10	0.725	−0.658		0.933		

教学组织的维度均值为4.3105,教学规划的均值为4.51,教学组织的均值为4.41,教学建设的均值为4.48,教学秩序的均值为4.30,教务文化的均值为4.06,教学生态的均值为4.10。各构念均值与维度均值的比较如图7.2.7所示。

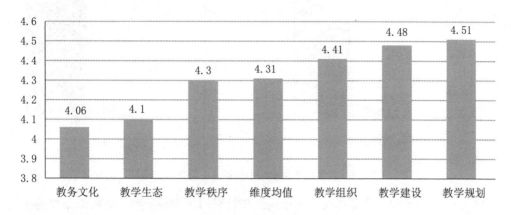

图7.2.7 教学组织各构念均值与维度均值

教学组织维度六个构念的数据分布情况如图7.2.8所示。

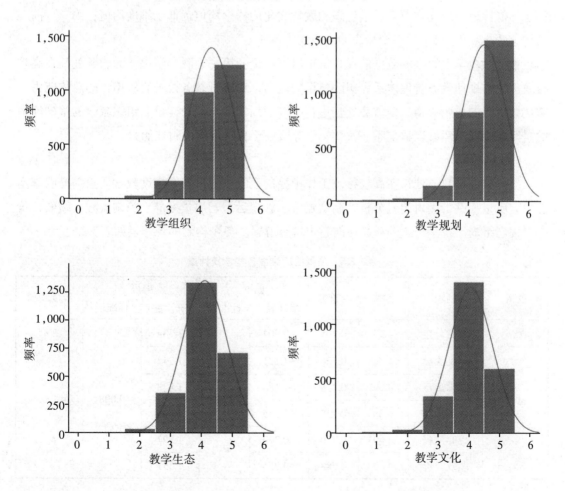

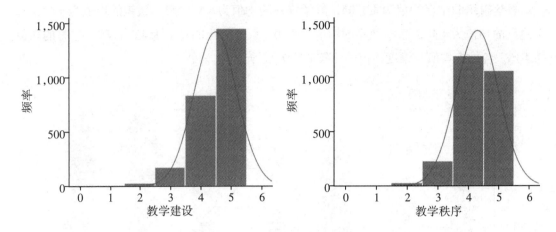

图7.2.8 教学组织维度构念数据分布直方和钟型图

通过观察教学组织维度总体以及各个构念统计量可以发现：第一，教学组织的维度均值为4.3105，在影响教务处长能力的九个维度中的均值排名为第三位；第二，教学规划和教学建设的构念均值远高于维度均值，教学组织的构念均值略高于维度均值，教学秩序的构念均值接近于维度均值，教学生态和教学文化的构念均值远低于维度均值；第三，前三个构念的众数均为5，后三个构念的众数均为4。

根据对教学组织维度数据的观察得出以下结论：第一，教学组织作为教务处长在高校行政工作中推动教务管理体系和团队建设的能力，对提升教务处长履职担责的总体能力起着比较重要的作用；第二，教务处长进行统筹规划学科与专业建设、组织教学的基础能力的重要性要强于建设教学秩序、教学文化等服务于教学运行的附加能力。

5.质量控制

质量控制是教务处长在高校行政工作中控制教学质量、持续推动教学质量提升的基本能力。质量控制维度由调研分析、制度建设、教学运行、质量标准、控制流程、绩效评价六个构念组成，各个构念的含义在问卷中均有解释。各个构念的统计量如表7.2.5所示。

表7.2.5 质量控制维度各构念统计量

变量	题项	均值	标准差	偏度		峰度		维度均值
				统计量	标准误	统计量	标准误	
质量控制	调研分析	4.29	0.705	−0.904	0.049	1.384	0.098	4.2825
	制度建设	4.36	0.726	−1.121		1.742		
	教学运行	4.39	0.718	−1.183		1.878		
	质量标准	4.38	0.725	−1.165		1.723		
	控制流程	4.09	0.730	−0.779		1.397		
	绩效评价	4.19	0.783	−0.956		1.351		

质量控制的维度均值为4.2825，调研分析的均值为4.29，制度建设的均值为4.36，教学运行的均值为4.39，质量标准的均值为4.38，控制流程的均值为4.09，绩效评价的均值为4.19。各构念均值与维度均值的比较如图7.2.9所示。

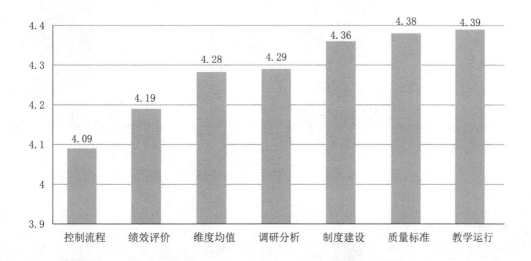

图 7.2.9　质量控制各构念均值与维度均值

质量控制维度六个构念的数据分布情况如图7.2.10所示。

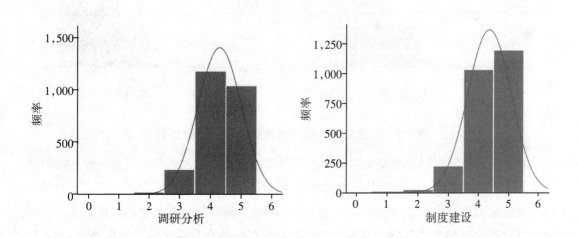

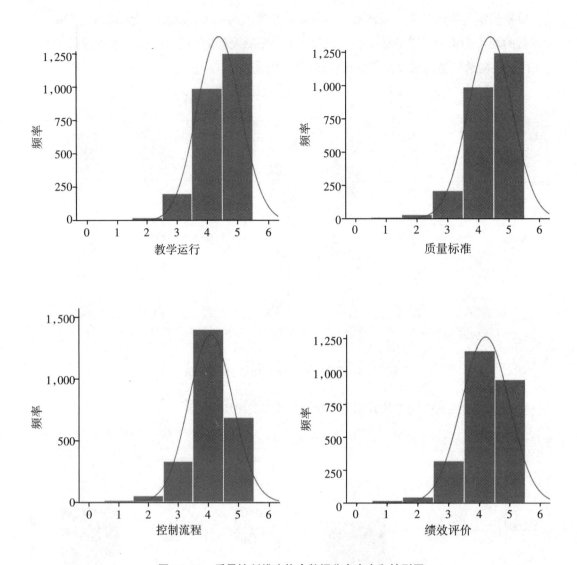

图7.2.10　质量控制维度构念数据分布直方和钟型图

通过观察质量控制维度总体以及各个构念统计量可以发现：第一，质量控制的维度均值为4.2825，在影响教务处长能力的九个维度中的均值排名为第六位；第二，教学运行、质量标准和制度建设的构念均值高于维度均值，调研分析的构念均值接近于维度均值，绩效评价的构念均值低于维度均值，控制流程的构念均值远低于维度均值；第三，教学运行、质量控制、制度建设的众数均为5，调研分析、绩效评价、控制流程的众数均为4。

根据对质量控制维度数据的观察得出以下结论：第一，质量控制作为教务处长在高校行政工作中控制教学质量、持续推动教学质量提升的能力，对提升教务处长履职担责能力的总体能力所起的作用并不突出；第二，教务处长为保证教学质量进行制度和标准建设的能力更为重要，而依据制度和标准对教学质量进行评估和考核的能力重要性则稍弱。

6.创新变革

创新变革是教务处长在高校行政工作中锐意进取、创新变革的基本能力。创新变革维度由守正创新、前沿趋势、改革意识、制度创新、教学改革、变革管理六个构念组成，各个构念的含义在问卷中均有解释。各个构念的统计量如表7.2.6所示。

表7.2.6 创新变革维度各构念统计量

变量	题项	均值	标准差	偏度		峰度		维度均值
				统计量	标准误	统计量	标准误	
创新变革	守正创新	4.35	0.730	−1.125	0.049	1.688	0.098	4.2514
	前沿趋势	4.25	0.749	−0.945		1.330		
	改革意识	4.33	0.748	−1.083		1.429		
	制度创新	4.23	0.746	−0.829		0.837		
	教学改革	4.29	0.767	−1.044		1.296		
	变革管理	4.05	0.762	−0.791		1.310		

创新变革的维度均值为4.2514，守正创新的均值为4.35，前沿趋势的均值为4.25，改革意识的均值为4.33，制度创新的均值为4.23，教学改革的均值为4.29，变革管理的均值为4.05。各构念均值与维度均值的比较如图7.2.11所示。

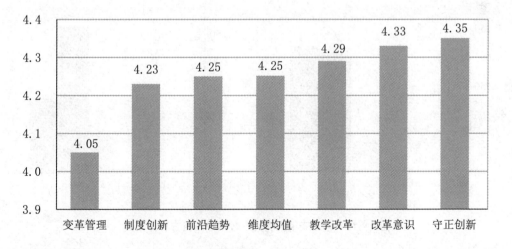

图7.2.11 创新变革各构念均值与维度均值

创新变革维度六个构念的数据分布情况如图7.2.12所示。

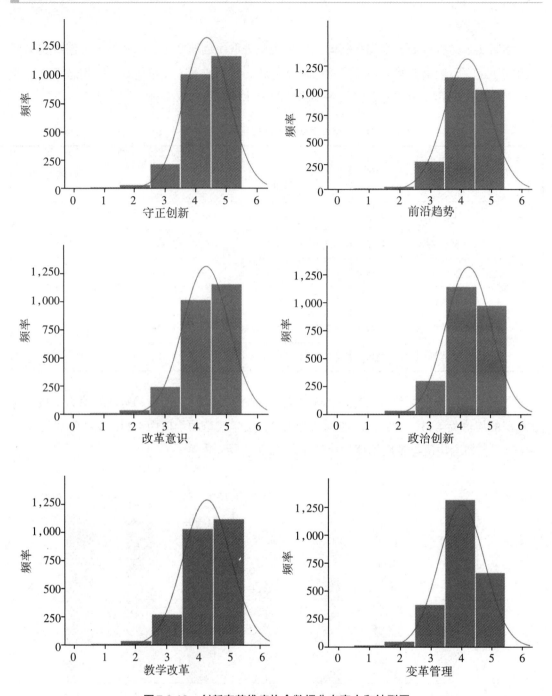

图7.2.12 创新变革维度构念数据分布直方和钟型图

通过观察创新变革维度总体以及各个构念统计量可以发现：第一，创新变革的维度均值为4.2514，在影响教务处长能力的九个维度中的均值排名为第八位；第二，除变革管理外，其他子构念得分较为平稳，守正创新与改革意识的构念均值略高于维度均值，教学改革、前沿趋势、制度创新的构念均值接近于维度均值，变革管理的构念均值远低于维度均值。

根据对创新变革维度数据的观察得出以下结论：第一，创新变革作为教务处长在高校行政工作中锐意进取、创新变革的能力，对提升教务处长履职担责能力的总体能力所起的作用非常微弱；第二，高校教务处长在坚守国家教育方针的基础上打破经验思维、提升创新变革意识的守正创新能力要比将创新意识融入教学与制度之中的应用能力更为重要，保证创新变革有序进行的变革管理能力最为不重要。

7.服务意识

服务意识是教务处长在高校行政工作中服务师生、服务教学的基本工作态度和能力。服务意识维度由以学生为中心、服务教师、服务二级教学单位、满意度导向、换位思考、利益相关者互动六个构念组成，各个构念的含义在问卷中均有解释。各个构念的统计量如表7.2.7所示。

表7.2.7　服务意识维度各构念统计量

变量	题项	均值	标准差	偏度		峰度		维度均值
				统计量	标准误	统计量	标准误	
服务意识	以学生为中心	4.51	0.686	−1.530	0.049	2.988	0.098	4.3016
	服务教师	4.53	0.684	−1.559		2.950		
	服务二级教学单位	4.26	0.728	−0.890		1.160		
	满意度导向	4.17	0.734	−0.837		1.383		
	换位思考	4.28	0.726	−0.950		1.351		
	利益相关者互动	4.06	0.722	−0.662		1.078		

服务意识的维度均值为4.3016，以学生为中心的均值为4.51，服务教师的均值为4.53，服务二级教学单位的均值为4.26，满意度导向的均值为4.17，换位思考的均值为4.28，利益相关者互动的均值为4.06。各构念均值与维度均值的比较如图7.2.13所示。

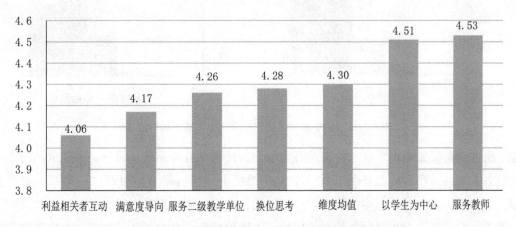

图7.2.13　服务意识各构念均值与维度均值

服务意识维度六个构念的数据分布情况如图7.2.14所示。

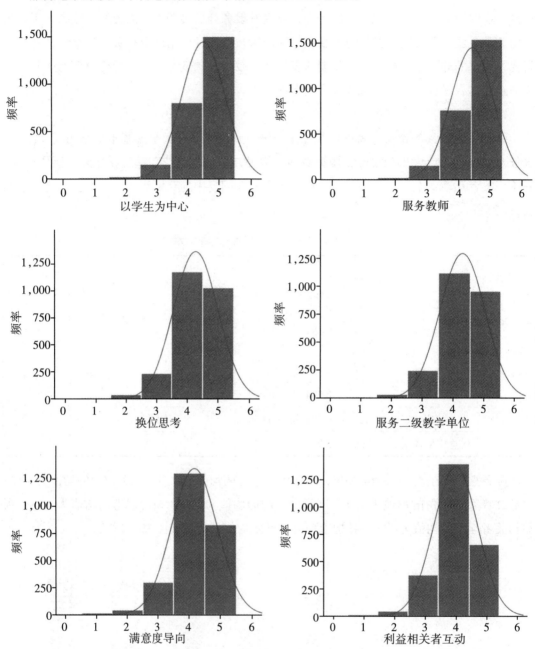

图7.2.14　服务意识维度构念数据分布直方和钟型图

通过观察服务意识维度总体以及各个构念的统计量可以发现：第一，服务意识的维度均值为4.3016，在影响教务处长能力的九个维度中的均值排名为第四位；第二，服务教师、以学生为中心的构念均值远高于维度均值，换位思考、服务二级教学单位的构念均值接近于维度均值，满意度导向构念均值略低于维度均值，利益相关者互动构念均值则远低于维度均值；第三，服务教师和以学生为中心的构念均值异常高，在54个子构念均值中排名第二和第四位。

根据观察得出以下结论：第一，服务意识作为教务处长在高校行政工作中服务师生、服务教学的基本工作态度和能力，对提升教务处长履职担责能力的总体能力所起的作用并不突出；第二，教务处长对高校内部利益相关者（教师、学生、教学单位）的服务意识比对外部利益相关者（政府、家长、校友）的服务意识更为重要；第三，服务意识的维度均值虽然不高，但是此维度下的服务教师和以学生为中心对提升教务处长履职担责能力的总体能力起着至关重要的作用；第四，由于本次调研教师的参与人数最多，第三点结论的一个可能性假设是由于教师的态度干预，导致服务教师构念的均值偏高。

8.成长发展

成长发展是教务处长在高校行政工作中管理自我职业生涯、不断成长和发展的基本能力。成长发展维度由职业规划、压力调节、终身学习、开放心态、时间管理、信息化六个构念组成，各个构念的含义在问卷中均有解释。各个构念的统计量如表7.2.8所示。

表7.2.8　成长发展维度各构念统计量

变量	题项	均值	标准差	偏度		峰度		维度均值
				统计量	标准误	统计量	标准误	
成长发展	职业规划	4.27	0.733	−0.969	0.049	1.594	0.098	4.2613
	压力调节	4.18	0.721	−0.787		1.299		
	终身学习	4.37	0.721	−1.094		1.552		
	开放心态	4.29	0.729	−0.991		1.558		
	时间管理	4.19	0.734	−0.757		0.921		
	信息化	4.28	0.767	−0.995		1.146		

成长发展的维度均值为4.2613，职业规划的均值为4.27，压力调节的均值为4.18，终身学习的均值为4.37，开放心态的均值为4.29，时间管理的均值为4.19，信息化的均值为4.28。各构念均值与维度均值的比较如图7.2.15所示。

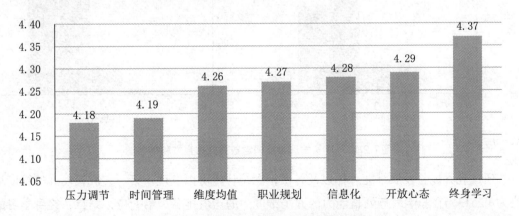

图7.2.15　成长发展各构念均值与维度均值

成长发展维度六个构念的数据分布情况如图7.2.16所示。

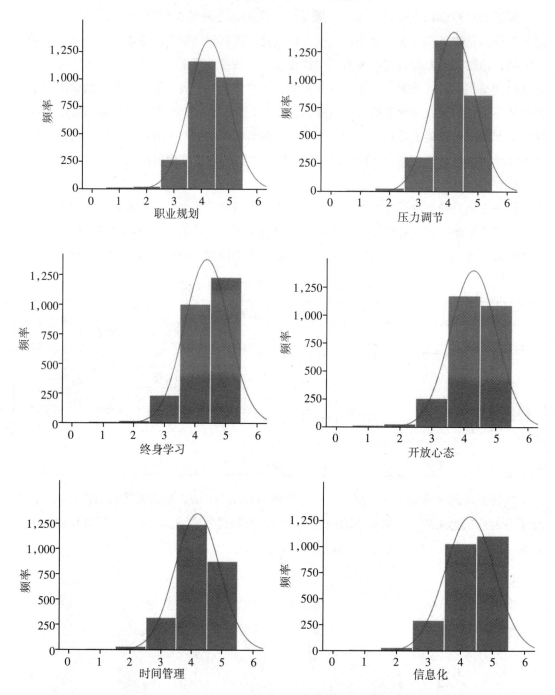

图7.2.16　成长发展维度构念数据分布直方和钟型图

通过观察成长发展维度总体以及各个构念统计量可以发现：第一，成长发展的维度均值为4.2613，在影响教务处长能力的九个维度中的均值排名为第七位；第二，终身学习的构念均值远高于维度均值，开放心态、信息化、职业规划的构念均值接近于维度均值，时间管理和压力调节的构念均值略低于维度均值。

根据对成长发展维度数据的观察得出以下结论：第一，成长发展作为教务处长在高校行政工作中管理自我职业生涯、不断成长和发展的能力，对提升教务处长履职担责能力的总体能力所起的作用较为微弱；第二，教务处长将自身成长发展融入教务工作的能力最为重要，例如保持不断学习新政策、新方法、信息技术并将其应用于教务实践的能力，带有个人导向色彩的能力重要性则偏弱，例如个人职业规划、压力调节能力。

9.职业精神

职业精神是教务处长在高校行政工作中的精力投入和基本职业态度。职业精神维度由立德树人、爱岗敬业、担当作为、遵规守纪、严谨求实、作风过硬六个构念组成，各个构念的含义在问卷中均有解释。各个构念的统计量如表7.2.9所示。

表7.2.9　职业精神维度各构念统计量

变量	题项	均值	标准差	偏度		峰度		维度均值
				统计量	标准误	统计量	标准误	
职业精神	立德树人	4.56	0.675	−1.722	0.049	3.885	0.098	4.3689
	爱岗敬业	4.50	0.698	−1.520		3.032		
	担当作为	4.52	0.708	−1.670		3.551		
	遵规守纪	4.33	0.719	−1.050		1.704		
	严谨求实	4.21	0.677	−0.899		2.298		
	作风过硬	4.11	0.718	−0.897		1.988		

职业精神的维度均值为4.3689，立德树人的均值为4.56，爱岗敬业的均值为4.50，担当作为的均值为4.52，遵规守纪的均值为4.33，严谨求实的均值为4.21，作风过硬的均值为4.11。各构念均值与维度均值的比较如图7.2.17所示。

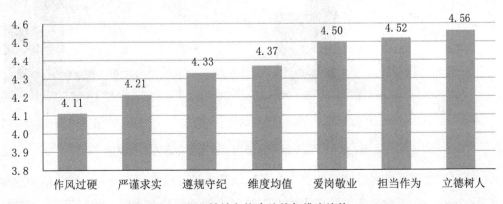

图7.2.17　职业精神各构念均值与维度均值

职业精神维度六个构念的数据分布情况如图7.2.18所示。

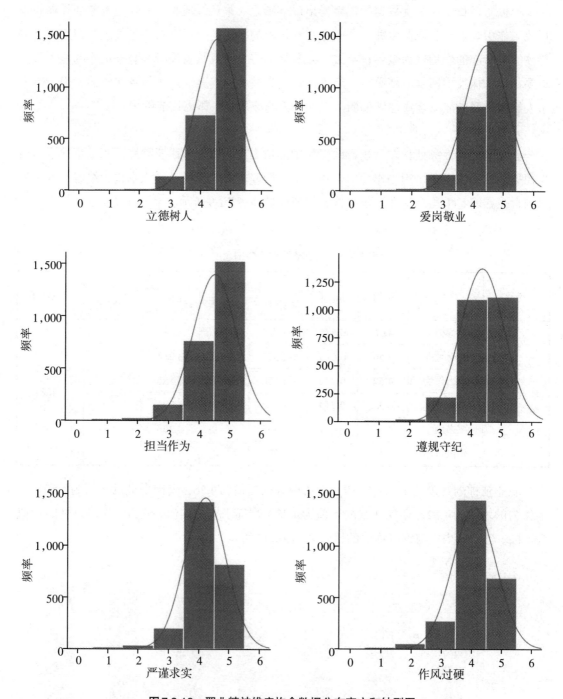

图7.2.18 职业精神维度构念数据分布直方和钟型图

通过观察职业精神维度总体以及各个构念统计量可以发现：第一，职业精神的维度均值为4.3689，在影响教务处长能力的九个维度中的均值排名为第一位；第二，立德树人、担当作为、爱岗敬业的构念维度远高于维度均值，遵规守纪的构念均值接近于维度均值，严谨求实、作风过硬的维度均值则远低于维度均值。

根据对职业精神维度数据的观察得出以下结论：第一，职业精神作为教务处长在高校行政工作中的精力投入和基本职业态度，对提升教务处长履职担责能力的总体能力起着至关重要的作用；第二，立德树人、敬业爱岗、有担当反映了教务处长的职业情怀和职业态度，对教务处长能力的提升更为重要，而教务处长的职业纪律和职业风格重要性则稍弱。

10.子构念分析小结

各个维度的内核虽然存在互斥关系，但是却存在一些共性，这些共性也就是本章节分析的核心结论。

首先，理解与规划先于实施。对国家政策方针的正确理解要强于对政策方针的执行，宏观上对教学、教务工作进行科学规划要强于保证规划的顺利实施，但这并不意味着执行与实施不重要，而是因为正确的理解和科学的规划先于执行与实施，没有正确的理解和科学的规划，那么执行与实施只能是无源之水、无根之木。

其次，实施与运行先于控制。按照既定的规划进行教务教学的有序推进是教务工作的主线，营造教学文化、建立质量标准则更多的是辅助角色。

最后，内部先于外部。教务处长应将更多的注意力放于校内，尤其是教师和学生上。

（三）高校教务处长能力不足之处

为获取更多可能影响教务处长履职担责的要素，采用内容分析法对开放性题项——"请补充您认为的其他影响教务处长履职担责的能力要素"所获取的效度较好的数据进行整理分析，对影响教务处长能力的要素做更进一步的扩展。

该题项的填答情况如下：2486份正式版问卷中共有440份问卷在本题项有内容填写，在剔除"无""没有""暂无"等无效填答后，得到179条有效填答，有效填答率为7.2%。71份部门版问卷中共有42份问卷在本题项有内容填写，在剔除无效填答后，得到34条有效填答，有效填答率为47.9%。

1.基于文本特征与词云图的可视化分析

文本特征指对文本信息具有高度概括性的字词。文本特征提取，旨在从文本中抽取特征词与对应词频，并以此来表示文本信息。除基础的统计词频方式外，TF-IDF（term frequency-inverse document frequency，词频–逆向文件频率）是一种用于文本挖掘的常用加权技术，用以评估某个特征词对语料库中的其中一份文件的重要程度，特征词的重要性会随着在文本数据中出现的次数呈正比增加，但同时随着在语料库中出现的频率呈反比下降。通过使用分词软件及TF-IDF算法对文本数据进行处理后，所得到的词频数前20与TF-IDF权重前20的特征词见下表。

表7.3.1　词频统计和TF-IDF排名前20的文本特征词

序号	词频统计	TF-IDF	序号	词频统计	TF-IDF
1	教学	教学	11	学校	工作
2	能力	教师	12	改革	担当
3	教师	教务处	13	服务	服务
4	工作	能力	14	管理	学校
5	一线	一线	15	老师	教育
6	教务	教务	16	领导	素养
7	科研	科研	17	担当	创新
8	学生	学生	18	创新	改革
9	意识	意识	19	处长	教学科研
10	教育	老师	20	问题	不要

为了更直观地展示调研人员所关注的焦点，课题组通过绘制词云图实现特征的可视化，如下图所示。

图7.3.1　开放性题目内容词云图

通过对特征词表与词云图的分析可以得出以下结论：

第一，教学、教师、学生、科研特征词在词频统计及TF-IDF中排名均较高，说明这几个特征词在文本数据中具有极高的重要性，调研人员特别重视教务处长的教学经验和规划、科研经验和规划、具有关注教师和学生的意识。

第二，教务、能力排名也较高，但由于教务处长能力即是本次研究主题，每个有效填写都有很大可能提及"教务"与"能力"，故这两个特征词反而没有那么重要。

第三，教务处特征词在词频统计中排名较靠后，但在TF-IDF值排名第三位，说明教务处特征词在文本数据中具有极高的重要性，调研人员特别重视对教务处的管理。

第四，工作特征词在词频统计中排名较高，但在TF-IDF值排名较靠后，通过定位文本内容发现均为"教学工作""教务工作""学生工作"，说明工作特征词非常常见，在文本数据中重要性不高。一线、意识特征词的排名均较高，通过定位文本内容发现均为"一线教师""一线学生""一线师生""服务教师意识""创新意识""服务意识"，故一线、意识特征词无潜在含义，在文本数据中重要性不高。

2.基于共现网络的特征词关联分析

在对文本特征和词云图进行分析后，参与调研人员的关注焦点变得一目了然，但是这些焦点之间的联系还未可知。要想找寻这些焦点之间的关系，就需要借助文本共现网络，文本共现网络可以直观地展示各特征词之间的关联关系。此外，还可以通过分析共现网络的中心节点，进一步寻找文本的特征。

共现网络的实现首先是得到特征词共现矩阵，共现矩阵展示了两两特征词之间的联系，数值越大，说明两两特征词在一起出现的频率越高、关联越紧密。共现矩阵见表7.3.2，此共现矩阵使用Python3.9实现。在得到共现矩阵后，使用Gephi制作共现网络图，见图7.3.2。

表7.3.2 特征词共现矩阵

	教学	教师	科研	工作	学生	教务处	一线	……
教学								
教师	9							
科研	16	5						
工作	44	5	2					
学生	7	14	0	9				
教务处	7	4	0	9	3			
一线	8	17	1	2	3	1		
……								

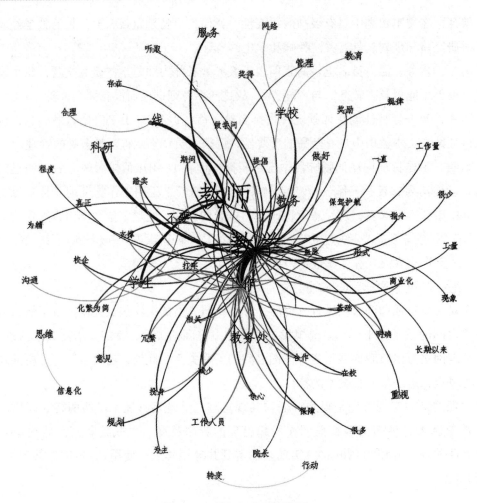

图7.3.2 特征词共现网络图

通过对特征词共现网络的分析可得出以下结论：

第一，教学、工作、教师、教务处、学生、科研特征词居于共现网络的核心部分，其他特征词以核心部分为中点向外发散。这说明参与调研人员的注意力以这几个特征词为焦点，辐射到其他特征词，并由此组成教务处长能力要素。

第二，教务管理能力的提升，应摒弃形式主义，化繁为简，去材料化、去表格化，将教师的精力集中于教学和科研。

第三，教务处长的个人素养，应具有担当、谦逊、正直、真诚的品格。

第四，教务处长的专业素养，应具有丰富的一线教学经验，才能与一线师生换位思考、洞悉教学的规律和本质，应热爱本职工作，能抗住压力独立决策，谨慎地对待校企合作与教学商业化。

第五，由共现网络所得到的教务处长能力要素绝大多数在正式问卷中就已经有对应要素存在，例如服务教师、教务规划、职业作风、职业精神、政企学研协作、改革意识等题项。

第六，教务处长能力的发挥很大程度上受制于校领导的支持，因此要充分发挥教务处长的能力，就要得到充分的授权。

（四）教育行政部门对教务处长能力的期盼

为研究当前高等学校教务处长能力提升方向，采用内容分析法对开放题项——"您认为教务处长需要在哪些方面加强提升？"所获取的71条（教育行政部门版）调查数据进行整理分析。剔除37条无效数据，将其余34条效度较好的数据导入 NVivo 12 Plus 软件，对无实质意义的词建立停用词表。绘制权重前50关键词词云，如图7.4.1所示。

图7.4.1　高等教务处长能力提升方向词云

同时对教务处长能力提升方向权重前50关键词进行了统计，如表7.4.1。

表7.4.1　高等教务处长能力提升方向权重前50关键词词频统计

关键词	权重(%)	关键词	权重(%)	关键词	权重(%)	关键词	权重(%)	关键词	权重(%)
教学	6.10	服务	0.83	业务	1.41	沟通	0.94	信息	0.47
能力	5.63	创新	0.76	学校	1.41	质量	0.94	压力	0.47
科研	3.29	学校	0.76	改革	1.41	转变	0.94	奖励	0.47
创新	2.35	改革	0.76	政策	1.41	上级	0.47	支持	0.47
意识	2.35	管理	0.76	教务处	1.41	下边	0.47	发展	0.47
教育	2.35	老师	0.76	教师	1.41	专业化	0.47	战略思维	0.47
协调	1.88	领导	0.76	行动	1.41	个体	0.47	撰写	0.47
管理	1.88	教务	0.69	培养	0.94	二级	0.47	技能	0.47

续表

关键词	权重(%)	关键词	权重(%)	关键词	权重(%)	关键词	权重(%)	关键词	权重(%)
素养	1.88	问题	0.62	大局	0.94	交流	0.47	政治	0.47
规划	1.88	担当	0.55	工作	0.94	人才	0.47	效率	0.47

结合词云图，对调查资料的词频统计结果进行整理分析可知：（1）教学能力，（2）教育管理和科研能力，（3）创新意识，（4）规划协调，（5）个人素养，（6）业务能力，（7）职业发展，（8）制度改革，（9）关怀和服务教师、学生和人才，（10）行动转变和效率，（11）大局意识，（12）上下级沟通、协调和理解，（13）信息获取，（14）压力调节，（15）激励和支持，（16）实干能力，（17）战略思维，（18）撰写技能，（19）政治能力等方面的能力还需要进一步加强提升。

综合来看，在"现状研究"中，教务处长普遍能做到表5.2.1中的能力要求，而在"能力期盼"中，教务处长又亟须提升图7.4.1所示的教务工作相关能力。初看似乎两方面调查结果有所矛盾，细看其实不然，因为"现状研究"是专门针对教务处长的问题，而"能力期盼"是针对教育行政主管部门领导人员的调查。这种现象一方面说明，至少从非教务处长身份的教育行政管理人员视角来看，当前高等学校教务处长普遍还需要在教学管理、教育管理和科研能力、创新意识等方面进行能力提升。另一方面说明，当前教务处长对于自我工作效能和胜任力都较为满意，这可能会造成教务处长在"教务处长能力建设工程"中内生改革动力不足的问题。

八、不同类型高校教务处长的特征性差异

差异化分析部分将依据参与调研人员的人口统计学特征，试分析性别、年龄、身份、所在高校学科特色等特征的不同是否会导致其对不同维度重视程度的差异化。由于性别与年龄属于参与调研人员的个人特征，本部分的分析侧重于高校类型、地理区域等高校特征。

（一）高校类型

不同类型高校的调研人员对影响教务处长能力的九维度评价均值如表8.1.1和折线图8.1.1所示，表8.1.1同时提供了单因素方差检验结果。

表8.1.1　不同类型高校的维度评价均值与方差显著性

维度	世界一流大学建设高校	世界一流学科建设高校	地方高校	国家双高计划高职学校	其他高职学校	显著性
政治素养	4.33	4.28	4.29	4.29	4.32	0.751
教务规划	4.40	4.36	4.30	4.39	4.28	0.008
沟通协调	4.22	4.24	4.19	4.27	4.17	0.564
教学组织	4.37	4.34	4.29	4.37	4.26	0.052
质量控制	4.32	4.30	4.28	4.27	4.21	0.357
创新变革	4.29	4.29	4.24	4.24	4.25	0.573
服务意识	4.28	4.30	4.31	4.31	4.25	0.650
成长发展	4.28	4.24	4.26	4.25	4.27	0.944
职业精神	4.44	4.38	4.35	4.39	4.37	0.038

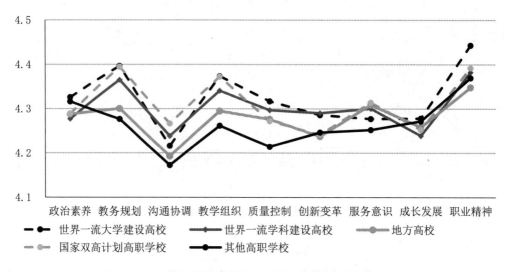

图8.1.1　不同类型高校的维度评价均值对比

单因素方差结果显示，不同类型高校调研人员的教务规划、职业精神维度评价均值差异具有统计显著性，其他维度不存在统计显著性，且多重比较结果显示，两个维度上的显著差异是由世界一流大学建设高校和地方高校之间的差异造成的。折线图8.1.1显示，横向对比其他类型高校，世界一流大学建设高校在七个维度上处于较高水平，其他高职学校在七个维度上处于较低水平。

以上图表虽然证实了不同类型高校在七个维度上的均值不存在显著差异，但却难以展示某一类型高校的均值与所有类型高校均值对比。图8.1.2～图8.1.6直观地描述了不同类型高校的均值与所有类型高校均值对比。进行对比时分成两组，一组包括世界一流大学建设高校、世界一流学科建设高校和地方高校，另一组包括双高计划高职学校和非双高计划高职学校。

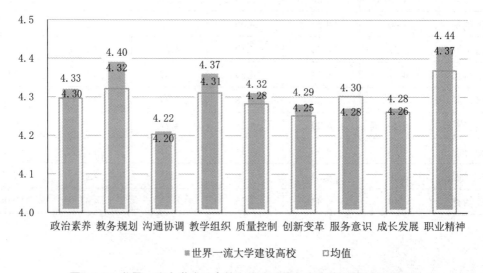

图8.1.2　世界一流大学建设高校九维度均值与所有类型高校均值对比

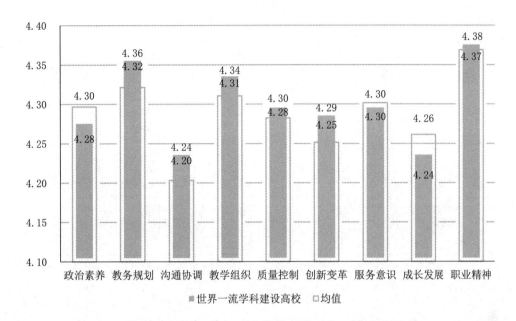

图8.1.3　世界一流学科建设高校九维度均值与所有类型高校均值对比

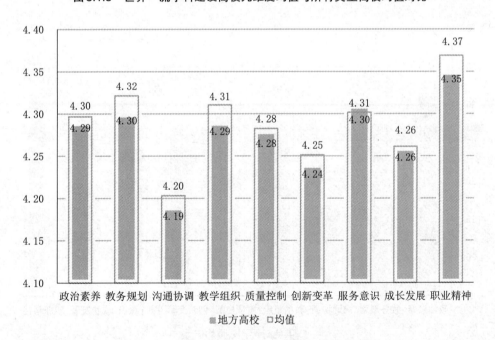

图8.1.4　地方高校九维度均值与所有类型高校均值对比

通过观察图8.1.2～图8.1.4发现，将世界一流大学建设高校对比于世界一流学科建设高校，前者的政治素养、成长发展、职业精神维度略高于后者，将世界一流学科建设高校对比于地方高校，前者的教务规划、沟通协调、教学组织、创新变革要略高于后者。

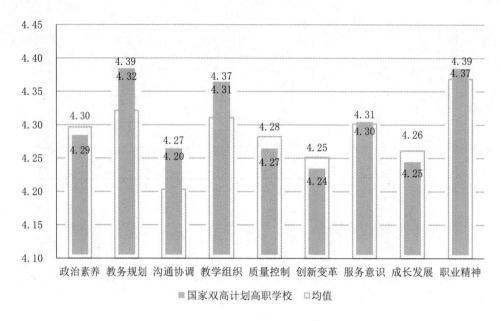

图8.1.5 双高计划高职九维度均值与所有类型高校均值对比

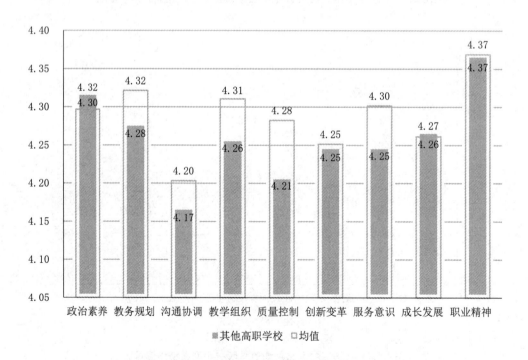

图8.1.6 非双高计划高职九维度均值与所有类型高校均值对比

通过观察图8.1.5~图8.1.6发现，双高计划高职整体高于非双高计划高职，其中对于教务规划、沟通协调、教学组织、质量控制、服务意识维度，非双高计划高职要低许多。

维度顺位	世界一流大学建设高校	世界一流学科建设高校	地方高校	国家双高计划高职学校	其他高职学校
第 一 维 度	职业精神	职业精神	职业精神	职业精神	职业精神
第 二 维 度	教务规划	教务规划	服务意识	教务规划	政治素养
第 三 维 度	教学组织	教学组织	教务规划	教学组织	教务规划
第 四 维 度	政治素养	质量控制	教学组织	服务意识	成长发展
第 五 维 度	质量控制	服务意识	政治素养	政治素养	教学组织
第 六 维 度	创新变革	创新变革	质量控制	质量控制	服务意识
第 七 维 度	服务意识	政治素养	成长发展	沟通协调	创新变革
第 八 维 度	成长发展	成长发展	创新变革	成长发展	质量控制
第 九 维 度	沟通协调	沟通协调	沟通协调	创新变革	沟通协调

图8.1.7　不同类型高校的九维度均值排序

通过观察图8.1.7发现，横向对比其他类型高校，世界一流学科建设高校的政治素养重要顺位较低，地方高校的服务意识重要顺位较高，其他高职学校的政治素养和成长发展重要顺位较高。

综合以上分析得出以下重要结论：

第一，结合单因素方差分析和多重比较分析，高校类型的不同基本不会导致对九维度重视程度的不同。

第二，即使各类型高校在维度上的均值差异不大，但仍然可以发现世界一流大学建设高校在政治素养、成长发展、职业精神维度上略高于世界一流学科建设高校，而这三个维度正吻合于高校教务处长能力模型的个人素养主维度。这说明世界一流学科建设高校可以从提升教务处长政治素养、成长发展、职业精神能力着手，提升教务教学水平。

第三，世界一流学科建设高校在教务规划、沟通协调、教学组织、创新变革维度上要略高于地方高校，而这四个维度从属于能力模型中的教务管理与团队精神主维度。这说明地方高校可以从提升教务处长教务规划、沟通协调、教学组织、创新变革能力着手，提升教务教学水平。

第四，双高计划高职学校在教务规划、沟通协调、教学组织、质量控制、服务意识维度上要略高于非双高计划高职学校，这五个维度也都从属于能力模型中的教务管理与团队精神主维度。这说明非双高计划高职院校可以从提升教务处长教务规划、沟通协调、教学组织、质量控制、服务意识能力着手，提升教务教学水平。

（二）高校区域

不同区域高校的调研人员对影响教务处长能力的九维度评价均值如表8.2.1和折线图8.2.1所示，表8.2.1同时汇报了单因素方差检验结果。

表8.2.1　不同区域高校的维度评价均值与方差显著性

维度	华北	东北	华东	华中	华南	西南	西北	显著性
政治素养	4.25	4.32	4.31	4.32	4.23	4.28	4.33	0.343
教务规划	4.33	4.34	4.37	4.29	4.31	4.30	4.36	0.234
沟通协调	4.16	4.23	4.20	4.20	4.19	4.22	4.22	0.624
教学组织	4.29	4.32	4.34	4.30	4.30	4.31	4.32	0.927
质量控制	4.26	4.31	4.31	4.28	4.26	4.30	4.26	0.626
创新变革	4.23	4.27	4.26	4.25	4.21	4.26	4.25	0.975
服务意识	4.26	4.33	4.31	4.31	4.30	4.30	4.33	0.484
成长发展	4.24	4.25	4.26	4.28	4.30	4.26	4.26	0.946
职业精神	4.37	4.38	4.38	4.36	4.37	4.35	4.40	0.652

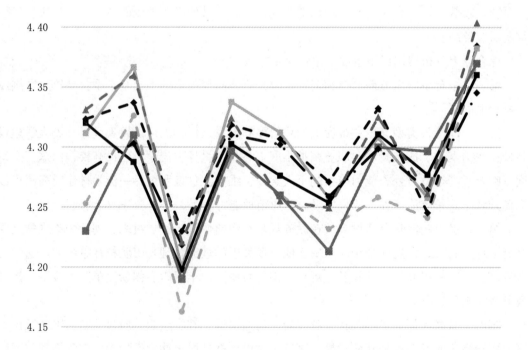

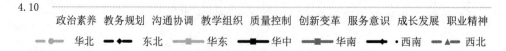

图8.2.1　不同区域高校的维度评价均值对比

　　单因素方差结果显示，不同区域高校调研人员的九维度评价均值差异不存在统计显著性。折线图8.2.1显示，折线束整体比较统一，没有太突出的异常值。

　　以上图表虽然证实了不同区域高校的九维度均值没有显著差异，但却难以展示某一区域高校的均值与全国均值对比。图8.2.2～图8.2.4直观地描述了不同区域高校的均值与全国均值的对比，由于部分区域高校的多个维度均值接近于全国均值，正文将其省略。

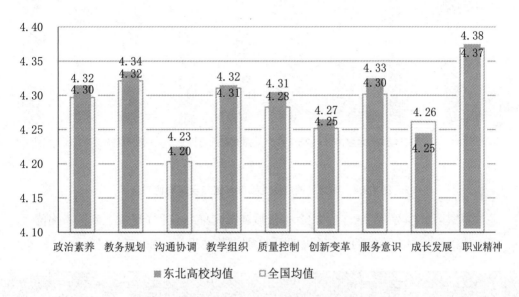

图8.2.2　东北区域高校九维度均值与全国均值对比

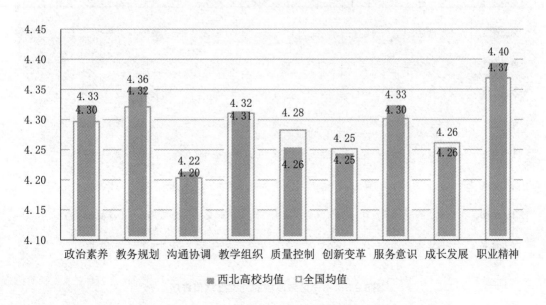

图8.2.3　西北区域高校九维度均值与全国均值对比

　　通过观察图8.2.2～图8.2.3发现，横向对比其他区域高校，东北高校在六个维度上略高于全国均值，西北高校在五个维度上略高于全国均值。

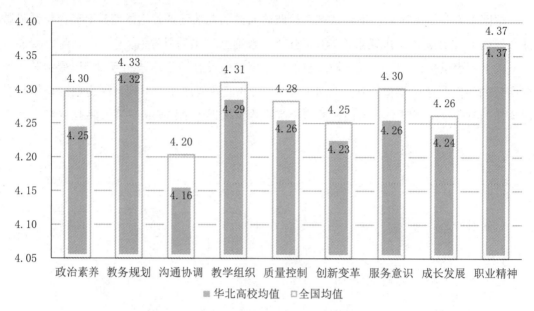

图 8.2.4　华北区域高校九维度均值与全国均值对比

通过观察图8.2.4发现，横向对比其他区域高校，华北在七个维度上略低于均值。

华中地区高校对九维度的重视顺序明显区别于其他高校，如图8.2.5所示。

维度顺位	华北	东北	华东	华中	华南	西南	西北
第一维度	职业精神	职业精神	职业精神	职业精神	职业精神	职业精神	职业精神
第二维度	教务规划	教务规划	教务规划	政治素养	教务规划	教学组织	教务规划
第三维度	教学组织	服务意识	教学组织	服务意识	服务意识	教务规划	服务意识
第四维度	质量控制	教学组织	服务意识	教学组织	教学组织	服务意识	政治素养
第五维度	服务意识	政治素养	政治素养	教务规划	成长发展	质量控制	教学组织
第六维度	政治素养	质量控制	质量控制	质量控制	质量控制	政治素养	质量控制
第七维度	成长发展	创新变革	创新变革	成长发展	政治素养	成长发展	成长发展
第八维度	创新变革	成长发展	成长发展	创新变革	创新变革	创新变革	创新变革
第九维度	沟通协调	沟通协调	沟通协调	沟通协调	沟通协调	沟通协调	沟通协调

图 8.2.5　不同区域高校的九维度均值排序

综合以上分析得出结论，第一，不同区域高校的九维度均值在统计学上没有显著差异，高校区域的不同并不会导致对九维度重视程度的不同；第二，尽管不同区域高校对九维度的重视程度基本相同，但东北、西北高校对许多维度的重视程度高于全国均值，华北高校则对许多维度的重视程度低于全国均值；第三，华中高校比其他区域的高校更看重教务处长的政治素养，更轻视教务处长的教务规划能力。

（三）高校专业特色

课题组分别对综合性高校、人文社科类高校、理工类高校、农林医药类高校和高等职业院校不同专业特色高校的教务处长能力进行研究。

假设教务处长核心能力由五个核心因素构成，分别为政治品质、职业品格、沟通与规划能力、组织保障能力、创新能力。这五个核心因素两两相关。经过模型修正及适配检验，将教务处长胜任特征模型总结为如图8.3.1所示。通过对五个核心因素的分析，得到不同专业特色高校教务处长的特征。

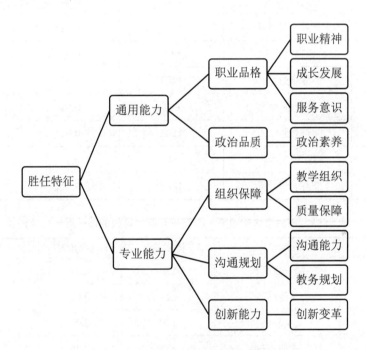

图8.3.1　教务处长胜任特征模型图

1.综合性大学

（1）综合性大学中，双一流高校教务处长更偏向于"专业型领导模式"

课题组探讨了综合性大学与其他高校之间的胜任特征差异，采用T检验的方法，对比综合性大学与非综合性大学在胜任特征各项因子得分及总分间的差异。结果表明，从因子得分的均值来看，综合性大学在各因子得分上均高于非综合性大学，但差异并不显著。这可能与抽样误差有关，也在一定程度说明这五类胜任特征属于教务处长的核心的基础能力，与学科、专业之间的关系不大。

同时课题组进一步讨论了在综合性大学内，双一流高校与其他高校之间的差异。结果表明，双一流高校的各因子得分均高于其他高校，显著性检验表明，在沟通与规划能力、组织与质量保障能力这两个因子上，双一流高校得分显著高于其他高校。这两个因子代表着专业职能，说明综合性大学中，双一流高校的教务处长更偏向于"专业型领导模式"。

表8.3.1　综合性大学与其他高校的因子得分差异比较

		样本量	平均值	显著性水平
职业品格	综合性大学	681	0.01	0.600
	非综合性大学	1805	0.00	
沟通规划	综合性大学	681	0.02	0.283
	非综合性大学	1805	0.01	
组织保障	综合性大学	681	0.04	0.121
	非综合性大学	1805	0.02	
政治品质	综合性大学	681	0.05	0.023
	非综合性大学	1805	0.02	
创新变革	综合性大学	681	0.01	0.289
	非综合性大学	1805	0.01	
总分	综合性大学	681	0.02	0.024
	非综合性大学	1805	0.01	

表8.3.2　综合性大学中双一流高校与其他高校的因子得分差异比较

		样本量	平均值	显著性水平
职业品格	双一流高校	170	0.05	0.336
	其他高校	511	0.03	
沟通规划	双一流高校	170	0.08	0.095*
	其他高校	511	0.06	
组织保障	双一流高校	170	0.22	0.005*
	其他高校	511	0.02	
政治品质	双一流高校	170	0.07	0.712
	其他高校	511	0.04	
创新变革	双一流高校	170	0.03	0.759
	其他高校	511	0.01	
总分	双一流高校	170	0.02	0.87
	其他高校	511	0.02	

注：*为 $p < 0.1$。

（2）综合性大学教务处长对"创新变革能力"有更高的期待

比较综合性大学教务处长与其他群体的因子得分发现，教务处长在各因子的得分上，除职业品格外，其他各项均高于其他群体。显著性检验表明，教务处长在创新变革因子上得分显著高于其他群体，说明教务处长对"创新变革能力"有更高的期待。

伯顿克拉克认为，大学是所有社会机构中最保守的机构之一，同时它又是人类有史以来最能促进社会变革的机构。大学的特殊性源于大学组织在社会中所扮演的特殊角色、承担的特殊使命。在新时期，大学所处的环境发生了深刻的变化，如何把握机遇，推动组织完成既定目标，激励组织成员实现自我转变、引导组织变革以应对各种挑战，是综合性大学教务处长提升的目标。

表8.3.3　综合性大学教务处长与其他群体的因子得分差异比较

		样本量	平均值	显著性水平
职业品格	教务处长	62	0.01	0.83
	其他	619	0.01	
沟通规划	教务处长	62	0.13	0.376
	其他	619	0.01	
组织保障	教务处长	62	0.12	0.497
	其他	619	0.04	
政治品质	教务处长	62	0.22	0.118
	其他	619	0.03	
创新变革	教务处长	62	0.26	0.023***
	其他	619	0.04	
总分	教务处长	62	0.13	0.031**
	其他	619	0.01	

注：**为 $p < 0.05$，***为 $p < 0.001$。

（3）综合性大学行政人员对教务处长的胜任能力期待更高

综合性大学行政人员对教务处长的胜任能力评价中，职业品格与沟通规划能力相较教师群体不显著，组织与质量保障、政治品质、创新变革能力显著高于教师群体。行政人员更期待教务处长具备良好的教学组织和质量保障能力，并能够带领组织进行创新和变革的发展。相对而言，教师群体对教务处长在专业能力和创新能力方面期待度并不高，这也说明，在大学治理中应重视与教师的对话，处理好科层管理结构与教师所代表的专业权利结构的关系。

表8.3.4　综合性大学行政人员与教师群体因子得分差异比较

		样本量	平均值	显著性水平
职业品格	教师	434	0.03	0.001
	行政人员	247	0.02	
沟通规划	教师	434	0.01	0.049
	行政人员	247	0.04	
组织保障	教师	434	0.04	0.000***
	行政人员	247	0.19	
政治品质	教师	434	0.01	0.000***
	行政人员	247	0.15	
创新变革	教师	434	0.12	0.000***
	行政人员	247	0.17	
总分	教师	434	0.02	0.000***
	行政人员	247	0.09	

注：***为 $p < 0.001$。

（4）教务处长胜任能力对履职担责现状的影响因素分析

为了考察教务处长履职担责的现状及其影响因素，我们设定了四个线性回归模型。模型一考察全样本中九类子能力对履职担责现状的影响因素，自变量包括：政治素养、沟通协调、创新变革、成长发展、服务意识、职业精神、教学组织、教务规划、质量控制；因变量为履职担责的总分。模型二单独考察综合性大学样本，变量设置同模型一。模型三在模型一的基础上加入个人背景、学校环境和教务环境等控制变量，以期检验是否存在中介影响。模型四单独考察综合性大学样本，变量设置同模型三。

当具体讨论每种能力的影响程度时，研究中的因变量为连续变量，故采用线性回归模型来分析。该模型可以表示为：

$$Y = \alpha + \beta_1 \text{Ability} + \beta_2 X + \beta_3 Z + \varepsilon$$

在此模型中，每个参数等于因变量变化的平均变化率，即解释变量绝对量的一单位所引起的因变量的变化率，Y 为被解释变量履职担责现状，α 为截距项系数，ε 为随机扰动项。Ability 是核心自变量，为九类子能力，X 是一系列自变量，其中包括学校层次、学校类型等信息，履职担责现状的差异可能来自工作环境特征的差异，也可能来自个体背景特征的差异。因此，有必要控制个人背景及工作特征，在模型中纳入相关变量 Z。为了保证参数估计值具有良好的统计性质，能够有效反映出总体的特征，对回归模型做出满足多元线性回归经典假定的假设。

最终进入回归方程的样本观测值有 192 个，回归结果见表 8.3.5。VIF 显示自变量不存在明显的多重共线性。四个回归模型的拟合优度在 0.3～0.65 之间，总体显著性为 0.000，整体上是显著的，模型设定合理。解释变量的非标准化系数如表 8.3.5 所示。

从整体来看，九类子能力的影响中，质量控制能力在各个模型中均显著为正，说明质量控制能力越高，教务处长履职担责的情况越好。综合性大学中，双一流高校的履职担责情况显著优于其他高校。

在综合性大学样本中，沟通协调、质量控制、创新变革能力越高，教务处长履职担责的情况显著更优。

个人背景、学校环境、教务环境等控制变量对履职担责现状无显著影响。

表 8.3.5　教务处长胜任能力对履职担责现状的回归分析

	模型一	模型二	模型三	模型四
	全样本	综合性大学	全样本	综合性大学
政治素养	0.144	−0.099	0.084	−0.134
	(0.120)	(0.279)	(0.123)	(0.285)
教务规划	0.046	0.287	−0.021	0.316
	(0.165)	(0.455)	(0.166)	(0.461)
沟通协调	0.031	0.754**	−0.030	0.639
	(0.165)	(0.358)	(0.166)	(0.393)
教学组织	0.091	0.472	0.112	0.678*
	(0.189)	(0.350)	(0.192)	(0.380)
质量控制	0.327*	1.013***	0.332*	0.907***
	(0.175)	(0.291)	(0.175)	(0.309)
创新变革	0.205	0.819**	0.186	0.715*
	(0.176)	(0.356)	(0.175)	(0.369)
服务意识	0.272*	0.089	0.295*	0.156
	(0.152)	(0.324)	(0.151)	(0.334)
成长发展	0.247	0.137	0.203	0.176
	(0.179)	(0.373)	(0.178)	(0.382)
职业精神	0.229	−0.067	0.283	−0.077
	(0.198)	(0.338)	(0.197)	(0.348)
双一流	0.189**	0.283**	0.193**	0.278**

续表

	模型一	模型二	模型三	模型四
	全样本	综合性大学	全样本	综合性大学
	(0.081)	(0.125)	(0.081)	(0.128)
综合大学	−0.034		−0.004	
	(0.075)		(0.076)	
个人背景			0.134	0.117
			(0.098)	(0.215)
学校环境			0.133	0.154
			(0.117)	(0.244)
教务环境			0.033	−0.427
			(0.132)	(0.298)
常量	0.599	−1.163	0.078	−1.210
	(0.525)	(0.834)	(0.560)	(0.979)
观测值	192	53	192	53
R^2	0.318	0.650	0.342	0.669

注：*为 $p < 0.1$，**为 $p < 0.05$，***为 $p < 0.001$。

整体来看，各子能力的影响中，质量控制能力越高，教务处长履职担责的情况越好。综合性大学中，双一流高校的履职担责情况显著优于其他高校。在综合性大学样本中，沟通协调、质量控制、创新变革能力越高，教务处长履职担责的情况显著更优。

2.人文社科类高校

（1）人文社科类大学与其他高校在胜任特征上存在显著差异

本研究采用T检验的方法，对比人文社科类大学与非人文社科类大学在胜任特征各项因子得分及总分间的差异。结果表明，从因子得分的均值来看，人文社科类大学在各因子以及综合总分的得分上均高于非人文社科类大学，且显著性水平较高，这可能与筛选后的样本量较小有关，同时说明人文社科类大学由于学科专业性高，教职人员对自身的要求与约束也随之提高。其中职业品格与沟通规划两个因子的得分最高，分别为0.353与0.244；五大因子中均值最低的一项为创新变革，但比起非人文社科类大学也有着0.069的提升；政治品质的显著性水平较低，为0.230，表明该项因子在人文社科类大学与其他高校的检验中起到了较好的解释作用。

表8.3.6　人文社科类大学与其他高校的因子得分差异比较

		样本量	平均值	显著性水平
职业品格	人文社科类大学	509	0.353	0.874
	非人文社科类大学	1977	0.185	
沟通规划	人文社科类大学	509	0.244	0.427
	非人文社科类大学	1977	0.129	
组织保障	人文社科类大学	509	0.241	0.719
	非人文社科类大学	1977	0.130	
政治品质	人文社科类大学	509	0.156	0.230
	非人文社科类大学	1977	0.076	
创新变革	人文社科类大学	509	0.142	0.833
	非人文社科类大学	1977	0.073	
总分	人文社科类大学	509	2.071	0.570
	非人文社科类大学	1977	1.101	

（2）人文社科类大学中，双一流高校教务处长更偏向于"成长型领导模式"

课题组进一步讨论了在人文社科类大学内，双一流高校与其他高校之间的差异。表8.3.7显示，人文社科类大学中双一流高校的各个影响因子得分均明显高于其他高校，其中职业品格和沟通规划两项因子得分居于前列，分别为0.733和0.541，但由于显著性水平较高，说明这两项的解释能力不强。从显著性水平看，双一流高校在职业品格、政治品质、创新变革与沟通规划方面同其他高校差异不大，说明这几项特征较为基础，影响程度适中；组织保障因子的显著性水平为0.103，该值越小表明对应因子的可解释能力越高，进一步说明教务处长对教学组织和质量保障有着更高的要求，这可能与双一流高校教务处长的工作压力、责任感和自我要求等因素有关。结果表明，双一流高校的各因子得分与其他高校较为接近，不存在显著差异，说明不同类型人文社科类高校对于高校教务处长的通用能力和专业能力均有着较高的要求。

表8.3.7　人文社科类大学中双一流高校与其他高校的因子得分差异比较

		样本量	平均值	显著性水平
职业品格	双一流高校	105	0.733	0.869
	其他高校	404	0.402	
沟通规划	双一流高校	105	0.541	0.865
	其他高校	404	0.273	

续表

组织保障	双一流高校	105	0.461	0.103
	其他高校	404	0.279	
政治品质	双一流高校	105	0.326	0.913
	其他高校	404	0.177	
创新变革	双一流高校	105	0.304	0.943
	其他高校	404	0.161	
总分	双一流高校	105	4.374	0.812
	其他高校	404	2.350	

（3）人文社科类大学教务处长对"沟通规划"有更高的要求

由表8.3.8可知，人文社科类大学的教务处长较其他群体的各项因子得分均有一定的提高，其中职业品格与沟通规划的平均值分别为1.049和0.994，为各因子得分中的前两位，表明学科专业与这两类特征存在较强的正相关影响；政治品质与创新变革的显著性水平分别达到了0.271与0.124，表明这两项因子在很大程度上可以对人文社科类大学的教务处长能力做出解释。

人文社科类大学教务处长作为教学管理工作的主要负责人，需要具备良好的职业品格，包括职业精神、服务意识、成长发展等方面，说明教务处长要以身作则，给教师树立良好形象；同时教务规划和沟通协调被认为是很重要的基本能力，说明在教师眼中，人文社科类高校教务处长处于高屋建瓴的地位，其核心作用是进行战略规划和统筹协调各单位。

表8.3.8　人文社科类大学教务处长与其他群体的因子得分差异比较

		样本量	平均值	显著性水平
职业品格	教务处长	41	1.049	0.305
	其他	468	0.372	
沟通规划	教务处长	41	0.994	0.977
	其他	468	0.251	
组织保障	教务处长	41	0.739	0.334
	其他	468	0.253	
政治品质	教务处长	41	0.563	0.271
	其他	468	0.162	
创新变革	教务处长	41	0.404	0.124
	其他	468	0.150	
总分	教务处长	41	7.390	0.604
	其他	468	2.054	

（4）人文社科类大学教务处长胜任能力对履职担责现状的影响因素分析

为了考察人文社科类大学教务处长履职担责的现状及其影响因素，我们设定了四个线性回归模型。模型一考察全样本中九类子能力对履职担责现状的影响因素，自变量包括：政治素养、沟通协调、创新变革、成长发展、服务意识、职业精神、教学组织、教务规划、质量控制；因变量为履职担责的总分。模型二单独考察人文社科类大学样本，变量设置同模型一。模型三在模型一的基础上加入个人背景、学校环境和教务环境等控制变量，以期检验是否存在中介影响。模型四单独考察人文社科类大学样本，变量设置同模型三。当具体讨论每种能力的影响程度时，研究中的因变量为连续变量，故采用线性回归模型来分析。该模型可以表示为：

$$Y = \alpha + \beta_1 \text{Ability} + \beta_2 X + \beta_3 Z + \varepsilon$$

其中，Y：因变量，履职担责现状；α：常数项，是回归直线在纵坐标轴上的截距；β：回归系数，回归直线的斜率，表示自变量对因变量的影响程度；Ability：核心自变量，九类子能力；X：一系列自变量，包括双一流高校等信息；Z：控制变量，包括个人背景、学校环境和教务环境等信息；ε：随机扰动项。

为了保证参数估计值具有良好的统计性质，能够有效反映出总体的特征，对回归模型做出满足多元线性回归经典假定的假设。首先为检验变量间的多重共线性，若因子之间相关非独立，则容易将重要的解释变量误认为是不显著的变量，从而得到具有较大误差的模型，根据德宾-沃森检验值来判断九类子能力之间是否具有关联，该检验值为1.735。一般来说，德宾-沃森检验值分布在0~4之间，越接近2，观测值相互独立的可能性越大。即，本模型的观测值不具有多重共线性，满足子能力之间相互独立的假设，证明该划分标准能够有效解释教务处长履职担责的胜任能力。其次，由于观测值中常存在个别异常值，这些离群点不仅影响回归统计，还对残差的变异度和预测值的准确性有负面作用，并阻碍模型的最佳拟合。综上，在模型拟合前，首先检验观测值中是否存在异常值。经验证，本模型中不存在异常值，因此无需剔除离群点，继续进行检验和数据分析。最终进入回归方程的样本观测值有192个（全样本）和41个（人文社科类大学样本），回归结果见表8.3.9。

表8.3.9　人文社科类高校教务处长胜任能力对履职担责现状的回归分析

	模型一	模型二	模型三	模型四
	全样本	人文社科类大学	全样本	人文社科类大学
政治素养	0.144	0.128	0.084	0.197
教务规划	0.046	0.293	−0.021	0.027
沟通协调	0.031	0.173	−0.030	0.084
教学组织	0.091	0.052	0.112	0.110

续表

	模型一	模型二	模型三	模型四
	全样本	人文社科类大学	全样本	人文社科类大学
质量控制	0.327	0.009	0.332	0.022
创新变革	0.205	0.174	0.186	0.186
服务意识	0.272	0.231	0.295	0.159
成长发展	0.247	0.079	0.203	−0.023
职业精神	0.229	0.136	0.283	0.141
双一流	0.189	−0.117	0.193	−0.010
个人背景			0.134	0.316
学校环境			0.133	0.142
教务环境			0.033	0.065
常量	0.599	0.000	0.078	0.860
观测值	192	41	192	41
R^2	0.318	0.822	0.342	0.952

VIF显示自变量不存在明显的多重共线性。四个回归模型的拟合优度在0.318~0.952之间，总体显著性为0.000或接近0.000，整体上是显著的，模型设定合理。解释变量的非标准化系数如表所示。从整体来看，在全样本中质量控制能力和服务意识在各个模型中均显著为正，说明质量控制能力和服务意识越高，教务处长履职担责的情况越好。在人文社科类大学样本构建的模型二中，除是否为双一流高校因子之外，其余九项自变量的系数均显著为正，说明不论学校类型，教务处长的胜任特征因素都同样会引起重视并得到重点培养；其中服务意识、教务规划和创新变革能力的系数绝对值居前三位，在很大程度上决定了人文社科类高校中教务处长履职担责的情况。双一流高校在全样本中对履职担责现状有显著正向影响，但在人文社科类大学样本构成中没有显著影响。个人背景、学校环境、教务环境等控制变量的系数在全样本与人文社科类当中都为正，且绝对值较大，证明背景因素对教务处长的履职担责能力有着显著的影响。

3.理工类高校

（1）理工类大学与其他高校在胜任特征上存在显著差异

本研究采用T检验的方法，对比理工类大学与非理工类大学在胜任特征各项因子得分及总分间的差异。结果表明，从因子得分的均值来看，理工类大学在各因子得分上均高于非理工类大学，且显著性水平很低，说明高校的学科专业特色对胜任特征的各项因子起到了不容小觑的影响作用，尤其从理工类高校的结果中可以看出五大特征均与其他类别存在着显著差异，说明理工类大学由于深耕于理科及工科门类，学科专业性较强，因此教职人员对自身的要求与约束也随之提高。其中职业品格与沟通规划两个因子的得分最高，分别达到了0.302与0.213，较非理工类大学均有着0.1左右的提升；五大因子中均值最低的一项为创新变革，但比起非理工类大学也有着0.041的提升；总分的检验p值趋于0，在置信度给定的情况下，可见p值远小于显著性水平，表明T检验的合理性。

表8.3.10　理工类大学与其他高校的因子得分差异比较

		样本量	平均值	显著性水平
职业品格	理工类大学	868	0.302	0.004
	非理工类大学	1618	0.192	
沟通规划	理工类大学	868	0.213	0.000
	非理工类大学	1618	0.133	
组织保障	理工类大学	868	0.208	0.026
	非理工类大学	1618	0.136	
政治品质	理工类大学	868	0.127	0.000
	非理工类大学	1618	0.080	
创新变革	理工类大学	868	0.118	0.001
	非理工类大学	1618	0.077	
总分	理工类大学	868	1.820	0.000
	非理工类大学	1618	1.130	

（2）理工类大学中，双一流高校教务处长更偏向于"团队型领导模式"

课题组进一步讨论了在理工类大学内，双一流高校与其他高校之间的差异。表8.3.11显示，理工类大学中双一流高校的各因子得分中最高的为职业品格，因子得分为0.505，其他高校为0.368，显著性水平为0.008，说明理工类大学中的双一流高校在职业品格的要求上显著高于其他高校；双一流高校的其余各项因子得分也均高于其他高校，表明大学建设及学科建设对教职人员的胜任特征起到了决定性作用。再观察显著性检验，结果表明，教务处长在政治品质一项上p值得分为0.698，高于既定的显著性水平，潜在的影响因素为样本量较小，且各类型的高校对政治品质一项均有着较高要求，因此在此处无法体现出差异；沟通规划、组织保障与创新变革这三项因子的检验p值趋近于0，可见如上几项很好地解释了理工类大学中双一流高校与其他高校之间的差异，说明教务处长对沟通能力、教学组织、质量保障和创新意识有着更高的要求，这可能与双一流高校教务处长的工作压力、责任感和自我要求等因素有关，说明理工类大学中，双一流高校的教务处长更偏向于"团队型领导模式"。

表8.3.11　理工类大学中双一流高校与其他高校的因子得分差异比较

		样本量	平均值	显著性水平
职业品格	双一流高校	233	0.505	0.008
	其他高校	635	0.368	
沟通规划	双一流高校	233	0.332	0.000
	其他高校	635	0.262	
组织保障	双一流高校	233	0.345	0.000
	其他高校	635	0.254	
政治品质	双一流高校	233	0.260	0.698
	其他高校	635	0.145	
创新变革	双一流高校	233	0.225	0.092
	其他高校	635	0.139	
总分	双一流高校	233	2.201	0.028
	其他高校	635	3.118	

（3）理工类大学教务处长对"沟通规划"有更高的要求

由表8.3.12可知，理工类大学的教务处长较其他群体的各项因子得分均有相当可观的提高，其中职业品格与沟通规划的平均值分别为0.716和0.501，为各因子得分中的前两位，表明学科专业与这两类特征存在较强的正相关影响；组织保障、政治品质与创新变革的检验p值均趋于0，确凿小于给定的显著性水平，可以认定这三项因子在很大程度上可以对理工类大学的教务处长能力做出解释。

理工类大学是国家重点支持和培育的特色鲜明、优势突出、服务国家战略需求和区域经济社会发展的高校。这些高校承担着人才培养、科技创新、社会服务等方面的重要使命。理工类大学教务处长对自身须具备的能力有更高的要求。

表8.3.12　理工类大学教务处长与其他群体的因子得分差异比较

		样本量	平均值	显著性水平
职业品格	教务处长	51	0.716	0.001
	其他	817	0.316	
沟通规划	教务处长	51	0.501	0.002
	其他	817	0.233	

		样本量	平均值	显著性水平
组织保障	教务处长	51	0.439	0.000
	其他	817	0.218	
政治品质	教务处长	51	0.317	0.000
	其他	817	0.133	
创新变革	教务处长	51	0.242	0.000
	其他	817	0.124	
总分	教务处长	51	3.856	0.001
	其他	817	1.836	

（4）理工类大学教务处长胜任能力对履职担责现状的影响因素分析

为了考察理工类大学教务处长履职担责的现状及其影响因素，我们设定了四个线性回归模型。模型一考察全样本中九类子能力对履职担责现状的影响因素，自变量包括：政治素养、沟通协调、创新变革、成长发展、服务意识、职业精神、教学组织、教务规划、质量控制；因变量为履职担责的总分。模型二单独考察理工类大学样本，变量设置同模型一。模型三在模型一的基础上加入个人背景、学校环境和教务环境等控制变量，以期检验是否存在中介影响。模型四单独考察理工类大学样本，变量设置同模型三。当具体讨论每种能力的影响程度时，研究中的因变量为连续变量，故采用线性回归模型来分析。该模型可以表示为：

$$Y = \alpha + \beta_1 \text{Ability} + \beta_2 X + \beta_3 Z + \varepsilon$$

其中，Y：因变量，履职担责现状；α：常数项，是回归直线在纵坐标轴上的截距；β：回归系数，回归直线的斜率，表示自变量对因变量的影响程度；Ability：核心自变量，九类子能力；X：一系列自变量，包括双一流高校等信息；Z：控制变量，包括个人背景、学校环境和教务环境等信息；ε：随机扰动项。

为了保证参数估计值具有良好的统计性质，能够有效反映出总体的特征，对回归模型做出满足多元线性回归经典假定的假设。首先为检验变量间的多重共线性，若因子之间相关非独立，则容易将重要的解释变量误认为是不显著的变量，从而得到具有较大误差的模型，根据德宾-沃森检验值来判断九类子能力之间是否具有关联，该检验值为1.846。一般来说，德宾-沃森检验值分布在0~4之间，越接近2，观测值相互独立的可能性越大。即，本模型的观测值不具有多重共线性，满足子能力之间相互独立的假设，证明该划分标准能够有效解释教务处长履职担责的胜任能力。其次，由于观测值中常存在个别异常值，这些离群点不仅影响回归统计，还对残差的变异度和预测值的准确性有负面作用，并阻碍模型的最佳拟合。综上，在模型拟合前，首先检验观测值中是否存在异常值。经验证，本模型中不存在异常值，因此无需剔除离群点，继续进行检验和数据分析。最终进入回归方程的样本观测值有192个（全样本）和51个（理工类大学样本），回归结果见表8.3.13。

表8.3.13 理工类高校教务处长胜任能力对履职担责现状的回归分析

	模型一	模型二	模型三	模型四
	全样本	理工类大学	全样本	理工类大学
政治素养	0.144	0.339	0.084	0.168
教务规划	0.046	0.051	−0.021	0.003
沟通协调	0.031	0.211	−0.030	0.156
教学组织	0.091	0.217	0.112	0.128
质量控制	0.327	0.133	0.332	0.196
创新变革	0.205	−0.144	0.186	−0.050
服务意识	0.272	0.187	0.295	0.174
成长发展	0.247	−0.020	0.203	0.009
职业精神	0.229	0.142	0.283	0.108
双一流	0.189	−0.051	0.193	0.028
个人背景			0.134	0.187
学校环境			0.133	0.332
教务环境			0.033	0.213
常量	0.599	0.000	0.078	0.000
观测值	192	51	192	51
R^2	0.318	0.539	0.342	0.843

VIF显示自变量不存在明显的多重共线性。四个回归模型的拟合优度在0.318～0.843之间，其中针对理工类大学建立的回归模型中，调整后的R^2值均大于0.5，引入了个人背景、学校环境与教务环境之后的模型R^2为0.843，接近于1，表明模型的拟合优度很高。总体显著性为0.000或接近0.000，整体上是显著的，模型设定合理。解释变量的非标准化系数如表所示。从整体来看，在全样本中质量控制能力和服务意识在各个模型中均显著为正，说明质量控制能力和服务意识越高，教务处长履职担责的情况越好。在理工类大学样本中，政治素养、沟通协调和教学组织在模型二里的系数绝对值排在前三位，且均显著为正，说明政治素养、沟通协调和服务意识能力越高，教务处长履职担责的情况越好。双一流高校在全样本中对履职担责现状有显著正向影响，但在未引入个人背景、学校环境与教

务环境的模型二当中,双一流高校的系数为负值,对理工类大学样本中没有显著影响;观察引入个人背景、学校环境、教务环境等控制变量的模型四可知,除创新变革能力该因子之外,逐个自变量的系数均为正值,且创新变革因子的系数绝对值为0.005,对总分的干预程度不高,但同时也应引起注意;模型四的拟合优度在四个模型中为最高值,证明特定的背景因素对履职担责现状起到了显著的影响。

4.农林医药类高校

(1)农林医药类大学与其他高校在胜任特征上存在显著差异

本研究采用T检验的方法,对比农林医药类大学与非农林医药类大学在胜任特征各项因子得分及总分间的差异,分析结果如表8.3.14所示。结果表明,从因子得分的均值来看,农林医药类大学在各因子得分上均高于非农林医药类大学,且显著性水平较高。这可能与筛选后的样本量较小有关,也在一定程度上说明农林医药类大学由于学科专业性高,教职人员对自身的要求与约束也随之提高。其中职业品格与沟通规划两个因子的得分最高,五大因子中均值最低的一项为创新变革,但比起非农林医药类大学也有着0.158的提升,总分的显著性水平也更高。

表8.3.14　农林医药类大学与其他高校的因子得分差异比较

		样本量	平均值	显著性水平
职业品格	农林医药类大学	170	0.614	0.933
	非农林医药类大学	2316	0.170	
沟通规划	农林医药类大学	170	0.463	0.584
	非农林医药类大学	2316	0.118	
组织保障	农林医药类大学	170	0.442	0.649
	非农林医药类大学	2316	0.118	
政治品质	农林医药类大学	170	0.242	0.295
	非农林医药类大学	2316	0.071	
创新变革	农林医药类大学	170	0.226	0.193
	非农林医药类大学	2316	0.068	
总分	农林医药类大学	170	3.674	0.907
	非农林医药类大学	2316	1.009	

(2)农林医药类大学中,双一流高校教务处长更偏向于"成长型领导模式"

课题组对比了农林医药类大学中双一流高校与其他高校的因子差异,如表8.3.15显示,农林医药类大学中双一流高校的沟通规划因子得分为0.590,其他高校为0.659,显著性水平为0.076,说明农林医药类双一流高校在沟通规划方面显著低于其他高校;在职业品格、政治品质与创新变革方面同其他高校差异不大，说明这几项特征较为基础，影响程度适中。再观察显著性检验，结果表明，教务处长在组织保障因子上得分为0.629，显著高于其他高校的该项因子得分0.605，说明农林医药类高校教务处长对教学组织和质量保障有着更高的要求。这可能与双一流高校教务处长的工作压力、责任感和自我要求等因素有关。课题组进一步讨论了在农林医药类大学内，双一流高校与其他高校之间的差异。结果表明，双一流高校的各因子得分与其他高校较为接近，不存在显著差异，说明不论高校类型，对于高校教务处长的通用能力和专业能力均有着较高的要求。显著性检验表明，在教学组织、质量保障因子上，双一流高校得分显著高于其他高校。这两个因子代表着变革意识和发展潜力，说明农林医药类大学中，双一流高校的教务处长更偏向于"成长型领导模式"。

表8.3.15 农林医药类大学中双一流高校与其他高校的因子得分差异比较

		样本量	平均值	显著性水平
职业品格	双一流高校	67	0.837	0.069
	其他高校	103	0.856	
沟通规划	双一流高校	67	0.590	0.076
	其他高校	103	0.659	
组织保障	双一流高校	67	0.629	0.152
	其他高校	103	0.605	
政治品质	双一流高校	67	0.338	0.609
	其他高校	103	0.334	
创新变革	双一流高校	67	0.312	0.009
	其他高校	103	0.311	
总分	双一流高校	67	5.209	0.243
	其他高校	103	5.041	

（3）农林医药类大学教务处长对"沟通规划"有更高的要求

由表8.3.16可知，农林医药类大学的教务处长较其他群体的各项因子得分均有一定的提高，其中职业品格与沟通规划的平均值分别为1.271和1.048，为各因子得分中的前两位，表明学科专业与这两类特征存在较强的正相关影响；组织保障与创新变革的显著性水平分别达到了0.145与0.118，认为这两项因子在很大程度上可以对农林医药类大学的教务处长能力做出解释。

农林医药类大学是国家重点支持和培育的特色鲜明、优势突出、服务国家战略需求和区域经济社会发展的高校，这些高校承担着人才培养、科技创新、社会服务等方面的重要使命。因此，教务处长作为教学管理工作的主要负责人，需要具备良好的职业品格，包括忠诚、正直、公正、勤奋等素质。同时，教务处长还要遵守法律法规和职业道德规范，以身作则，树立良好形象。

表8.3.16　农林医药类大学教务处长与其他群体的因子得分差异比较

		样本量	平均值	显著性水平
职业品格	教务处长	16	1.271	0.134
	其他	154	0.663	
沟通规划	教务处长	16	1.048	0.130
	其他	154	0.499	
组织保障	教务处长	16	1.002	0.145
	其他	154	0.476	
政治品质	教务处长	16	0.440	0.032
	其他	154	0.262	
创新变革	教务处长	16	0.514	0.118
	其他	154	0.244	
总分	教务处长	16	7.219	0.125
	其他	154	3.709	

（4）农林医药类大学教务处长胜任能力对履职担责现状的影响因素分析

为了考察农林医药类大学教务处长履职担责的现状及其影响因素，我们设定了四个线性回归模型。模型一考察全样本中九类子能力对履职担责现状的影响因素，自变量包括：政治素养、沟通协调、创新变革、成长发展、服务意识、职业精神、教学组织、教务规划、质量控制；因变量为履职担责的总分。模型二单独考察农林医药类大学样本，变量设置同模型一。模型三在模型一的基础上加入个人背景、学校环境和教务环境等控制变量，以期检验是否存在中介影响。模型四单独考察农林医药类大学样本，变量设置同模型三。当具体讨论每种能力的影响程度时，研究中的因变量为连续变量，故采用线性回归模型来分析。该模型可以表示为：

$$Y = \alpha + \beta_1 \text{Ability} + \beta_2 X + \beta_3 Z + \varepsilon$$

其中，Y：因变量，履职担责现状；α：常数项，是回归直线在纵坐标轴上的截距；β：回归系数，回归直线的斜率，表示自变量对因变量的影响程度；Ability：核心自变量，九类子能力；X：一系列自变量，包括双一流高校等信息；Z：控制变量，包括个人背景、学校环境和教务环境等信息；ε：随机扰动项。

为了保证参数估计值具有良好的统计性质，能够有效反映出总体的特征，对回归模型做出满足多元线性回归经典假定的假设。首先检验变量间的多重共线性，若因子之间相关非独立，则容易将重要的解释变量误认为是不显著的变量，从而得到具有较大误差的模型，根据德宾–沃森检验值来判断九类子能力之间是否具有关联，该检验值为1.957。一般来说，德宾–沃森检验值分布在0～4之间，越接近2，观测值相互独立的可能性越大。即，本模型的观测值不具有多重共线性，满足子能力之间相互独立的假设，证明该划分标准能够有效解释教务处长履职担责的胜任能力。其次，由于观测值中常存在个别异常值，这些离群点不仅影响回归统计，还对残差的变异度和预测值的准确性有负面作用，并阻碍模型的最佳拟合。综上，在模型拟合前，首先检验观测值中是否存在异常值。经验证，本模型中不存在异常值，因此无需剔除离群点，继续进行检验和数据分析。最终进入回归方程的样本观测值有192个（全样本）和168个（农林医药类大学样本），回归结果见表8.3.17。

表8.3.17　农林医药类高校教务处长胜任能力对履职担责现状的回归分析

	模型一	模型二	模型三	模型四
	全样本	农林医药类大学	全样本	农林医药类大学
政治素养	0.144	0.172	0.084	0.132
教务规划	0.046	0.210	−0.021	0.165
沟通协调	0.031	0.094	−0.030	0.102
教学组织	0.091	0.055	0.112	0.107
质量控制	0.327	−0.057	0.332	−0.011
创新变革	0.205	0.210	0.186	0.125
服务意识	0.272	−0.037	0.295	0.021
成长发展	0.247	0.368	0.203	0.364
职业精神	0.229	0.059	0.283	0.034
双一流	0.189	0.172	0.193	0.292
个人背景			0.134	0.043
学校环境			0.133	0.186
教务环境			0.033	0.036
常量	0.599	0.000	0.078	0.860
观测值	192	168	192	168
R^2	0.318	0.585	0.342	0.894

VIF显示自变量不存在明显的多重共线性。四个回归模型的拟合优度在0.318～0.894之间，总体显著性为0.000或接近0.000，整体上是显著的，模型设定合理。解释变量的非标准化系数如表所示。从整体来看，在全样本中质量控制能力和服务意识在各个模型中均显著为正，说明质量控制能力越强和服务意识越高，教务处长履职担责的情况越好。在农

林医药类大学样本中，政治素养、教务规划和成长发展在各个模型中均显著为正，说明政治素养、教务规划和成长发展能力越强，教务处长履职担责的情况越好。双一流高校在全样本中对履职担责现状有显著正向影响，但在农林医药类大学样本中没有显著影响。个人背景、学校环境、教务环境等控制变量对履职担责现状无显著影响。

5.职业教育类院校

（1）职业教育类院校与其他高校在胜任特征上存在显著差异

本研究利用 T 检验的方法，对比职业教育类院校与非职业教育类高校在胜任特征各项因子得分及总分之间的差异。结果表明，从因子得分的平均值来看，职业教育类院校在各因子得分上都显著高于非职业教育类高校，其中职业品格一项的因子得分最高，达到了0.647，较其他高校高出 0.478；沟通规划与创新变革两个因子的显著性水平较小，表明如上两个自变量在职业教育类院校与其他高校之间存在着一定的区别，这可能与筛选后的样本量较小有关，也反映了职业教育类院校由于专业性突出，教职人员对自己的要求与约束也更加严格；政治品质与组织保障两个因子的检验 p 值较高，说明这两个因子是各类大学教务处长的优势所在，与高校类别关系并不密切。

表8.3.18　职业教育类院校与其他高校的因子得分差异比较

		样本量	平均值	显著性水平
职业品格	职业教育类院校	123	0.647	0.258
	非职业教育类高校	2363	0.169	
沟通规划	职业教育类院校	123	0.438	0.062
	非职业教育类高校	2363	0.118	
组织保障	职业教育类院校	123	0.491	0.807
	非职业教育类高校	2363	0.118	
政治品质	职业教育类院校	123	0.309	0.647
	非职业教育类高校	2363	0.070	
创新变革	职业教育类院校	123	0.262	0.119
	非职业教育类高校	2363	0.067	
总分	职业教育类院校	123	4.007	0.403
	非职业教育类高校	2363	1.001	

（2）职业教育类院校中，双高计划职业院校教务处长更偏向于"决策型领导模式"

课题组进一步讨论了在职业教育类院校内，双高计划职业院校与其他高校之间的差异。表8.3.19展示了每一项特征中，双高计划职业院校的平均值均明显高于其他高校，其中职业品格和组织保障二者的均值居于前两位，分别为1.509和1.114，较其他高校翻了一番，总分为10.939，相比其他高校提升了6.648。再观察显著性水平的结果，教务处长在政治品质与沟通规划两项因子上的检验p值分别为0.068和0.433，表明职业教育类高校中，沟通能力、教务规划对教务处长的胜任特征有着更强的解释作用。结果显示，在职业品格、沟通规划与组织保障三个因子上，国家双高计划高职院校均有着较高得分，这三个因子代表着个人素养、沟通协调和教学组织能力，表明职业院校类中，国家双高计划高职院校的教务处长更偏向于"决策型领导模式"。

表8.3.19　职业教育类院校中双高计划职业院校与其他高校的因子得分差异比较

		样本量	平均值	显著性水平
职业品格	双高计划职业院校	21	1.509	0.927
	其他高校	102	0.719	
沟通规划	双高计划职业院校	21	0.905	0.433
	其他高校	102	0.495	
组织保障	双高计划职业院校	21	1.114	0.610
	其他高校	102	0.547	
政治品质	双高计划职业院校	21	0.883	0.068
	其他高校	102	0.324	
创新变革	双高计划职业院校	21	0.763	0.468
	其他高校	102	0.276	
总分	双高计划职业院校	21	10.939	0.504
	其他高校	102	4.291	

（3）职业教育类院校教务处长对"组织保障"有更高的要求

表8.3.20显示，职业教育类院校的教务处长的各项因子得分均较高，其中职业品格与沟通规划的因子得分最高，分别为1.021和0.831，表明这两类特征与专业性有着较强的正相关影响；教务处长在政治品质上的因子得分较其他群体略低，且显著性水平较低，表明在职业教育类院校中无论是什么职位的教职员工均持有较高的政治素养；职业品格与沟通规划这两类特征的检验p值较高，对职业教育类院校的教务处长能力解释能力持中。

表8.3.20　职业教育类院校教务处长与其他群体的因子得分差异比较

		样本量	平均值	显著性水平
职业品格	教务处长	54	1.021	0.896
	其他	69	0.838	

		样本量	平均值	显著性水平
沟通规划	教务处长	54	0.831	0.901
	其他	69	0.536	
组织保障	教务处长	54	0.820	0.369
	其他	69	0.599	
政治品质	教务处长	54	0.384	0.016
	其他	69	0.459	
创新变革	教务处长	54	0.393	0.842
	其他	69	0.354	
总分	教务处长	54	6.367	0.921
	其他	69	5.143	

（4）职业教育类院校教务处长胜任能力对履职担责现状的影响因素分析

为了考察职业教育类院校教务处长履职担责的现状及其影响因素，我们设定了四个线性回归模型。模型一考察全样本中九类子能力对履职担责现状的影响因素，自变量包括：政治素养、沟通协调、创新变革、成长发展、服务意识、职业精神、教学组织、教务规划、质量控制；因变量为履职担责的总分。模型二单独考察职业教育类院校样本，变量设置同模型一。模型三在模型一的基础上加入个人背景、学校环境和教务环境等控制变量，以期检验是否存在中介影响。模型四单独考察职业教育类院校样本，变量设置同模型三。当具体讨论每种能力的影响程度时，研究中的因变量为连续变量，故采用线性回归模型来分析。该模型可以表示为：

$$Y=\alpha+\beta_1 Ability+\beta_2 X+\beta_3 Z+\varepsilon$$

其中，Y：因变量，履职担责现状；α：常数项，是回归直线在纵坐标轴上的截距；β：回归系数，回归直线的斜率，表示自变量对因变量的影响程度；Ability：核心自变量，九类子能力；X：一系列自变量，包括双高计划职业院校等信息；Z：控制变量，包括个人背景、学校环境和教务环境等信息；ε：随机扰动项。

为了保证参数估计值具有良好的统计性质，能够有效反映出总体的特征，对回归模型做出满足多元线性回归经典假定的假设。首先为检验变量间的多重共线性，若因子之间相关非独立，则容易将重要的解释变量误认为是不显著的变量，从而得到具有较大误差的模型，根据德宾–沃森检验值来判断九类子能力之间是否具有关联，该检验值为1.691。一般来说，德宾–沃森检验值分布在0～4之间，越接近2，观测值相互独立的可能性越大。即，本模型的观测值不具有多重共线性，满足子能力之间相互独立的假设，证明该划分标准能够有效解释教务处长履职担责的胜任能力。其次，由于观测值中常存在个别异常值，这些离群点不仅影响回归统计，还对残差的变异度和预测值的准确性有负面作用，并阻碍模型的最佳拟合。综上，在模型拟合前，首先检验观测值中是否存在异常值。经验证，本模型中不存在异常值，因此无需剔除离群点，继续进行检验和数据分析。最终进入回归方程的样本观测值有192个（全样本）和20个（职业教育类院校样本），回归结果见表8.3.21。

表8.3.21　职业教育类高校教务处长胜任能力对履职担责现状的回归分析

	模型一	模型二	模型三	模型四
	全样本	职业教育类院校	全样本	职业教育类院校
政治素养	0.144	0.365	0.084	0.071
教务规划	0.046	0.420	−0.021	0.466
沟通协调	0.031	−0.377	−0.030	−0.020
教学组织	0.091	0.424	0.112	0.206
质量控制	0.327	0.056	0.332	−0.121
创新变革	0.205	0.498	0.186	0.196
服务意识	0.272	−0.033	0.295	0.115
成长发展	0.247	0.478	0.203	0.241
职业精神	0.229	0.279	0.283	0.064
双一流	0.189	−0.210	0.193	−0.064
个人背景			0.134	0.245
学校环境			0.133	0.196
教务环境			0.033	0.158
常量	0.599	0.000	0.078	0.000
观测值	192	20	192	20
R^2	0.318	0.780	0.342	0.952

VIF显示自变量不存在明显的多重共线性。四个回归模型的拟合优度在0.318～0.954之间，总体显著性为0.000或接近0.000，整体上是显著的，模型设定合理。解释变量的非标准化系数如表所示。从整体来看，在全样本中质量控制能力和服务意识在各个模型中均显著为正，说明质量控制能力和服务意识越高，教务处长履职担责的情况越好。在职业教育类院校样本中，除沟通规划和服务意识之外，其余因子的系数均为正，说明沟通规划和服务意识对高校的类别影响并不高。个人背景、学校环境、教务环境等控制变量的系数均为正，且绝对值较高，表明如上三个控制变量对履职担责现状有着显著影响。

6.不同学科特色高校的纬度评价

课题组同时对不同学科特色的综合类高校、人文社科类高校、理工类高校、农林医药类高校和职业院校调研人员的九维度评价均值进行对比，如折线图8.3.2和表8.3.22所示，表8.3.22同时汇报了单因素方差检验结果。

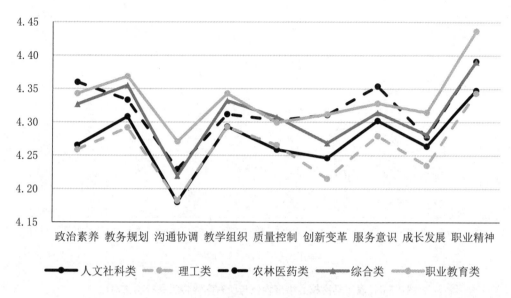

图8.3.2　不同学科特色高校的维度评价均值对比

表8.3.22　不同学科特色高校的维度评价均值与方差显著性

维度	人文社科类	理工类	农林医药类	综合类	职业教育类	显著性
政治素养	4.27	4.26	4.36	4.33	4.34	0.020
教务规划	4.31	4.29	4.33	4.36	4.37	0.156
沟通协调	4.18	4.18	4.23	4.22	4.27	0.255
教学组织	4.29	4.29	4.31	4.33	4.34	0.459
质量控制	4.26	4.27	4.30	4.31	4.30	0.456
创新变革	4.25	4.22	4.31	4.27	4.31	0.115
服务意识	4.30	4.28	4.35	4.31	4.33	0.444
成长发展	4.26	4.23	4.28	4.28	4.31	0.403
职业精神	4.35	4.34	4.39	4.39	4.44	0.118

单因素方差结果显示，不同学科特色高校调研人员的政治素养维度评价均值具有统计显著性，其他维度不存在统计显著性。折线图8.3.2显示，理工类和人文社科类高校的九维度均值低于其他学科特色高校均值。图8.3.3和图8.3.4直观描述了理工类和人文社科类与所有学科特色高校均值对比。

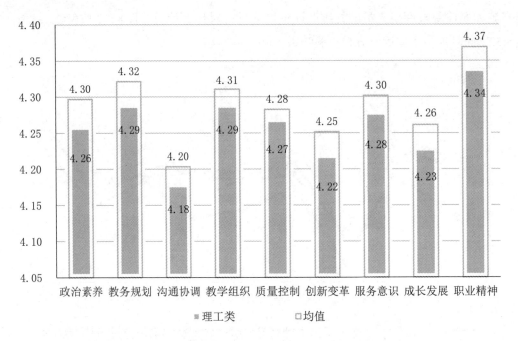

图8.3.3 理工类高校九维度均值与所有学科特色高校均值对比

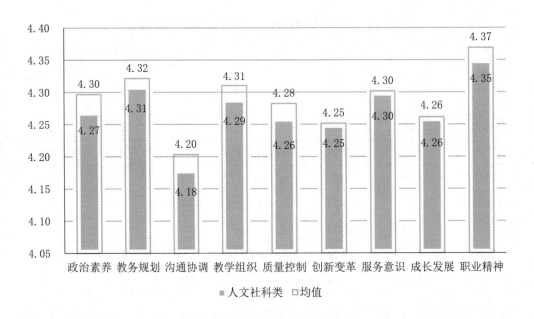

图8.3.4 人文社科类高校九维度均值与所有学科特色高校均值对比

通过图8.3.3、图8.3.4发现，理工类与人文社科类高校在许多维度均低于总均值。

维度顺位	人文社科类	理工类	农林医药类	综合类	职业教育类
第一维度	职业精神	职业精神	职业精神	职业精神	职业精神
第二维度	教务规划	教务规划	政治素养	教务规划	教务规划
第三维度	服务意识	教学组织	服务意识	政治素养	政治素养
第四维度	教学组织	服务意识	教务规划	教学组织	教学组织
第五维度	政治素养	质量控制	教学组织	服务意识	服务意识
第六维度	质量控制	政治素养	创新变革	质量控制	成长发展
第七维度	成长发展	成长发展	质量控制	成长发展	创新变革
第八维度	创新变革	创新变革	成长发展	创新变革	质量控制
第九维度	沟通协调	沟通协调	沟通协调	沟通协调	沟通协调

图8.3.5　不同学科特色高校的九维度均值排序

通过观察图8.3.5发现，不同学科特色的高校调研人员对九维度孰轻孰重没有明显的差别。

综合以上分析得出结论：第一，结合单因素方差分析和多重比较，高校学科特色的不同基本不会导致对九维度重视程度的不同；第二，即使各种学科特色高校的九维度均值差异不大，但仍然可以发现理工类和人文社科类在多维度上低于总体均值；第三，不同学科特色高校的九维度重要程度顺位没有明显的差别。

（四）性别

不同性别的调研人员对影响教务处长能力的九大维度评价均值如表8.4.1和折线图8.4.1所示，表8.4.1同时汇报了单因素方差检验结果。

表8.4.1　不同性别的维度评价均值与方差显著性

维度	男性均值	女性均值	显著性
政治素养	4.24	4.34	0.000
教务规划	4.27	4.37	0.000
沟通协调	4.14	4.26	0.000
教学组织	4.28	4.34	0.003
质量控制	4.25	4.31	0.001
创新变革	4.21	4.29	0.000
服务意识	4.26	4.34	0.000
成长发展	4.20	4.31	0.000
职业精神	4.33	4.40	0.001

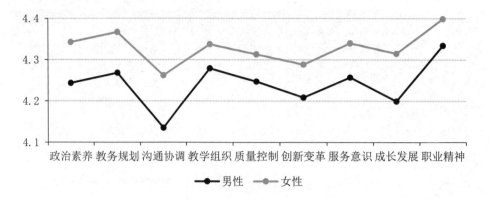

图8.4.1　不同性别的维度评价均值对比

单因素方差结果显示，不同性别调研人员的九大维度均值差异具有统计显著性。折线图8.4.1显示，女性调研人员的各维度评价均值都要高于男性调研人员。

维度顺位	男性	女性
第一维度	职业精神	职业精神
第二维度	教学组织	教务规划
第三维度	教务规划	教学组织
第四维度	服务意识	服务意识
第五维度	质量控制	政治素养
第六维度	政治素养	质量控制
第七维度	创新变革	成长发展
第八维度	成长发展	创新变革
第九维度	沟通协调	沟通协调

图8.4.2　不同性别的九维度均值排序

将九维度分为三个层级，通过观察图8.4.2可以发现，对于不同性别的调研人员，职业精神、教学组织、教务规划均为第一层级，服务意识、质量控制、政治素养均为第二层级，创新变革、成长发展、沟通协调均为第三层级。

综合以上分析得出两个结论：第一，女性调研者对九个维度的重视程度均显著高于男性调研者；第二，对于九个维度的重要性顺序，不同性别之间并没有明显的差异。

（五）年龄

不同年龄段的调研人员对影响教务处长能力的九大维度评价均值如表8.5.1和折线图8.5.1所示，表8.5.1同时汇报了单因素方差检验结果。

表8.5.1 不同年龄段的维度评价均值与方差显著性

维度	25岁以下	26～35岁	36～45岁	46～60岁	60岁以上	显著性
政治素养	4.12	4.28	4.33	4.30	4.32	0.009
教务规划	4.15	4.30	4.34	4.35	4.37	0.002
沟通协调	4.07	4.20	4.22	4.20	4.17	0.114
教学组织	4.15	4.27	4.33	4.34	4.42	0.000
质量控制	4.14	4.25	4.28	4.34	4.33	0.001
创新变革	4.16	4.25	4.25	4.26	4.34	0.438
服务意识	4.17	4.29	4.32	4.31	4.27	0.066
成长发展	4.19	4.26	4.28	4.26	4.12	0.263
职业精神	4.21	4.34	4.38	4.41	4.46	0.001

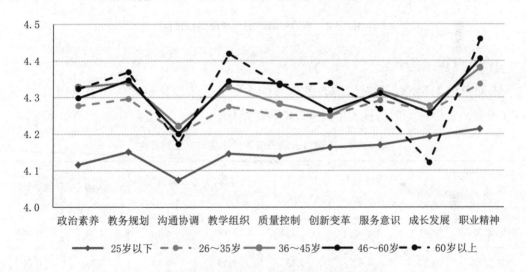

图8.5.1 不同年龄段的维度评价均值对比

单因素方差结果显示，不同年龄段调研人员的政治素养、教务规划、教学组织、质量控制、职业精神维度均值差异具有统计显著性。折线图8.5.1显示，25岁以下调研人员的各维度评价均值都非常低，60岁以上的调研人员的成长发展维度非常低。

通过观察图8.5.2可以发现，不同年龄段调研人员对九个维度孰轻孰重的看法有着较大的差异，比较典型的是对服务意识与成长发展的重视程度随着年龄的增长逐渐减弱，而对教学组织的重视程度则随着年龄的增长逐渐增强。

综合以上分析得出结论：第一，不同年龄段的政治素养、教务规划、教学组织、质量控制、职业精神维度评价均值在统计学上具有显著的差异，沟通协调、创新变革、服务意识、成长发展维度评价均值不存在显著差异；第二，随着调研人员年龄段增长，对教务处长的教学组织能力重视程度逐渐增强，对服务意识和成长发展的重视程度逐渐减弱。

维度顺位	25岁以下	26~35岁	36~45岁	46~60岁	60岁以上
第一维度	职业精神	职业精神	职业精神	职业精神	职业精神
第二维度	成长发展	教务规划	教务规划	教务规划	教学组织
第三维度	服务意识	服务意识	政治素养	教学组织	教务规划
第四维度	创新变革	政治素养	教学组织	质量控制	创新变革
第五维度	教务规划	教学组织	服务意识	服务意识	质量控制
第六维度	教学组织	成长发展	成长发展	政治素养	政治素养
第七维度	质量控制	创新变革	质量控制	成长发展	服务意识
第八维度	政治素养	质量控制	创新变革	创新变革	沟通协调
第九维度	沟通协调	沟通协调	沟通协调	沟通协调	成长发展

图8.5.2　不同年龄段的九维度均值排序

(六) 身份

不同身份的调研人员对影响教务处长能力的九大维度评价均值如表8.6.1和折线图8.6.1所示，表8.6.1同时汇报了单因素方差检验结果。

表8.6.1　不同身份的维度评价均值与方差显著性

维度	学校领导	教务处长或副处长	教务部门管理人员	其他部门管理人员	二级教学单位人员	教师	显著性
政治素养	4.62	4.47	4.43	4.35	4.40	4.24	0.000
教务规划	4.57	4.42	4.43	4.39	4.41	4.28	0.000
沟通协调	4.31	4.30	4.30	4.24	4.27	4.17	0.000
教学组织	4.50	4.41	4.44	4.38	4.39	4.27	0.000
质量控制	4.60	4.43	4.41	4.40	4.37	4.23	0.000
创新变革	4.52	4.41	4.40	4.34	4.33	4.20	0.000
服务意识	4.55	4.35	4.33	4.36	4.37	4.28	0.003
成长发展	4.43	4.40	4.40	4.25	4.30	4.22	0.000
职业精神	4.55	4.50	4.48	4.39	4.45	4.33	0.000

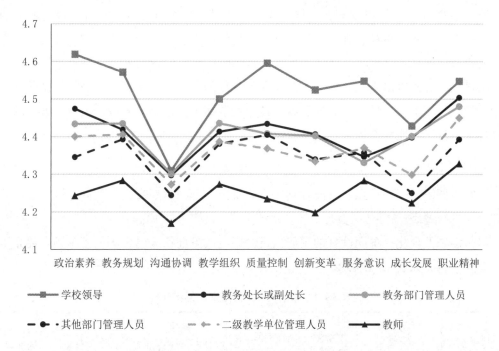

图8.6.1 不同身份的维度评价均值对比

单因素方差结果显示，不同身份调研人员的九大维度均值差异具有统计显著性。折线图8.6.1显示，学校领导的各维度评价均值高于其他身份的调研人员，教师的各维度评价均值低于其他身份的调研人员。

维度顺位	学校领导	教务处长或副处长	教务部门管理人员	其他部门管理人员	二级教学单位管理人员	教师	
第一维度	政治素养	职业精神	职业精神	质量控制	职业精神	职业精神	
第二维度	质量控制	政治素养	教学组织	职业精神	教务规划	教务规划	
第三维度	教务规划	质量控制	政治素养	教务规划	政治素养	服务意识	
第四维度	服务意识	教务规划	教务规划	教学组织	教学组织	教学组织	
第五维度	职业精神	创新变革	质量控制	服务意识	质量控制	政治素养	
第六维度	创新变革	教学组织	创新变革	政治素养	服务意识	质量控制	
第七维度	教学组织	成长发展	成长发展	创新变革	创新变革	成长发展	
第八维度	成长发展	服务意识	服务意识	成长发展	成长发展	创新变革	
第九维度	沟通协调	沟通协调	沟通协调	沟通协调	沟通协调	沟通协调	

图8.6.2 不同身份的九维度均值排序

通过观察图8.6.2可以发现，不同身份调研人员对九个维度的重视程度没有明显的差异，政治素养、职业精神、教务规划维度评价均值相对较高，沟通协调和成长发展维度评价均值相对较低。

综合以上分析得出结论：第一，对于九个维度的重要性顺序，不同身份的调研人员没有明显的差异；第二，学校领导的各维度评价均值高于其他身份的调研人员，教师的各维度评价均值低于其他身份的调研人员。

（七）政治素养

课题组同时对不同年龄、不同性别、不同身份、不同类型高校、不同地域高校中政治素养维度进行调研。

（1）性别差异化。不同性别的调研人员对影响教务处长政治素养的基本领导要素重要性的差异分析，如表8.7.1所示。

表8.7.1　政治素养维度性别差异化分析

维度	性别	均值	标准差	峰度		偏度	
				统计量	标准误	统计量	标准误
政治素养	男性	4.2436	0.64220	4.491	0.144	−2.027	0.072
	女性	4.3424	0.49183	5.806	0.134	−2.112	0.067

（2）年龄差异化。不同年龄段的调研人员对影响教务处长政治素养的相应个人基本要素重要性的差异分析，如表8.7.2所示。

表8.7.2　政治素养维度年龄差异化分析

维度	年龄	均值	标准差	峰度		偏度	
				统计量	标准误	统计量	标准误
政治素养	25岁以下	4.1158	0.69278	3.669	0.490	−1.734	0.247
	26～35岁	4.2768	0.58495	5.148	0.178	−2.046	0.089
	36～45岁	4.3283	0.53661	6.300	0.158	−2.277	0.079
	46～60岁	4.2981	0.57642	5.601	0.191	−2.192	0.096
	60岁以上	4.3232	0.43289	−0.142	0.798	−1.091	0.409

（3）身份差异化。不同身份的调研人员对影响教务处长政治素养的基本领导要素重要性的差异分析，如表8.7.3所示。

表8.7.3 政治素养维度身份差异化分析

维度	身份	均值	标准差	峰度		偏度	
				统计量	标准误	统计量	标准误
政治素养	学校领导	4.6190	0.12599	7.000	1.587	−2.646	0.794
	教务处长或副处长	4.4740	0.41798	19.767	0.349	−3.741	0.175
	教务部门管理人员	4.4339	0.43838	7.485	0.356	−2.618	0.179
	其他部门管理人员	4.3452	0.72425	11.455	0.858	−3.237	0.441
	二级教学单位管理人员	4.4004	0.45291	11.244	0.255	−2.851	0.128
	教师	4.2431	0.60405	4.309	0.122	−1.921	0.061

（4）高校区域差异化。不同高校所在地的调研人员对影响教务处长政治素养的基本领导要素重要性的差异分析，如表8.7.4所示。

表8.7.4 政治素养维度高校区域差异化分析

维度	高校区域	均值	标准差	峰度		偏度	
				统计量	标准误	统计量	标准误
政治素养	华北	4.2530	0.62815	4.886	0.232	−2.087	0.116
	东北	4.3233	0.54259	6.003	0.358	−2.178	0.180
	华东	4.3116	0.53618	5.501	0.320	−2.090	0.160
	华中	4.3202	0.53988	6.564	0.214	−2.286	0.107
	华南	4.2300	0.55929	1.263	0.662	−1.371	0.337
	西南	4.2797	0.57818	4.482	0.188	−1.955	0.094
	西北	4.3312	0.54823	8.228	0.247	−2.551	0.124

（5）高校类型差异化。不同高校类型的调研人员对影响教务处长政治素养的基本领导要素重要性的差异分析，如表8.7.5所示。

表8.7.5 政治素养维度高校类型差异化分析

维度	高校类型	均值	标准差	峰度		偏度	
				统计量	标准误	统计量	标准误
政治素养	世界一流大学建设高校	4.3257	0.52276	5.991	0.260	−2.185	0.130
	世界一流学科建设高校	4.2773	0.63087	6.633	0.318	−2.340	0.160
	地方高校	4.2877	0.56581	4.910	0.123	−2.031	0.062
	国家双高计划高职学校	4.2889	0.55138	2.457	0.608	−1.721	0.309
	其他高职学校	4.3160	0.60807	7.666	0.401	−2.574	0.202

（6）高校专业特色差异化。不同专业特色高校的调研人员对影响教务处长政治素养的基本领导要素重要性的差异分析，如表8.7.6所示。

表8.7.6　政治素养维度高校专业特色差异化分析

维度	高校类型	均值	标准差	峰度		偏度	
				统计量	标准误	统计量	标准误
政治素养	人文社科类	4.2656	0.58529	5.111	0.216	−2.072	0.108
	理工类	4.2588	0.62326	4.963	0.166	−2.088	0.083
	农林医药类	4.3598	0.52560	5.183	0.370	−2.147	0.186
	综合类	4.3267	0.49902	4.567	0.187	−1.928	0.094
	职业教育类	4.3428	0.57073	7.581	0.433	−2.507	0.218

可见，参与调研的人员认为不同年龄、不同性别、不同身份、不同类型高校、不同地域高校中政治素养是教务处长必须具备的核心能力，其重要性并不受以上因素的影响，且教务处长的政治素养直接关系到高校教育教学管理水平的提升。

（八）基本能力

根据课题组前期论证和初步设计，将高等学校教务处长基本能力建设的影响因素分为个人基本要素、工作环境要素、基本领导能力的维度要素3个维度。

将个人基本要素细分为6个维度，根据重要性均值统计结果，将6个维度重要性进行排序，如图8.8.1所示，影响教务处长能力建设的个人基本要素重要性排序依次为：（1）工作年限（重要性均值4.02）、（2）工作经历（重要性均值3.97）、（3）学历学科（重要性均值3.90）、（4）职称职级（重要性均值3.63）、（5）个人资历（重要性均值3.53）、（6）人口特征（重要性均值2.80）。

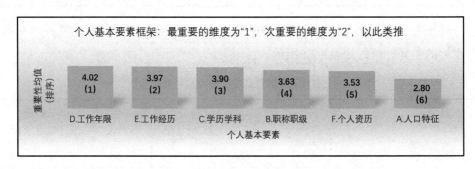

图8.8.1　影响教务处长能力建设的个人基本要素重要性排序

将影响教务处长能力建设的学校和教务工作环境要素细分为6个维度，根据重要性均值统计结果，将6个维度重要性进行排序，如图8.8.2所示，影响教务处长能力建设的学校和教务工作环境要素重要性排序依次为：（1）教务处环境（重要性均值4.11）、（2）学校战略（重要性均值4.07）、（3）教务环境（重要性均值4.01）、（4）高校规模（重要性均值3.94）、（5）工作强度（重要性均值3.80）、（6）高校类型（重要性均值3.74）。

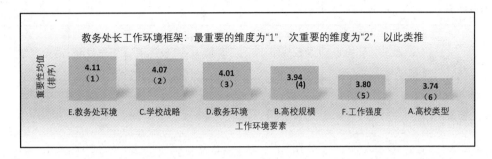

图8.8.2 影响教务处长能力建设的学校和教务工作环境要素重要性排序

将影响教务处长能力建设的基本能力要素细分为9个维度，根据重要性均值统计结果，将9个维度重要性进行排序，如图8.8.3所示，影响教务处长能力建设的基本能力要素重要性排序依次为：（1）教务规划（重要性均值4.50）、（2）沟通协调（重要性均值4.49）、（3）服务意识（重要性均值4.48）、（4）教学组织（重要性均值4.45）、（5）质量控制（重要性均值4.43）、（6）政治素养（重要性均值4.39）、（7）创新变革（重要性均值4.33）、（8）职业精神（重要性均值4.31）、（9）成长发展（重要性均值4.07）。

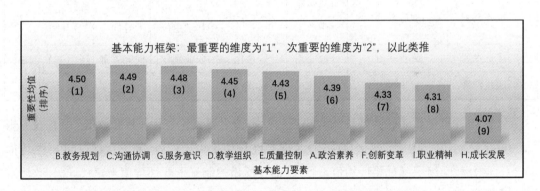

图8.8.3 影响教务处长能力建设的基本能力要素重要性排序

综上，经过分析得到教务处长能力量表优化如表8.8.1所示，最重要的维度排"1"，次重要的维度排"2"，以此类推。

表8.8.1 高等学校教务处长能力量表

教务处长基本能力框架	1	2	3	4	5	6	排序
（一）个人基本要素	工作年限	工作经历	学历学科	职称职级	个人资历	人口特征	

续表

教务处长基本 能力框架	1	2	3	4	5	6	排序
（二）学校和教 务工作环境要素	教务处环境	学校战略	教务环境	高校规模	工作强度	高校类型	
（三）教务基本 能力要素							
（1）政治素养	政治大局	党性觉悟	政治领悟力	政治执行力	政治心理	政治生态	6
（2）教务规划	科学决策	知人善用	资源整合	鼓励引导	危机应对	国际视野	1
（3）沟通协调	教务团队	跨部门 协作	二级教学单 位协作	校际合作	政企学 研合作	国际合作	2
（4）教学组织	教学规划	教学建设	教学组织	教学秩序	教学生态	教务文化	4
（5）质量控制	教学运行	质量标准	制度建设	调研分析	绩效评价	控制流程	5
（6）创新变革	守正创新	改革意识	教学改革	前沿趋势	制度创新	变革管理	7
（7）服务意识	服务教师	以学生为 中心	换位思考	服务二级 教学单位	满意度 导向	利益相关 者互动	3
（8）成长发展	终身学习	开放心态	信息化	职业规划	时间管理	压力调节	9
（9）职业精神	立德树人	担当作为	爱岗敬业	遵规守纪	严谨求实	作风过硬	8

从表8.8.1可见影响教务处长能力建设的基本能力要素重要性排序依次是（1）教务规划（重要性均值4.50）、（2）沟通协调（重要性均值4.49）、（3）服务意识（重要性均值4.48）、（4）教学组织（重要性均值4.45）、（5）质量控制（重要性均值4.43）、（6）政治素养（重要性均值4.39）、（7）创新变革（重要性均值4.33）、（8）职业精神（重要性均值4.31）、（9）成长发展（重要性均值4.07）。教务处长基本能力要素的9个维度的重要性均值皆大于4，即9个维度都介于"比较重要"的程度之上，这意味着，教务处长能力提升过程不能偏废其中任一维度的能力。其次，这9个维度又分别包含6个要素，且共计54个基础要素中，除了"沟通协调"中的"国际协作"的重要性均值为3.85，其余53个要素重要性均值皆大于4。此调查结果，一则说明本研究设计的影响教务处长能力建设的基本能力要素框架基本通过检验，二则说明包含共计9个维度、54个要素在内的教务基本能力框架可以为教务处长基本能力建设提供较为正确的参考和指向。鉴于此，高等学校可参照教务处长基本能力要素，对教务处长的54项具体能力开展全方位的能力评估并"对症纠偏"，教务处长本人也可以参照此框架——进行查漏补缺。

除此之外，其他影响教务处长基本能力建设的因素还包括：教学工作能力，一线教师经历，管理学生经验，公正、正直的个人素质，学习、理解和思维能力，担当和责任意识，制度改革及创新、科研能力，学校支持和发展保障，上下级关系，遵循教育和学科规律，个人品质和作风，教务规划和检查，公平对待教师，培养人才意识，信息化能力，具有同理心，听取基层、学生、教师、二级学院意见和建议等。本研究结果和结论可为教务处长个人基本能力提高提供指向和参考。

（九）国内外教务处职责对比

课题组同时对我国及国外高校教务部门的架构与职责进行了对比，通过比较研究与案例分析，关注我国高校教务部门的现有局限。

1.中国教务处职责

经历了高校的大规模扩招和教务处的变革后，目前我国高校教务处的主要职责是根据高校的教学目标设置教学事务，从而保障高校教学活动能正常运行。我国教务处的职责受高校教务管理部门的组织结构形式影响，具体可以分为教学规划、过程管理和质量控制三部分，三个部分相互补充、相互协调，共同促进教务管理转型发展，为教学活动提供高质量服务。

第一，教务处负责高校教学的整体规划，重点关注教学设计与学科建设。首先，教务处始终贯彻教育部的方针，执行国家和上级主管部门的政策。其次，在规章制度上，教务处根据学校的实际情况，参与制定学校教学发展规划、学科和专业建设规划、全校教学工作计划，制定高校教学管理规章制度、教学体制的具体实施办法。再次，在资源管理上，教务处负责上报项目的论证、审批、立项及经费管理，重点做好教学经费的管理和协调工作。同时，教务处也承担了教学研究的职责，深入开展教学改革调研，撰写研究报告，推动教学研究、教学改革以及教学管理改革，负责全校会议的组织、安排，接待兄弟院校的来访，交流教学改革和教学管理工作经验等。

第二，教务处负责高校课程建设和过程的组织管理，全方位参与教学全过程。首先，教务处承担全校教材的建设规划、订购供应、审核评选工作，保证教材质量；负责教学设备和教学环境的建设，规划、安排教学所需的多媒体设备、管理信息系统以及教学实习基地等。其次，教务处负责编制校历、组织开课、排课排考，负责组织制定本科专业人才培养方案和学校专业建设、课程建设、实验室建设、教学改革、教学质量工程项目以及有关人才培养的专项建设工作，负责学生各类考试的组织与检查工作。再次，教务处负责学生的学籍档案管理、学位授予工作，负责毕业论文、毕业设计、毕业创作、毕业演出等安排，组织毕业评优工作，负责本科生国内、国境（外）交流服务与管理，包括国内外交流项目学生的选拔、派出或接收，管理办理出国成绩单、学历证明及学历认证。最后，教务处负责组织各类教师教学竞赛和学生科学竞赛、科技活动等，负责制定并组织实施各专业的实习实训。

第三，教务处负责高校教学质量的监督控制。首先，在教学监督上，教务处负责教学工作的监管检查，协助有关部门抓好"教风""学风""考风"建设。其次，教务处负责教学质量评估和本科教学的绩效统计与核算，制定评估方案，调查教学情况，对教学质量和授课情况进行统计分析，及时掌握教学信息，定期向上级反馈教学情况，分析考试及教学中存在的问题并提出改进措施。再次，教务处负责安排青年教师的培训、进修等教学能力培养工作，组织观摩教学、交流学习，在交流评比中吸取优秀教学成果的先进经验，推动教师开展教学改革实验。最后，教务处负责收集教学基本数据，管理教学档案，发布教学信息，撰写并上报年度教学质量报告。

2.美国高校教务部门职责

在美国高校，主管教务（academic affairs）的通常是教务长办公室。美国高校的最高层为学校董事会，由董事会推选出的校长是美国高校行政管理的最高负责人，受董事会委托管理学校各项事务。除校长外，各校一般都设有教务长（provost）以及若干名副校长协助校长工作，其中教务长制度是美国高校较为普遍且独特的制度。教务长不同于我国高校的教务处长，是二战后北美高校普遍设立的首席学院长官，有时也兼任副校长，在校长领导下负责大学中的各项学院活动，包括创立、执行、监管学院活动，寻求资源以支持学院活动等。教务长办公室则是在教务长领导下，由各副教务长负责的各下属部门组成。

美国高校一般都设置教务长以及教务长办公室统领学校的教学研究事务和行政事务。教务长及其办公室的核心职能包括协调与监管各院系的各项预算与计划、教学日常记录与服务、新生招募及其包容性、推进学术创新与教学质量、管理校图书馆，以及教职工的招募与发展。其中教学日常记录与服务职能一般都由教务长办公室下属的登记办公室履行，其具体职责又包括编制校历、课程与考试安排、学位管理、成绩查询与毕业生服务。因此，尽管我国教务处通常被译为"office of academic affairs"，实际上美国的academic affairs的范围要比我国高校的教务范围广泛得多。

3.英国高校教务部门职责

大多数英国高校会设置教务主任（registrar）一职负责教务工作，其下属机构称为教务主任办公室（registrar's office）或教务部（registry/ department of registrar）。不同于附属教务长办公室的美国教务部门，英国高校中的教务主任通常是校务委员会（university executive board/university secretariat）的成员。在理事会（council）和评议会（senate）的两院制治理结构下，英国高校的校务委员会通常为理事会和评议会提供行政支持，负责具体执行两院制定的战略和政策。

与美国的教务长办公室类似，英国高校的教务主任办公室或由教务主任负责的教务部统领学校日常的各项事务，其相同的职责包括教学日常服务与记录、图书馆服务、新生招募与教职工服务，并且教学日常服务与记录同样由教务主任办公室下属的登记处履行。而和美国有所不同的是英国教务部门通常不负责协调统领各专业院系，教务主任与学院院长属于同级干部，因此教务部门的职责通常不包括协调各院系的预算、监管其各项活动。但另一方面，英国教务部门承担了校园生活支持的职能，其具体职责通常包括提供就业咨询、组织运动、提供学生福利、食宿服务、支持安保与清洁系统等一切服务于提高学院成员生活质量的工作。在美国，这些工作则通常被称为学生事务（student affairs）或公共事务（public affairs），由教务部门之外的团队专门负责。此外，英美高校教务部门的职责的区别还在于美国高校的教务部门还会承担支持教职工的职能，通常称之为员工事务（faculty affairs），具体负责招募新员工和为现有员工提供一切需要的服务。在英国高校，这一职能则一般由与教务主任平行的负责人力资源管理的副校长及其办公室履行。但另一方面，英国高校教务部门的职责范围又包含支持学生的职业规划与就业，而美国高校教务部门对此却没有明确的职能划定。

4.国内外教务部门职责对比

根据考察，英美两国高校教务部门的职责与我国教务处的职责有所不同，具体体现在：一方面我国教务处在教学规划层面承担更多的责任，而另一方面则是英美高校教务部门相比我国教务处在教学以外的领域承担更为多样的职责。

我国教务处的核心职能之一是负责高校教学的整体规划，而美国教务部门尽管也会负责教学研究、组织协调教学经费，但会将更多相关的职责，如制订学科和专业建设计划、教学工作计划等下放至具体的学院，在校级层面更注重经费的统筹与教学创新的研究。

对教学事务的日常统筹是我国高校教务处的第二大职能，具体包括：教材与教学设备等教学辅助建设、制订校历、排课排考、学位学籍管理、组织毕业事宜。这一部分职能在英美高校主要由教务部或教务主任/教务长办公室下的登记处或登记办公室负责，但一般这些登记办公室并不负责教辅的管理与建设，这一职能通常由独立于教务的资产管理办公室负责。

我国教务处的第三大核心职能是对教学质量的监管与提升，具体职责包括：加强学风建设、组织教师的培训与评比、组织教学评估等。英美高校的教务部门同样也会组织教学评估、为教职工提供支持等，这些职责通常由教务长办公室或教务主任办公室下属的专门机构负责。

此外，英美高校的教务部门的职责还涉及其他几个方面。首先是图书馆服务，与国内将教务与图书馆管理分开不同，英美高校均把图书馆下设在教务部门，为师生提供书籍资源查找、学习支持和研究支持等服务；亦不同于中国高校区分教务处与招生处，英美高校的招生工作则直接由教务部门承担，具体职责包括本科招募、硕博项目的集中公示与组织申请；最后，无论是美国高校教务部门特有的职工事务、人力资源与财务职能，还是英国高校教务部门特有的校园生活支持与就业服务，这些职能均通常不由中国高校教务处来履行，而是由高校内部与教务处平行的其他部门履行，如招生处、教师发展中心、后勤保障部、人事部门、计财部门等。

表8.9.1　中英美三国高校教务部门职责对比

教务部门核心职责	中国高校	英国高校	美国高校
教学整体规划	✓	（专业院系）	✓+（专业院系）
日常教学记录与服务/管理	✓	✓	✓
教学质量促进/监管	✓	✓	✓
图书馆服务	（图书馆）	✓	✓
招生	（招生处）	✓	✓
就业服务	（就业中心）	✓	（学生事务）
校园生活支持	（后勤、学工部门）	✓	（学生事务）
职工事务	（职工中心、工会）	（人力资源部门）	✓
人力资源	（人事部门）	（人力资源部门）	✓
财务	（计财部门）	（财务部门）	✓

　　总体而言，我国教务处在教学规划层面承担相对更多的责任，而英美高校教务部门在教学以外的领域承担更为多样的职责。如表8.9.1所示，总的来说英美高校教务部门的核心职责范围要比我国教务处范围更广，但这些超出我国教务处职责范围外的工作通常由与教务处平行的职能部门履行。因此，这种职责范围的差异并不代表我国教务部门的功能不够齐全，而是由中外高校机构分工逻辑的迥异所致。从宏观来看，不同于我国高校普遍将职能部门划分为行政与学术两类组织，英美高校则主要分为教务与副校长们负责的其他事务，其中美国高校的学术机构从属于教务部门，而英国高校的学术机构则与教务部门平级。因此教务部门几乎是整个行政部门的主体，下属多个层级不同类型的职能部门，而我国的高校行政部门的结构则相对扁平，教务处与其他数十个职能结构平行，共同负责学校的各项事务。

（十）差异化分析小结

　　受制于区域经济发展水平、办学水平与高校本身的学科特色等因素，不同高校之间对教务工作的规划与重心会出现一些差距，明晰这些差距进而有目标地对教务工作进行优化进而提高教务工作水平，这即是本章节差异化分析的目的。具体来讲，本章节的主要结论有以下几点：

　　第一，不同区域、办学水平、学科特色高校的调研人员对影响教务处长履职担责能力的九大能力维度评价均值的差异不具有统计显著性，这说明从统计学来讲，高校特征的不同并不会显著影响调研人员对待教务处长九大能力重视程度的不同。

　　第二，不同性别、年龄的调研人员对影响教务处长履职担责能力的九大能力维度评价均值的差异存在统计显著性，这说明从统计学来讲，调研人员性别、年龄因素会显著影响对待教务处长个别能力的重视程度。

第三，尽管高校特征的影响不具有统计显著性，但是仍然可以看出不同类别、区域的高校之间确实存在细微的差距，例如世界一流大学建设高校比世界一流学科建设高校更重视教务处长的个人素养，世界一流学科建设高校比地方高校更重视教务处长的教务管理和团队精神。

第四，参与调研的人员认为不同年龄、不同性别、不同身份、不同类型高校、不同地域高校中政治素养是教务处长必须具备的。

第五，从高等学校教务处长基本能力现状研究来看，当前高校教务处长在工作中普遍能做到"勇于担当""融入育人情怀""质量控制""协同合作""更新观念""规划落实""关注多方诉求""理解包容""统筹管理""落地国家方针政策""扎根教育相关研究"等。其中，"勇于担当"最符合当前教务处长基本能力现状。

第六，我国教务处在教学规划层面承担相对更多的责任，而英美高校教务部门在教学以外的领域承担更为多样的职责。英美高校教务部门的核心职责范围要比我国教务处范围更广，但这些超出我国教务处职责范围外的工作通常由与教务处平行的职能部门履行，这是由中外高校机构分工逻辑的迥异所致。

这些差异化的分析将为高校谋求教学水平提升、区域差异弥补提供对策与建议。

九、高校教务处长能力提升途径

教务处长作为高校教务处的掌舵人，其价值观、教学管理理念、人才培养理念以及对教学管理制度模式的选择都会影响高校教学质量和教学体系的建设。为提高高校教学水平和教育质量，助力我国实现教育现代化、走向教育强国，亟须对在这一过程中发挥关键作用的教务处长及其能力进行研究并探寻其能力提升路径。根据调查结果和研究结论，课题从以下四个方面提出高校教务处长能力提升路径。

（一）加强政治站位，重视教务处长政治素养维度的培育

通过对高校教务处长政治素养方面的研究可见，政治素养是教务处长能力要素的核心，笃实精神、责任担当、家国情怀是教务处长政治素养的基石。政治大局、党性觉悟、政策领悟力、政治执行力、政治心理、政治生态六个核心要素可以作为高校教务处长政治素养必备的、共有的、通用的要素。在高等教育强国发展目标下，要以党的二十大精神和习近平新时代中国特色社会主义思想为指导，立足中华民族伟大复兴战略全局和世界百年未有之大变局，心怀"国之大者"，为服务国家富强、民族复兴、人民幸福贡献力量。教务处长作为推进实现落实立德树人根本任务、培养社会主义建设者和接班人的主力群体，需要坚守"为党育人、为国育才"初心，胸怀"两个大局"的政治站位、政治担当，时刻保持政治清醒，扎实履行政治责任。要坚持问题导向、目标导向，探索总结符合未来高等学校教务处长政治素养的发展方向。

一是提高党性觉悟，加强新时代高校党建工作。高校必须深刻认识加强党建的战略意义，准确把握新时代党建总要求，"巩固阵地"坚定不移走中国特色高等教育发展道路，全面激活高校党组织的生机与活力，认真学习领会党和国家的教育方针政策，保持坚定的政治信仰。要坚定不移抓好思想教育，以习近平新时代中国特色社会主义思想武装头脑，抓好纪律执行，知敬畏、存戒惧、守底线。要加强意识形态阵地管理，抓意识形态工作的本质和内涵，增强意识形态的凝聚力和吸引力。要拓展党建工作的宽度与厚度，精心谋

划，切实发挥教学管理部门与二级教学单位、对口企业事业单位等开展党建深度合作，以党促建，发挥阵地联用、组织联建、活动联办、工作联动的作用，同时不断提升自身政治觉悟和思想道德修养，真正做到内化于心、外化于行。

二是提高理论素养，加强理论与实践相结合。要高度重视和加强政治学习。坚持以马克思主义理论为指导，把深入学习贯彻习近平新时代中国特色社会主义思想作为首要政治学习任务。加强集中学习与自主学习，强化学习效果入脑入心。能够准确把握新时代高等教育规律及主要矛盾，科学阐释发展面临的新情况新特点，高效解决时代提出的新问题新要求。要加强实践锻炼，政治理论学习与投身社会实践相统一。高等教育新发展阶段，要求教务处长进一步提高政治判断力、政治领悟力、政治执行力，坚持正确导向，坚持用习近平新时代中国特色社会主义思想认识问题、分析问题、解决问题，不断提高自身的政治理论水平、管理水平和驾驭各种矛盾的能力。将政治理论学习成果转化到铸魂育人的实践中去，在实践中提高理论素养。

（二）完善任职考核体系，增强教务处长任职资质考核评估的科学性

课题组通过对高等学校教务处长个人基本要素进行考察研究，评估影响教务处长能力建设个人基本要素中各维度的重要性，从而为高等学校教务处长任职选拔中个人资质标准设定提供参考。任职资格体现了学校对任职人员的资质要求和期望，是承担职位的前提性条件，具有非常重要的"门槛准入"作用。作为高等学校教务处长基本能力建设的第一道关卡，科学有效的教务处长选拔任职资格标准和考核机制尤为重要。结合其余访谈资料和我国高等学校教务管理现状，高等学校可以从以下两个方面来完善教务处长任职考核体系，以增强教务处长任职考核评估的科学性，从而为教务处长能力建设奠定坚固的首要基础。

其一，根据调查结果，影响教务处长能力建设的个人基本要素重要性排序依次为：（1）工作年限（重要性均值4.02）、（2）工作经历（重要性均值3.97）、（3）学历学科（重要性均值3.90）、（4）职称职级（重要性均值3.63）、（5）个人资历（重要性均值3.53）、（6）人口特征（重要性均值2.80）。这意味着在教务处长任职资格标准体系中，一方面应加大个人工作年限、工作经历、学历学科等要素的权重，另一方面应减小职称职级、个人资历、人口特征的权重。由此，才能设计出更为科学合理的教务处长任职资质标准，才更有可能选拔到合适而优秀的教务管理人才，更好地服务学校发展。

其二，资质不等于胜任能力，获得资格是任职的最低要求，也就是说，即使具备这些条件，也不一定完全适合并能胜任该职位。除了合理设定上述个人基本要素中6个维度的权重外，还应该结合高校其他任职要求，制定翔实具体的教务处长任职条件，选拔出真正理解学科规律、懂得教育管理、擅长科学研究的优秀人才，以此提高高等学校教务处长职位的专业性。例如，根据调查结果，"一线教师经历"是影响教务处长能力提升的最重要

的因素之一，所谓"教而优则仕"，很多学校的教务处长确实也出身于一线教师，但教学和管理却是两种性质不同的工作，可以通过明确任职要求来凸显教务处长的角色定位，让包含一线教师在内的众多潜在候选人在竞聘前就能全面了解到教务处长职位的特殊性以及专业性要求，并以此评估自身与该职位的适配度。

其三，加强和完善教务处长的绩效考核制度。参照国际一流大学教务长的管理评估与绩效考核机制，定期在校内对教务处长及其教学管理工作进行评估，以评估促进教学管理改进、促进教务处长专业化；制定教务处长的教学管理绩效考核标准，形成有吸引力的薪酬激励和专业发展制度，更有效地激励教务处长不断提升自己的专业能力，持续改进教学管理水平。

（三）加强教务处长制度保障，创造良好的教务工作环境

除了个人基本要素是教务处长能力提升的重要影响因素外，学校层面的制度环境也发挥着关键作用，其中尤为重要的是学校能为教务工作提供的各项资源能力。因此，还应该从学校层面考虑高等学校的教育管理规划，从政策和制度层面为教务处长开展各项教务工作提供支持和保障，为教务处长充分施展才干与能力提升搭建稳健平台。

一是结合学校资源供给能力，提升教务处工作环境。根据本课题研究结果，教务处环境（重要性均值4.11）是影响教务处长能力提升、学校和教务工作环境要素中最重要的维度，其包含的三个重要因子分别是：教务工作运行经费（重要性均值4.24）、教务处软件条件（重要性均值4.23）、教务处硬件条件（重要性均值4.12）。据此，有必要结合学校资源供给，着力提升包含教务工作运行经费、教务处硬件条件、教务处软件条件等在内的各项教务处工作环境。如有条件，高等学校可以适当在教务处增设教研室这样的专业机构，研究教学现象和学科规律，总结教学经验，提炼教学成果，协助教务处长更好地把握全校教育大局以全面提高教务管理水平。此外，在教务处硬件条件提升过程中应该注重将现代信息化管理技术与"以人为本"的管理理念融入高等学校建设，贯彻教育部"推进现代信息技术与教育教学深度融合"的精神，从而实现高等学校环境的整体育人功能和效率。

二是建立教务处工作协调机制，增强教务处长工作效率。诸如"沟通协调""上下级协调""部门机构协调""协同合作"等内容在整个调查过程中出现的频率极高，且对教务处长基本能力不足的研究结果表明："规划协调""上下级沟通、协调和理解""行动转变和效率提升"等是当前高等学校教务处长普遍较为欠缺且亟需提升的能力维度。一方面可以通过将各类纷繁复杂的教务工作文书化、具体化、专门化，实施专人负责制等来建立以教务处长为核心的教务团队的内部协调机制；另一方面也需要加强教务处与校内校外其他部门的机构协同，以全面增强以教务处长为首的学校教务工作效率。与此同时，还要注重搭建学校领导、院系教师与教务处等各方主体协调沟通的对话平台，通过多元主体参与教学计划和管理，从根本上促进学生、教师以及学校的整体发展，兼顾群体目标和个体目

标，凝聚群体向心力，激发高等学校进行教育改革的内生动力，进一步提高高等学校教育教学的高质量、规范化、科学化水平。

三是建立教务团队激励机制，规范教务成员晋升路径。教务处长能力建设的背后是对学校教务管理和运行能力提升的希冀，而这与整个教务团队成员的工作能力和效率都密不可分。作为教务工作的直接参与者和具体执行者，职业获得晋升和发展无疑将进一步调动整个教务团队的工作积极性，实现个人和学校的良性发展。然而，与其他行政人员或从事教学的教师相比，高校教务管理团队成员的晋升渠道相对狭窄，加之教务工作的烦琐枯燥，很多教务人员工作积极性受到严重挫伤，怀着晋升无望的消极情绪在工作中常年秉持"不求有功但求无错"的应付心态去处理日常事务，这严重影响了以教务处长为核心的整个教务团队的工作效率和效果。因此，高校应该为教务团队建立专门的激励机制并以制度规范教务成员晋升和发展空间，以此调动教务人员的工作积极性和效率。优质的教务团队是确保高校各项教学管理工作持续、健康、有序运行的重要基础，是为学校教育管理改革和可持续发展提供持续动力和优质服务的动力来源。

（四）推进教务处长管理专业化建设，服务国家教育强国战略

2018年5月，习近平总书记在北京大学发表重要讲话，强调"走内涵式发展道路是我国高等教育发展的必由之路"。如何尽快提高我国高等教育质量，推进教育强国发展战略，实现教育强国、科技强国和人才强国等战略的联动融合发展，走中国特色社会主义教育强国之路，教务处长作为将国家战略、方针、政策顺利落地于各高校的"意志—行动"枢纽，在我国从教育大国转向教育强国的征途中承担着重大任务。教务管理专业化是高校从传统向现代转型的重要推动力，各高校可以从以下四个方面入手，以教务处长能力建设为轴心做好现代大学的战略部署以服务国家教育强国战略。

一是全面提升本研究框架下的教务处长基本能力。教务处长是学校教学管理工作的核心人物，承担着教学任务的实施、教学改革的推进、教育质量的提升等重要任务，其职业素养和专业化水平的高低直接关系着整个学校的教学水平和社会声誉。根据上文研究结论，教务处长基本能力要素包含的政治素养、教务规划、沟通协调、教学组织、质量控制、创新变革、服务意识、成长发展、职业精神9个维度的重要性均值皆大于4，即9个维度都介于"比较重要"的程度之上，这意味着，教务处长能力提升过程不能偏废其中任一维度的能力。其次，这9个维度又分别包含6个要素，且共计54个基础要素中，除了"沟通协调"中的"国际协作"的重要性均值为3.85，其余53个要素的重要性均值皆大于4。此调查结果，一则说明本研究设计的影响教务处长能力建设的基本能力要素框架基本通过检验，二则说明包含共计9个维度、54个要素在内的教务基本能力框架可以为教务处长基本能力建设提供较为正确的参考和指向。鉴于此，高等学校可参照"教务处长基本能力框架"，对教务处长的54项具体能力开展全方位的能力评估并"对症纠偏"，教务处长本人

也可以参照此框架一一进行查漏补缺。

二是提升教务处长角色认知，完善教务处长角色规范。随着高校体制改革的逐步深化，高校所处的外部和内部环境日趋复杂和多元，教务处长作为高校教学管理部门的主要负责人，其对个人多重角色可能会产生认知冲突和困惑。为此，可以从这些方面入手来提升教务处长角色认知，完善其角色规范：第一，培养正确的角色意识。一般来说，高校教务处长的角色意识是对"职""责""权""利"要有正确的认识；应该严于律己，宽以待人，为组织成员做表率，自觉接受学校领导、党组织和下属的监督；加强自我修养，增强人格魅力，认识到权力和责任是统一的，拒绝以"官职"谋私利的不正之风。第二，提高角色素养。高校教务处长应具备的素质包括道德素养和知识素养。教务处长要加强道德修养，提高自己的道德伦理水平，自觉抵制各种不正之风的影响，还要不断扩大知识面，及时更新知识，具备教育学、管理学、指导科学、心理学、信息论等全面的专业知识和业务知识。第三，有强大的能力素养。能力素养比综合知识储备更重要。教务处长至少要具备综合专业能力、良好的执行能力和沟通协调能力等。

三是建立教务处长系统培训制度，培养面向国际的现代化大学管理人才。高校应以教务管理高层次人才队伍建设和教务创新团队建设为重点，优化教务人才成长成才的工作环境，鼓励行业间高层次优秀人才合理流动或兼职。建立教务处长的专项培训和考评体系，制订培训计划，划拨专项培养经费，建立教务处长培训制度，积极安排教务处长外出进修、考察、研讨交流，借鉴优秀的教学管理经验，丰富自身的工作方式和方法，展示同行优秀的工作成果，推广先进经验。对在相关工作中考核优秀者予以晋升职务、职称或相对应的薪酬待遇，考核不合格者及时调整岗位或者离岗培训。针对我国国际化教育的意识与能力不强、对国际先进理念传播比较迟缓、对世界优秀人才来高校工作的吸引力不够等问题，积极推行海外培训实习计划，除了在国内进行相关教务实践外，每年选派优秀的教务处长到世界上竞争最激烈的一流大学去深造，费用由各高校（或者国家联合）承担，让教务处长体验不同教育体系和文化，以扩大他们教务管理知识面，增加全球化的教育视角，为未来推动中国教育国际化、培养面向国际的各方人才做准备。

四是立足学校特色和战略，以教务处长能力建设为抓手推动高等教育现代化。我国高校的教育管理规章制度都是紧紧围绕国家和地方的教育方针政策制定的。高等学校教育现代化与教务处长管理的专业化和职业化在一定程度上是相辅相成的，深入落实现代高等学校治理体系，需以推进教务处长教务管理专业化建设为着力点，最大限度地提高办学效益，突出办学特色，做好教育规划及需求预测，引导高等教育服务国家发展战略，在影响教务处长能力建设的学校和教务工作环境要素中，"学校战略"是仅次于"教务处环境"的影响因素。说明教务处长能力建设需要着重考虑学校的发展战略，而学校的发展战略与学校特色息息相关，比如理工科类学校和人文社科类学校势必会在重点学科、资源倾向、部门规划以及学校总体战略等方面存在较大差异。不同类型的高校教务处长可以参照报告分析自身能力维度的发展水平，结合学校发展特色，以及高等学校教务处长基本能力不足词云图分析对比，有针对性地制订自我能力提升学习计划，加强能力发展的主动性，提升教学管理实践效果。推进教务处长能力建设要求高等学校和担当重任的教务处长两个主体都能立足学校特色和学校发展战略来统筹校内校外资源，结合学校发展的实际，突出专业优势与学科特色，进行学科结构调整，与学校特色优势专业群、学科群的打造结合起来，与时俱进地革新教学理念，培养敏锐的判断力以应对不断变化的新形势，从而顺利实现面向国际面向未来的高等教育现代化。

十、结论

高校教务处长作为高校教学管理的首要负责人，在加快形成中国特色社会主义一流大学，建设教育强国、科技强国和人才强国的重要阶段发挥着极其重要的角色。本课题对教务处长的政治素养、基本能力进行深入研究，同时对不同类型高校的教务处长的能力特点进行分析，最后对国内外高校教务处职责进行了对比研究。

经过前期的文献调研、文本分析、问卷调查等环节，课题构建了高校教务处长胜任特征模型，对现任教务处长绘制了自画像，对教务处长个人基本要素和教务环境在胜任力方面的重要性进行了分析，绘制了教务处长基本能力结构框架图，提出了高校教务处长能力提升的途径。课题研究的主要结论等如下：

（一）研究结论

一是描述分析表明。首先，理解与规划先于实施。国家政策方针的正确理解要强于对政策方针的执行，宏观上对教学、教务工作进行科学规划要强于保证规划的顺利实施，但这并不意味着执行与实施不重要，而是因为正确的理解和科学的规划先于执行与实施，没有正确的理解和科学的规划，那么执行与实施只能是无源之水、无根之木。其次，实施与运行先于控制。按照既定的规划进行教务教学的有序推进是教务工作的主线，营造教学文化、建立质量标准则更多的是辅助角色。最后，内部先于外部。教务处长应将更多的注意力放于校内，尤其是教师和学生上。

二是推论分析表明。针对教务处长的能力模型，最为重要的是政治素养、教务规划、教学组织、质量控制和职业精神。其中影响最大的是教务规划，其次是政治素养、教学组织，靠后的是职业精神和质量控制，相对而言，沟通协调和创新变革的影响较弱，而服务意识影响相对不显著，成长发展对教务处长的能力呈现微弱的反向影响。

三是差异化分析表明。受制于区域经济发展水平、办学水平与高校本身的学科特色等因素，不同高校之间对教务工作的规划与重心会出现一些差距，明晰这些差距进而有目标地对教务工作进行优化进而提高教务工作水平。首先，不同区域、办学水平、学科特色高校的调研人员对影响教务处长履职担责能力的九大能力维度评价均值的差异不具有统计显著性，这说明从统计学来讲，高校特征的不同并不会显著影响调研人员对待教务处长九大能力重视程度的不同。其次，不同性别、年龄的调研人员对影响教务处长履职担责能力的九大能力维度评价均值的差异存在统计显著性，这说明从统计学来讲，调研人员性别、年龄因素会显著影响对待教务处长个别能力的重视程度。

（二）研究局限

首先，由于研究条件和时间等限制，问卷调查范围只限于国内的部分高校，有效的问卷、访谈和行为事件样本都相对较少，这对本研究结论的普遍性会产生一些影响。

其次，在问卷调查时，由于自身原因在选择被试时，有一定的局限性。访谈和问卷的深入程度不够，信度和效度等都可以进一步提升。

此外，研究只采用了一个时段的教务处长和教务相关人员进行了调研，未进行教务处长主管领导、管理和服务对象以及高等教育利益相关者的多维度、理念数据比较，这也限制了研究结果的进一步应用，未来可以做进一步的研究。

参考文献

[1] 李志杰,王福强.浅谈如何提高政治觉悟[J].管理观察,2009(7):167-168.

[2] 卜新宇.高等学校教务管理队伍人才现状及对策分析[J].中小企业管理与科技(下旬刊),2012(1):59-60.

[3] 宣华,张秋芳.清华大学教务管理系统建设与运行特色浅析[J].中国教育信息化,2012(19):49-51.

[4] 刘恩伶.我国高校校际合作与人才培养模式的创新[D].山东大学,2010.

[5] 陈昌贵,曾满超,文东茅,翁丽霞,于展.中国研究型大学国际化调查及评估指标构建[J].北京大学教育评论,2009,7(4):116-135+190-191.

[6] 仲伟俊,梅姝娥,谢园园.产学研合作技术创新模式分析[J].中国软科学,2009(8):174-181.

[7] 董泽芳.高校人才培养模式的概念界定与要素解析[J].大学教育科学,2012(3):30-36.

[8] 谢桂华.关于学科建设的若干问题[J].高等教育研究,2002(5):46-52.

[9] 刘庆昌.教学文化:内涵与构成[J].教育研究,2008(4):48-50.

[10] 彭建云.关于教务管理人性化的思考[J].中国大学教学,2006(6):49-50.

[11] 傅学丽,陈建岚.对高校教务管理工作的创新思考[J].中国电力教育,2009(6):180-181.

[12] 胡建华,陈玉祥,邵波,李莉,李昕,杨启光.我国高等学校教学改革30年[J].教育研究,2008(10):11-20.

[13] 刘献君.论"以学生为中心"[J].高等教育研究,2012,33(8):1-6.

[14] 陈斌.建设教学文化服务教师发展——2014年两岸四地"大学教学文化与教师发展"学术研讨会综述[J].高等教育研究,2015,36(1):107-109.

[15] 杨恕,安应民.高等学校内部管理体制改革中的院级职能探讨[J].中国高教研究,

2000(2):29-31.

[16]田喜洲,王晓漫.在校大学生满意度调查与分析[J].高教探索,2007(5):126-128.

[17]张燚,黄婷,张锐.高校与利益相关者互动发展的关系模式研究[J].江苏高教,2009(1):60-62.

[18]马可一.工作情景中的压力管理[J].外国经济与管理,2001(10):26-28+42.

[19]吴咏诗.终身学习——教育面向21世纪的重大发展[J].教育研究,1995(12):10-13+9.

[20]CLAESSENS B J C,VAN EERDE W,RUTTE C G,ROE R A.A review of the time management literature[J].Personnel Review,2007,36(1-2):255-276.

[21]陈仕品,何济玲.信息技术与教学生态系统的融合研究[J].电化教育研究,2016,37(8):72-77.

[22]张庆龙.我国企业内部审计职业通用胜任能力框架设计研究——基于问卷调查的分析[J].会计研究,2013(1):84-91+96.

[23]唐智松,王丽娟,谢焕庭.乡村教师职业情怀的现状与特征[J].现代远程教育研究,2019,31(5):64-74.

后　记

为提升高校教务处长履职能力，探索高校教务处长应具备的核心能力要素，教育部高等教育司委托中国高等教育学会和理科教育专业委员会组织开展"高校教务处长能力研究"课题研究和"高校教务管理工作大家谈"征集活动。

"高校教务处长能力研究"设1个总课题和8个子课题，研究内容包括：高等学校教务处长政治素养研究、高等学校教务处长基本能力研究、综合类高校教务处长能力特点研究、理工类高校教务处长能力特点研究、农林医药类高校教务处长能力特点研究、高等职业院校教务处长能力特点研究和国内外高校教务处职责对比研究等。

为丰富研究内容，充分发挥高校教务处长在教务管理实践中优秀案例的示范引领作用，学会还组织开展"高校教务管理工作大家谈"，对二十余所高校教务处长进行了访谈。《新时代高校教务管理大家谈》就是在上述课题研究和访谈活动基础上形成的。

本书各部分负责人分别是：

（一）课题部分（按照课题顺序）

总课题：高校教务处长能力研究（中国高等教育学会副秘书长郝清杰，理科教育专业委员会理事长潘保田，中国高等教育学会学术与交流部主任高晓杰等）；

子课题：

1.高等学校教务处长政治素养研究（兰州大学郭明宙等）；

2.高等学校教务处长基本能力研究（复旦大学吴晓晖等）；

3.综合类高校教务处长能力特点研究（北京大学傅绥燕等）；

4.人文社科类高校教务处长能力特点研究（北京师范大学汪明等）；

5.理工类高校教务处长能力特点研究（南京大学徐骏、清华大学杨帆等）；

6.农林医药类高校教务处长能力特点研究（中国农业大学曹志军、北京林业大学黄国华等）；

7.职业院校教务处长能力特点研究（浙江金融职业学院周建松等）；

8.国内外高校教务处职责对比研究（浙江大学胡吉明等）。

（二）高校教务管理工作大家谈部分（按照大家谈排版顺序）

南京大学	徐 骏
厦门大学	计国君
中国石油大学（华东）	冯其红　侯影飞　刘　臻
四川大学	张红伟
西安交通大学	王秋旺　兰 剑　李 慧
中国地质大学（北京）	武 雄　张启升
北京林业大学	黄国华
天津大学	王世斌
东北大学	朱志良　陈文娇
山东大学	张树永　袁 凯　刘传勇
中山大学	陈省平
兰州大学	郭明宙
东北林业大学	李明泽
南京农业大学	张 炜　祖海珍
武汉理工大学	张安富
苏州大学	方 亮　曹永国　韦剑剑
常州大学	薛 冰
温州大学	赵 燕
南京审计大学	陈 婕
兰州交通大学	张友鹏
台州学院	金凌虹
巢湖学院	丁俊苗

感谢教育部高等教育司对课题的指导和支持，感谢兰州大学对课题的组织和推动，也感谢北京大学、复旦大学、南京大学、清华大学、北京师范大学、中国农业大学、北京林业大学、浙江金融职业学院、浙江大学等教务部门的大力支持。同时对参与问卷调查和访谈的各位专家和老师表示衷心的感谢！

编者

2024 年 12 月